全国高职高专药学类专业规划教材（第二轮）



# 医药营销心理学

## （第2版）

（供药学类、中药学类专业使用）

主　编　徐传庚　刘　婕
副主编　孟宪雷　张　毅　焦迎娜
编　者（以姓氏笔画为序）
王　燕（遵义医药高等专科学校）
王学峰（山西药科职业学院）
任　滨（山东医药技师学院）
刘　婕（山东医药技师学院）
吴先良（漳州卫生职业学院）
张　毅（唐山职业技术学院）
孟宪雷（山东药品食品职业学院）
侯金良（济宁市食品药品检验检测中心）
徐传庚（山东中医药高等专科学校）
崔兆华（济南三立企业管理咨询有限公司）
焦迎娜（山东中医药高等专科学校）

中国健康传媒集团
中国医药科技出版社

## 内 容 提 要

本教材为“全国高职高专药学类专业规划教材（第二轮）”之一，系根据本套教材的编写指导思想和原则要求，结合专业培养目标和本课程的教学目标、内容与任务要求编写而成。本教材具有紧密结合当今医药营销实际，注重学生综合素质和心理营销职业能力的培养等特点；全书分为心理学基础知识、消费心理知识和心理营销技能3个模块，内容包括消费者的心理过程、消费者的人格、医药咨询与沟通策略、医药营销团队心理训练等。本教材为书网融合教材，即纸质教材有机融合电子教材，教学配套资源（PPT、微课、视频等），题库系统，数字化教学服务（在线教学、在线作业、在线考试）。

本教材主要供高职高专院校药学类、中药学类专业教学使用，也可作为药品经营与管理、医药营销、中药等相关专业或医药营销岗位工作人员的培训参考教材。

**图书在版编目（CIP）数据**

医药营销心理学 / 徐传庚，刘婕主编. —2 版. —北京：中国医药科技出版社，2019. 7

全国高职高专药学类专业规划教材（第二轮）

ISBN 978-7-5214-0924-6

Ⅰ. ①医⋯　Ⅱ. ①徐⋯ ②刘⋯　Ⅲ. ①药品-市场心理学-高等职业教育-教材　Ⅳ. ①F713. 55

中国版本图书馆 CIP 数据核字（2019）第 115881 号

**美术编辑**　陈君杞

**版式设计**　易维鑫

出版　**中国健康传媒集团** | 中国医药科技出版社

地址　北京市海淀区文慧园北路甲 22 号

邮编　100082

电话　发行：010-62227427　邮购：010-62236938

网址　www.cmstp.com

规格　889×1194mm　1/16

印张　12¾

字数　274 千字

初版　2015 年 8 月第 1 版

版次　2019 年 7 月第 2 版

印次　2024 年 2 月第 4 次印刷

印刷　三河市万龙印装有限公司

经销　全国各地新华书店

书号　ISBN 978-7-5214-0924-6

**定价　38.00 元**

# 数字化教材编委会


**主　编**　徐传庚　刘　婕

**副主编**　焦迎娜　王玉静

**编　者**（以姓氏笔画为序）

王玉静（山东医药技师学院）

任　滨（山东医药技师学院）

刘　婕（山东医药技师学院）

李　桐（山东中医药高等专科学校）

陈智亮（山东医药技师学院）

孟宪雷（山东药品食品职业学院）

徐传庚（山东中医药高等专科学校）

焦迎娜（山东中医药高等专科学校）

# 出版说明

"全国高职高专药学类专业规划教材"于2015年8月由中国医药科技出版社出版，自出版以来得到了各院校的广泛好评。为了进一步提升教材质量、优化教材品种，使教材更好地服务于院校教学，同时为了更好地贯彻落实《国务院关于加快发展现代职业教育的决定》及《现代职业教育体系建设规划（2014—2020年）》等文件精神，在教育部、国家药品监督管理局的领导下，在上一版教材的基础上，中国医药科技出版社组织修订编写"全国高职高专药学类专业规划教材（第二轮）"。

本轮教材编写，坚持以药学类专业人才培养目标为依据，以岗位需求为导向，以技能培养为核心，以职业能力培养为根本，体现高职高专教育特色，力求满足专业岗位需要、教学需要和社会需要，着力提高药学类专业学生的实践操作能力。在坚持"三基、五性"原则基础上，强调教材的针对性、实用性、先进性和条理性。坚持理论知识"必需、够用"为度，强调基本技能的培养；体现教考结合，密切联系药学卫生专业技术资格考试（药士、药师、主管药师）和执业药师资格考试的要求；重视吸收行业发展的新知识、新技术、新方法，体现学科发展前沿，并适当拓展知识面，为学生后续发展奠定必要的基础。本轮教材建设对课程体系进行科学设计，整体优化；对上版教材中不合理的内容框架进行适当调整，内容上吐故纳新；建设书网融合教材，配套丰富的数字化教学资源。

本套规划教材（27种），其中24种为新修订教材（第2版），适合全国高职高专药学类、中药学类及其相关专业使用，也可供医药行业从业人员继续教育和培训使用。本轮教材的主要特色如下。

**1. 理论适度，强化技能** 教材体现高等教育的属性，使学生需要有一定的理论基础和可持续发展能力。教材内容做到理论知识"必需、够用"，强化技能培养。给学生学习和掌握技能奠定必要的、足够的理论基础，不过分强调理论知识的系统性和完整性。教材中融入足够的实训内容，将实验实训类内容与主干教材贯穿一起，体现"理实"一体。

**2. 对接岗位，教考融合** 本套教材体现专业培养目标，同时吸取高职教育改革成果，满足岗位需求，内容对接岗位，注重实践技能的培养。充分结合学生考取相关职业（药士、药师）资格证书和参加国家执业药师资格考试的需要，教材内容和实训项目的选取涵盖了相关的考试内容，满足考试的要求，做到教考、课证融合。

**3. 工学结合，突出案例** 每门教材尤其是专业技能课教材，在由教学一线经验丰富的老师组成编写团队的基础上，吸纳了部分具有丰富实践经验的企业人员参与编写，确保工作岗位上先进技术和实际案例操作内容写入教材，更加体现职业教育的职业性、实践性和开放性。本套教材通过从药品生产到药品流通、使用等各环节引入的实际案例，使其内容更加贴近岗位，让学生了解实际岗位的知识和技能需求，做到学以致用。

**4. 优化模块，易教易学** 教材编写模块生动、活泼，在保持教材主体框架的基础上，通过模块设计增加教材的信息量和可读性、趣味性。其中，既包含有利于教学的互动内容，也有便于学生了解相关知识背景和应用的知识链接。适当介绍新技术、新设备以及科技发展新趋势，为学生后续发展奠定必要的基础。将现代职业发展相关知识，作为知识拓展内容。

**5. 书网融合，增值服务** 全套教材为书网融合教材，即纸质教材与数字教材、配套教学资源、题库系统、数字化教学服务有机融合。通过“一书一码”的强关联，为读者提供全免费增值服务。按教材封底的提示激活教材后，读者可通过PC、手机阅读电子教材和配套课程资源（PPT、微课、视频、动画、图片、文本等），并可在线进行同步练习，实时反馈答案和解析。同时，读者也可以直接扫描书中二维码，阅读与教材内容关联的课程资源（“扫码学一学”，轻松学习PPT课件；“扫码看一看”，即刻浏览微课、视频等教学资源；“扫码练一练”，随时做题检测学习效果），从而丰富学习体验，使学习更便捷。教师可通过PC在线创建课程，与学生互动，开展在线课程内容定制、布置和批改作业、在线组织考试、讨论与答疑等教学活动，学生通过PC、手机均可实现在线作业、在线考试，提升学习效率，使教与学更轻松。此外，平台尚有数据分析、教学诊断等功能，可为教学研究与管理提供技术和数据支撑。

编写出版本套高质量的规划教材，得到了药学专家的精心指导，以及全国各有关院校领导和编者的大力支持，在此一并表示衷心感谢。希望本套教材的出版，对促进我国高职高专药学类专业教育教学改革和药学类专业人才培养做出积极贡献。希望广大师生在教学中积极使用本套教材，并提出宝贵意见，以便修订完善，共同打造精品教材。

**中国医药科技出版社**

**2019年6月**

# 全国高职高专药学类专业规划教材（第二轮）

# 建设指导委员会

杨元娟（重庆医药高等专科学校）
杨文章（山东医药技师学院）
杨丽珠（漳州卫生职业学院）
何　丹（四川中医药高等专科学校）
张　虹（长春医学高等专科学校）
张　清（山东医药技师学院）
张　晶（山东医药技师学院）
张　瑜（山东医药技师学院）
张建海（重庆三峡医药高等专科学校）
张承玉（天津医学高等专科学校）
张炳盛（山东中医药高等专科学校）
张淑芳（长春医学高等专科学校）
张琳琳（山东中医药高等专科学校）
陈　文（惠州卫生职业技术学院）
陈育青（漳州卫生职业学院）
陈美燕（漳州卫生职业学院）
林美珍（漳州卫生职业学院）
郑小吉（广东江门中医药职业学院）
单松波（漳州卫生职业学院）
侯　沧（山东医药技师学院）
贾　雷（淄博职业学院）
徐传庚（山东中医药高等专科学校）
黄金敏（荆州职业技术学院）
商传宝（淄博职业学院）
彭裕红（雅安职业技术学院）
靳丹虹（长春医学高等专科学校）
魏启玉（四川中医药高等专科学校）
魏国栋（山东中医药高等专科学校）

# 前　言 / PREFACE

为了深入贯彻落实《国务院关于加快发展现代职业教育的决定》的精神，顺应我国药学类高职高专教育教学改革趋势，体现“以素质教育为基础，以就业为导向，以能力为本位，以学生为主体”的职教理念，遵循“药学类专业（营销方向）技能素质需求→课程体系→课程内容→模块构建”的编写思路，本教材在编写过程中突出了以下特色。

1. 突出高职高专实用型人才特点。本教材在编写内容上，删减了繁杂的心理学计算、推导内容及纯理论知识，淡化了对概念内涵、知识体系的完整探讨，强化了对基本技能和综合素质的培养和训练。在编写体例上，结合课程内涵及特点，将全部内容构建为心理学基础知识（绪论、消费者的心理过程、消费者的人格）、消费心理知识（消费者购买动机、购买决策和购买行为，消费心理的社会影响因素）和心理营销技能（医药咨询与沟通策略、医药营销人员心理素质的提升、医药营销团队心理训练）三个模块，体现了知识与技能的内在关联与逐层递进，以促进学生的专业知识、职业能力和综合素质的协调发展。

2. 注重学生综合素质的提高。本教材紧密结合医药行业的内涵和特点，遵循药学类专业人才成长规律，注重学生综合素质的提高。在具体内容上，做了适当增加和扩充，如增加了“良好情绪的培养”“情绪与情感在医药营销中的运用”“医药营销人员良好意志品质的培养”等内容。

3. 强化学生职业能力的培养。目前，心理营销已成为医药营销的重要组成部分，受到医药企业和广大营销人员的高度重视。因此，学生学习《医药营销心理学》课程的意义已不仅仅限于提高学生自身的素质，在指导思想上应把学生职业能力的培养放在重要位置，将心理学基本理论与医药营销的职业能力进行有机融合，如增加了“学习的认知理论在医药营销中的应用”“医药营销中常见的听觉营销方式”“医药营销中如何提高消费者对产品的记忆率”等内容。另外，本教材把“心理营销技能”单独设置一个模块，以强化心理营销的重要性，以期为提高学生的职业能力起到积极作用。

4. 紧密结合当今医药营销工作实际。本教材在编写过程中，注重将营销心理学的理论知识与医药营销实践相结合，在介绍必需、够用、简明的心理学理论的基础上，更注重研究营销典型业务环节中的实务与实例，用医药营销领域典型的案例和事件对理论进行剖析和运用，以助于学生对理论的理解。全书在每一章中都融合了案例和实训内容，从而使教材从静态书本转变为集知识内容与教学、实训为一体的“学训教程”。

5. 增强趣味性与可读性。考虑到目前高职高专层次学生的心理特点和实际情况，在每章中设置了“案例导入”项目，让学生带着问题去学习，强化学生的学习动力；在每章设置了“教学目标”“要点导航”“考点”“目标检测”等项目，以帮助学生正确领会学习内容，明确学习目标；在教材中增加“知识链接”，既激发学生的学习兴趣，又开阔学生的视野。

为使本教材更加符合各院校师生和医药系统销售人员培训教学需要，编者们结合当前职业教育的新形势、新理念、新要求，在传承第一版教材科学、严谨、实用等特点的基础上，增加了“学习目标”“知识链接”等，此外还添加了数字化内容，成为书网融合教材，即纸质教材有机融合电子教材，教学配套资源（PPT、微课、视频等），题库系统，数字化教学服务（在线教学、在线作业、在线考试）。

本教材由全国多所医药院校的具有丰富教学经验的优秀教师和医药企业的一线实战专家集体编写完成，经过个人编写、互审、再修改、再互审、定稿等环节，最后，由徐传庚、刘婕、焦迎娜老师进行了统稿。校企合作的编写形式，提高了教材使用的针对性，扩大了教材使用的覆盖面。

本教材主要供全国高职高专药学类、中药学类专业教学使用，也可作为药品经营与管理、医药营销、中药制药技术、生物制药技术、药物制剂技术等相关专业或医药营销岗位工作人员的培训参考教材。

在此，感谢在本书中提到的和未能提到的各类参考文献的作者们。由于时间仓促，编者水平和经验有限，疏漏和不足之处在所难免，恳请广大读者批评指正，以便进一步修改、完善。

**编者**

**2019 年 6 月**

# 目　录 / CONTENTS

## 模块一　心理学基础知识

## 模块三　心理营销技能

# 模块一
# 心理学基础知识

“世界上最宽广的是海洋，比海洋更宽广的是天空，比天空更宽阔的是人的心灵”（雨果）。

俗话说“人心隔肚皮，做事两不知”。在生活中，我们常常这样想：“她到底是一个什么样的人?”、“他为什么会这么做?”。在医药营销过程中，我们也会经常思考：“我们给客户推销的是同样的药品，为什么不同的客户会有不同的反应?”“客户的外在表现与他的性格有什么关系吗?”等。

我们发现，人的心理不像人的外表那样可以直接展现出来，也不能像体重、血压那样可以用仪器直接测量。心理学就像一位神秘的女神，被蒙上了一层神秘的面纱。

也许，我们从网络、电视、报刊等媒体上看过、听过关于心理学的报道，或听过心理专家的观点、建议，看过一些心理学的科普读物，并做过一些有关性格、爱情、事业的小测验，但是，人的心理究竟是什么？用什么样的方法，才可以科学地研究人的心理?

作为医药营销人员，我们的心理有什么特点？我们的客户又有什么心理需求?

带着好奇、疑问和期待，我们一起走进神秘的心理学世界。

# 绪 论

## 学习目标

**1. 知识目标** 掌握医药营销心理学的概念、研究方法与研究原则；熟悉医药营销心理学的历史沿革；了解医药营销心理学的研究对象、内容。

**2. 能力目标** 能够使用调查法设计医药销售调查问卷；能够在医药营销实践中运用观察法搜集相关信息。

**3. 素质目标** 培养对医药营销心理学的兴趣；提升严谨、认真的科学研究素养。

## 考点

1. 医药营销心理学的发展过程。
2. 医药营销心理学的理论来源。
3. 医药营销心理学的研究原则与方法。
4. 学习医药营销心理学的意义。

商场如战场。大商家希望立于不败之地，延续曾经的辉煌；小商家希望绝地重生，能有容身之地。在经济全球化、信息网络化的今天，商家之战更是硝烟弥漫。

医药企业在激烈的市场竞争中，其发展受到诸多因素的影响。其中，消费者的关注与认可就是其中重要因素之一。要取得消费者的信任与支持，首先要了解消费者，赢得消费者的心。

在医药营销工作中，我们常常发现这样的现象：同样的药品（如药理成分、价格等），因商品名称、广告、包装、销售途径等不同，社会影响及经济效益会完全不同；同样的药品，因为销售人员或区域的差异，结果也会相差甚远。原因何在？这既是医药营销人员的兴趣所在，也是医药企业关注并研究的重要课题。

扫码"学一学"

# 第一节 概 述

## 一、概念

**（一）医药营销心理学**

人的心理现象是自然界最复杂、最奇妙的一种现象。人可以看、听、说、闻，拥有"万物之灵"的智慧，还有七情六欲、千人千面的个性等，这些都属于心理现象。

心理学是研究心理现象的本质、特点及发生、发展、变化规律的科学。目前，心理学的研究主要分为理论研究和应用研究两个方面。

心理学理论研究的目的主要是探索人和动物的心理现象及行为表现的发生与发展的原理和规律。它主要包括实验心理学、认知心理学、人格心理学、社会心理学、发展心理学、心理测量学、生理心理学等学科。心理学应用研究的目的则是将理论研究的成果运用到不同的领域以解决各种实际问题。它主要包括临床心理学、教育心理学、学校心理学、工业与组织心理学、广告心理学、消费心理学、法律与犯罪心理学、运动心理学等学科。

医药营销心理学是研究医药市场营销活动中，营销对象（厂商、客户、消费者等）的心理特点与行为规律的科学。

**（二）心理的实质**

**1. 脑是心理活动的器官** 在漫长的生物进化历程中，人类形成了高度发达的器官——脑，进而成为自然界万物的主宰。人脑是世界上最复杂的系统。

心理是人脑的功能，人脑是心理活动的器官。人脑发育不良，或受到伤害，人的心理也会出现问题。

**知识链接**

**医学上的奇迹：盖吉**

1848年9月13日，铁路监工盖吉（Phineas P. Gaga）在一次意外爆破中，一根3.7英尺长的铁杆从他的左颧骨下方穿入头部，从头顶飞出，落在身后二十几米的地方。尽管颅骨的左前部几乎完全被损坏了，但盖吉的意识还清醒。人们用卡车把他送回旅馆，他自己走上楼。随后的2~3周内，他濒于死亡。在一位外科医生的精心治疗下，到10月中旬，盖吉逐渐开始恢复，并于十周后出院了。盖吉的幸存是一个奇迹，严重的脑损伤仅使他左眼失明，左脸麻痹，但他仍然可以说话、走路和工作。

但不久之后，人们发现盖吉的脾气与从前大不相同了。他本是一个非常有能力、有效率的领班，思维机敏、灵活，对人和气、彬彬有礼。但这次事故以后，他变得粗俗无礼，对事情缺乏耐心，既顽固、任性，又反复无常、优柔寡断。理性和感性之间的平衡似乎遭到了破坏。他随时发作、放纵，随时异想天开地提出很多计划，瞬间又依次否定，反复无常。他的智能和表现像个孩子，可是却有着一个成年男人所具有的强烈本能。他的朋友和熟人都说"他不再是以前的盖吉了"。

动物进化研究告诉我们，有了神经系统之后，才有了心理活动，脑越复杂，心理活动也就越复杂。在自然界，植物和无机物没有心理，没有神经系统的动物也没有心理。人的心理现象随着神经系统的产生而出现，同时随着神经系统的逐步发展而不断完善。人的大脑是神经系统发展的最高产物。

各种心理活动的产生以脑的生理活动为基础。心理生理和医学临床研究表明，脑的不同部位与不同的心理活动有关。莫斯科大学著名心理学家鲁利亚认为，人的心理的功能定位不局限于脑的皮质区域，还包括系列协同工作的脑区复杂系统，其中的每个区与心理活动又有不同的联系。鲁利亚设想人脑有三个功能系统或功能联合区，分别是：调节紧张度与觉醒状态的联合区，信息的接受、加工和储存的联合区和制定活动程序、调节和控制行为的联合区。这三个功能联合区，分别具有不同的功能，但它们并不是完全独立地进行活动，而是相互联系、相互协调地完成每一项复杂的心理活动。

**2. 客观现实是心理的源泉** 脑是心理活动的器官，但只是为心理活动提供了物质基础，本身还不是心理活动。客观现实是心理活动产生的源泉。各种心理现象都是客观事物作用于人的感觉器官，通过大脑活动而产生的。离开客观现实来研究人的心理现象，心理就成了无本之木、无源之水。

客观现实包括自然环境和社会环境，还包括我们人类自己。人类的各种心理活动，无论是简单，还是复杂，都可在客观现实中找到它的源泉。彩虹是光波作用于我们的视觉器官而引起的视觉，音乐是声波作用于我们的听觉器官而引起的听觉，医生对病人的诊断依据是病人的症状、体征以及在疾病过程中的各种病理表现的相互关系。即使是科幻、神话中的虚构形象，其原始材料也同样来自客观现实。

**3. 社会实践是心理活动产生的基本形式** 人脑对客观现实的反映，不是简单、机械的复制、摄影和翻版，而是一种主观能动的反映。人的心理是一种主观映象，这种主观映象可以是事物外部的形象，也可以是内在的体验，还可以是公式和概念等。它是主观的，不是物质的，是以社会实践的形式产生的。

20 世纪 20 年代，在印度的森林里发现了两个“狼孩”。尽管“狼孩”有正常的人脑，周围有自然环境，但他脱离了人类社会，没有人类的社会实践，后来尽管经过教育、改造，但仍只具有狼的本性，而没有正常人的心理。由此可见，社会实践活动是人类心理活动产生的基本形式，在心理发展过程中起着积极、重要的作用，这种作用对人生早期的影响表现得更为明显和突出。

总之，人类的心理是人脑的功能，是客观现实在人脑中主观能动的反映。完整的、健康的心理现象，是人脑和社会相互作用的结果，是自然和社会相互结合的产物。

### （三）心理学的研究对象

个体的心理现象主要分为心理过程和人格两大部分。心理过程主要包括认知过程、情绪、情感过程和意志过程。认知过程，如感觉、知觉、记忆、思维等；情绪、情感过程，如喜、怒、忧、思、道德感、理智感、美感等。人格主要包括心理特征、心理倾向性和自我意识。

- 心理现象
  - 心理过程
    - 认知过程（感觉、知觉、记忆、思维等）
    - 情绪、情感过程（喜、怒、忧、思、道德感、理智感、美感等）
    - 意志过程
  - 人格
    - 心理特征（能力、气质、性格等）
    - 心理倾向性（需要、动机、兴趣、价值观等）
    - 自我意识（自我认识、自我体验、自我调控等）

## 二、医药营销心理学的研究内容

**1. 研究影响医药营销活动的心理因素** 医药商品营销，以产品设计、定型到投放市场以及企业的促销和消费者的购买为一个基本周期。在这个过程中，伴随着医药商品价值的转移活动和实体的运动，参与营销活动的各个主体，其心理现象均会产生复杂的变化。医药营销活动中心理因素的变化主要表现在以下3个方面。

（1）消费者（中间商、病人）对营销者和医药商品所产生的认知和情感，如识别了外形、记住了某些特征、产生了好感等。

（2）消费者在认知、情感过程中所表现出来的稳定的心理倾向，其中，个体的性格起着主要的作用，如是追求物美价廉、货真价实、企业形象，还是追求高额利润、标新立异、个人形象等。

（3）营销者心理需求及心理变化的层次和趋势。

**2. 研究受心理因素影响而产生的购买行为和购买习惯** 医药商品营销人员相对固定的心理特点必定影响和制约着他们特定的购买行为和购买习惯，比如受地域及观念的影响，某些药品在某些地区可能会长期受到认可。

**3. 研究细分市场的心理标准** 由于营销者（包括病人）的心理特点不同，而形成了医药商品市场的不同消费群体，这也许正是细分市场的理想标准。如从病人方面入手，可分析其生活方式、性格特征、经济基础等；如从营销者分析，可考虑其需求、兴趣、性格、爱好、生活方式等。

**4. 研究市场营销的心理策略** 比如，设计人员设计的药品，从外观、品牌、包装设计等方面均能符合营销者和病人的心理需求；可以运用心理策略去激励中间商更好地营销本企业的医药商品；可以根据妇女、老人、文艺工作者、体育爱好者等群体的心理特点和行为规律，采取一定的心理策略让他们主动接受；还可以从心理学的角度开展企业的公共关系活动，以更广范围、更大程度地提高本企业的形象和声誉。具体内容包括广告心理学、消费心理学、妇女心理学、老年心理学、以及对细分市场、营销渠道、企业宣传、促销活动的综合心理研究等内容。

## 三、医药营销心理学的发展历程

医药营销心理学是近年来出现的新兴学科，目前正处在初步发展阶段，属于应用心理学研究范畴，是营销心理学的一个分支。伴随着医药营销领域的扩大与市场变革，医药营销心理学也面临着前所未有的机遇和挑战。

### （一）营销心理学的发展

营销心理学是营销学与心理学相结合而产生的一门学科，即将心理学的理论、技术和方法运用到营销领域，研究营销人员与消费者心理活动的本质、特点及发生、发展和变化规律的一门学科。

营销心理学形成于上个世纪60年代的美国，但其渊源却可以追溯19世纪末、20世纪初，即市场营销学发展的早期。它与市场营销学一同产生和发展，并相互促进。营销心理学的发展主要经历了以下几个阶段。

**1. 营销心理学萌芽阶段（19世纪末至20世纪初）** 19世纪末至20世纪初，西方企业刚刚经历了一个飞速发展的黄金时期，生产力急剧提高，工业化产品产量激增，进入产品相对过剩阶段。此前，由于西方资本主义经济迅速发展，消费需求极度膨胀，形成卖方市场格局，企业奉行生产观念，完全忽视消费需求的研究和其他营销手段的配合。面对“供大于求”的难题，人们首先想到的是运用广告宣传来解决。

1895年，美国明尼苏达大学的盖尔采用问卷调查法了解消费者对广告的看法与态度。1901年，美国心理学家斯科特首次提出了要把现代广告活动和广告工作的实践发展成为科学。1903年，他编著了《广告原理》一书，第一次把广告当作一种学术理论来探讨。1908年，斯科特撰写了《广告心理学》一书，运用心理学的原理分析了消费者的接受心理，开始了对广告理论的较为系统的探索。同一时期，美国哈佛大学的闵斯特伯格对广告的面积、色彩、文字运用和广告编排技巧等因素与广告效果之间的关系进行了系统的实验研究。

心理学对市场营销中的问题进行研究的结果，促进了市场营销学的发展。这一时期，市场营销理论开始形成，并注意心理学知识在市场营销中的应用问题。受市场营销学基本理论框架的影响，营销心理学的研究也基本上以广告心理学的形式出现。

**2. 销售心理学研究阶段（20世纪20年代至40年代）** 第一次世界大战爆发，给美国工商企业带来了前所未有的发展机遇。从1923~1929年美国经济危机爆发之前的6年间，出现了工商企业的极度繁荣，广大消费者中蕴藏着巨大的消费需求。1929年开始的大萧条，使企业面临前所未有的困难，一方面产品过剩，另一方面消费者的潜在需求未得到满足，迫使企业不得不采取各种方式加大产品的推销力度，使企业尽快摆脱危机和萧条的影响。

这种社会现实，使美国学术界和企业界空前重视推销理论的研究和推销技巧的运用。这一时期，市场营销理论开始对市场营销职能进行深入研究，将销售看成是同生产一样重要的环节，并将市场营销系统的目标定位为使产品从生产者那里顺利地转移到使用者手中，企业市场营销活动的中心应由卖方向买方转移。与此同时，对销售中的心理现象的研究也受到重视。市场营销理论在提出“创造需求”口号的同时，开始重视和加强市场调研，预测消费趋势，刺激消费需求。市场学、管理学、广告学、心理学等在市场营销活动中得到广泛运用，并取得显著效果。美国西北大学的贝克伦在《实用心理学》一书中用两章专门论述了销售心理学的问题，提出了解消费者的需要是搞好推销工作的核心环节。

**3. 消费者心理学研究阶段（20世纪50年代至70年代）** 二战以后，美国各大企业集团及其过剩的生产能力需要寻找新的出路，市场竞争日益激烈。从20世纪40年代中期开始美国经历的“第三次科技革命”，使美国企业经历了“20年的繁荣期”，买方市场全面形成。而新技术革命浪潮使传统工业企业相对衰落，新兴工业、高技术部门企业崛起。这些社会经济条件促使市场营销学逐渐从经济学中独立出来。与此同时，营销心理学的研究呈现繁荣景象，发表了大量有关营销心理学方面的研究成果。许多心理学家开始关注营销领域，如1951年，美国心理学家马斯洛提出了需要层次理论；1953年，美国心理学家布朗开始研究消费者对商标的倾向性；1957年，社会心理学家鲍恩开始研究参照群体对消费者购买行为的影响；1960年，美国成立“消费者心理学会”，1969年成立“顾客协会”。

此时，营销心理学的研究逐步摆脱了单个领域的束缚，从流通领域进入生产领域，成为参与指导整个市场营销活动的一门学科。

**4. 营销心理学大发展阶段（20世纪80年代至今）** 20世纪80年代开始，西方经济在经过了80年代的缓慢发展后，在90年代进入了一个全新的电子商务时代。市场营销进入了一个具有划时代意义的时期，由此引起的对营销心理的研究更加深入，范围也不断扩大，营销理念、营销运作策略、营销组织均发生巨大变化。

近年来，营销实践及理论的变化，极大地增强了对顾客研究的重视程度，也提高了对企业营销技巧的要求，因此，对营销参与者各方心理与行为规律的研究也更加深入、细致，具体表现如下。

（1）研究范围不断扩大。既强调顾客满意，也强调员工满意，并将企业利益相关团体的满意放在重要位置。此外，还开始着手对竞争对手、合作伙伴的心理与行为特点进行研究，以增强竞争取胜的可能。

（2）研究内容更加深入。对顾客的研究不再只局限于消费心理，更注重个人整体与长期关系的建立。

（3）研究方法更加精确和数量化，体系日臻完善。如在研究顾客忠诚度、品牌忠诚度时，运用了各种定量分析方法，使心理研究成果对营销实践的指导更有效。

（4）在与合作伙伴及顾客沟通方面，形成系统观点，并将网络平台作为辅助手段，提高了沟通绩效。

**（二）医药营销心理学的初步发展**

在过去，中国的医药营销主要以中药店、老字号为主，自给自足的农耕社会中，竞争并不是很明显。新中国成立以后，中国经济处于计划经济时代，对于医药产品实行“包产包销”政策，医药企业只关注自身产品的生产，没有或者很少涉及医药营销问题。改革开放以后，大量外资企业涌入，三资企业、合资企业等多种企业形式在中国涌现，对原有民族企业、国有企业形成了冲击，在竞争中也促使中国的医药企业进行深刻反思、奋起直追。

营销心理学的研究始于20世纪80年代，并获得长足发展。1991年，原商业部将《营销心理学》正式列入经营与管理专业的课程，并组织编写了《营销心理学教学大纲》。1992年以后，部分院校已经将这门课程列入教学计划。营销心理学在我国的发展对我国企业的营销实践起到了很好的指导作用。

当前，中国处于互联网、大数据、云处理的时代，新医改政策正在稳步进行，医药销售的格局进一步变化。这一切，对于医药企业来讲既充满了挑战，也预示着机遇。

在经济学中，人们的消费行为是感性消费和理性消费的统一。随着社会经济的发展，人们的生活水平逐步提高，健康意识愈来愈强，生活方式也发生了巨大变化，感性消费现象在医药营销领域亦成为普遍现象，因此，医药营销心理学愈来愈受到重视。

所谓感性消费，是指消费者在选择具体的消费品时，在关注其质量的前提下，更加注重产品所引起的感官愉悦，并同时强调产品形式是否符合消费者的品位、理念、价值观和偏好等。

知识链接

**感性消费**

著名营销大师菲利浦·科特勒将消费者的行为划分为3个基本阶段：一是量的消费阶段，即人们追逐买得到和买得起的商品；二是质的消费阶段，即寻求货真价实、有特色、质量好的商品；三是感性消费阶段，即注重购物时的情感体验和人际沟通，其以个人的喜好作为购买决策标准，对商品“情绪价值”的重视胜过对“机能价值”的重视。因此，严格地说，这是一种情绪、情感消费，而不是完全感性消费。感性消费还包括基于个人直观感性认识的消费形式。两种感性消费的诱因不同，体现出的理性水平也不同，因此厂商选择的营销策略也不同。

能影响消费者情绪、情感的因素是多方面的，既有商品的因素，又有服务、环境的因素。例如，与自我个性或理性状态相吻合的品牌，赋予自信、体现社会地位的商品，煽情的广告，营业员恭维、赞赏的态度等。它是在人类社会进入经济发达、生活富裕的后现代社会时产生的一种新型的消费形式。经济发展促进了人们生活水平的提高，同时，也给人们带来了快节奏的生活、高度紧张的工作和不堪负重的心理压力，人们开始重视闲暇生活的质量。关注精神生活的内容和情感的需要，表现在消费行为上就是：购物时主要凭借个人主观感受进行，不愿意货比三家、价比三家，希望购物过程更加轻松、愉快。早在1972年，美国学者托伯（Tauber）就探索了消费者上街购物的动机。他发现，除了购买所需的东西以外，消遣、自我愉悦、感官刺激、打发时间、体验顾客的地位和权威等是消费者逛街购物的更广泛、更重要的原因。因此，消费者去购物更多的是体验一种心情。

感性消费心理是每一个消费者都可能产生的消费心理。影响这种心理形成的因素，既有主观因素，也有客观因素，如激情、社会活动或他人欢乐的感染、兴趣、爱好、猎奇心理、价格波动、名人效应、外界环境等。营销中运用感性消费情感诉求的心理策略有：抓住消费者的情感需要；增加产品的心理附加值、利用暗示、倡导流行等。

感性消费实际上也就是一种心理或精神性消费。这就要求医药营销相关行业要深入研究消费者的心理特点，根据消费者的心理状态开展营销活动，以消费者为依托引导市场发展，成为医药商战中的赢家。

## 四、医药营销心理学的理论来源

### （一）心理学

医药营销心理学属于应用心理学的范畴。心理学理论与应用方面的研究成果，会成为医药营销心理学发展的重要基础和基本实践的创新源泉。如感、知觉方面的研究，可以指导我们如何进行店面布置、药品包装、广告设计；有关影响注意因素的研究，可以指导我们如何吸引消费者的注意力；有关记忆、遗忘规律方面的研究，可以指导我们在营销中如何提高消费者对医药企业和医药产品品牌的记忆；马斯洛的需要层次理论，则对企业制定营销策略、激励员工、开发客户具有启示意义；有关不同年龄阶段消费者心理特点的研究，有助于我们针对不同的客户群采取不同的营销策略；有关从众心理的研究，可以指导我们在营销中如何合理利用、有效应对等。

知识链接

### 心理学发展历程简介

著名心理学家艾宾浩斯说过："心理学有着漫长的过去，却只有短暂的历史。"

在远古时代，人们还不清楚自己身体的构造，却开始注意各种心理现象。人怎么有知觉、记忆、想象、喜怒和欲望等活动？睡觉时为何有梦呢？人们相信人体内存在主宰自己活动的东西，称之为"灵魂"或者"灵气"。古希腊、古罗马以及西欧中世纪的哲学家对灵魂的见解不同，提出了形态各异的理论，其中许多论述都是关于心理现象的。可以说，他们的思想中闪烁着心理学的火花。由此可见，心理学确有一个长期的过去。

但是，心理学作为一门科学的历史却为时较短。通过几个世纪哲学和生理学的研究，心理学逐渐形成了自己的体系、研究对象和研究方法。1879 年，冯特在德国莱比锡大学建立第一所心理学实验室，从此，心理学成为一门独立的科学。

心理学自从脱离哲学而成为一门独立学科之后，相继出现了许多理论学派。各学派在心理学的研究对象、性质和方法上持有不同的观点，研究的范围和内容也各不相同。各学派之间研究重点各有侧重，观点各异，学派内部也因见解不同而分出了新的派别。冯特认为，心理学的任务是分析各种心理化合物的心理元素，探讨由心理元素构成各种心理化合物的方式和规律，人们称之为"元素主义心理学"；冯特的英国学生铁钦纳继承和发展了老师的学说，正式创立了"构造主义心理学"，认为心理学的研究对象是意识的构造；而以詹姆斯和安吉尔为代表的一些美国心理学家，提出心理学的任务不在于研究人的意识的构造，而在于研究它的机能，创建了"机能主义心理学"；安吉尔的学生华生认为，心理学之所以长期不能成为一门精确的科学，主要因为它所研究的是一种不可捉摸和不可接近的对象，他提出心理学应该把行为而不是把意识作为研究对象，其创建的学派称为"行为主义心理学派"；二十世纪初，奥地利的精神科医生弗洛伊德主张心理学要想了解人的心理的真实情况，了解人的精神表现的真实原因，就必须通过一定的技术，求助于人的"无意识"（潜意识），从而创建了"精神分析心理学派"。之后，心理学研究领域出现了"人本主义学派""认知心理学派""心理生理学派"等。精神分析学派、行为主义学派、人本主义学派并称为心理学的三大势力，积极推进了心理学的发展。

近年来，心理学不再纠结于派别之争，而是借鉴计算机科学、生物科学、医学、脑科学等先进技术手段，专注于各个领域的深入研究，获得了丰硕的成果。与其他学科交叉而出现的边缘学科，在智力理论、学习理论、认知发展理论、认知神经科学等领域取得了令人瞩目的新进展。

#### （二）市场营销学与营销心理学

市场营销学可以看成是市场营销理论的核心。市场营销学在形成过程中，吸收了经济学、心理学、社会学、管理学、法学、人类学等知识，但对心理学知识的运用，在所有社会科学各分支中仅次于经济学。心理学研究心理、意识和行为以及个体如何与其周围的自然环境和社会环境发生关系。这些知识对市场营销的重要性是显而易见的，因为心理学研究的对象即个体，正是市场交易的当事人。市场营销思想对心理学知识的应用主要体现在以下几个方面。

**1. 有关动机的思想** 动机在市场营销中就是销售吸引力。这一概念本身就说明了加入市场抱有某种目的，并暗示了某些对市场行为产生影响的因素。在一些早期的市场营销著作中，本能欲望和冲动被作为购买的基础进行了讨论；满意、舒适和方便则被解释为从感觉中产生的动机。市场动机特定地被解释为购买动机，且分为始发动机和选择动机、理性动机和感性动机、购买动机和惠顾动机以及最终动机（或个人动机）和产业动机等。刺激的概念被用于解释“销售吸引力”，即产品和服务刺激满足欲望的特征，它们能激起购买动机。对刺激的无反应或冷淡被称为“销售阻力”，但它可以通过适当的行为刺激来加以克服。

**2. 沟通及教育的心理功能** 心理学解释了人们的学习过程，某种想法通过知觉、顿悟和直觉被意识接受，通过思考、推理、联想被理解和发展，通过记忆来保留和回忆，通过判断被应用。这种思想正好被用于解释市场营销中如何使信息的传递引起对方的兴趣，以及如何同对方成功沟通的过程。

**3. 信息有效传递的方式** 例如，销售过程分为知晓、兴趣、欲望、确信和行为五个阶段；在某种环境下，个体按照冲动而不是逻辑推理来采取行动。个性的概念也被用于无生命的市场营销机构。还有一个被运用的概念是意象，即仅仅由于心目中对某人的印象而形成对他的性格特征的认识。意象是由暗示、教育和经历发展而来的，其存在仅仅是一种心理现象。

扫码“学一学”

## 第二节 医药营销心理学的研究原则和方法

### 一、研究原则

**1. 客观性原则** 客观性原则是进行任何科学研究所必须遵循的基本原则。在医药营销活动中，各种心理现象都是由客观存在引起的。对各种心理现象的研究，也必须结合营销活动的实际情况，去客观、历史地分析、研究，从而揭示营销活动中各种心理现象的特点及发展、变化的规律，而不能主观臆断、凭空猜想。

**2. 发展性原则** 发展性原则要求对营销活动中各种心理现象的研究要用变化的、发展的眼光去看待。影响医药营销的各种因素随时处于变化之中，营销人员的心理及行为与各种影响因素相适应也处于变化之中，表现在营销观念、营销动机、营销机构等方面。因此，医药营销人员既要客观研究现实存在的营销客体的心理特点、行为规律，又要用发展的眼光预测其将来的方向及水平，只有这样，医药企业才能在营销活动中始终处于主动的地位和积极的状态。

**3. 综合性原则** 每个人都生活在复杂的自然环境和社会环境中，任何一个心理现象的产生都受到环境的影响和制约，而这种影响和制约在不同时间、不同地点、不同条件下的反应又有所不同。所以，在研究营销参与者的心理现象时，不仅要考虑与之相联系的多方面的因素，还要分析引起营销心理现象的原因、条件等。总之，要注意研究社会环境诸因素对营销参与者心理的影响，不能孤立地、片面地看问题。

### 二、研究方法

医药营销心理学系心理学与营销学的交叉学科，其研究方法既从属于心理学的研究方法，也有营销学的研究特点，基本方法有以下 3 种。

**（一）实验法**

实验法是指系统地操作某一实验变量，使相应的心理行为现象产生或改变，进而分析研究的一种方法。实验法的优点是研究速度较快，并可根据要研究的心理行为现象，灵活调整、控制环境变量；其缺点是实验变量的控制要有相应的条件，如相应的仪器设备、标准的计算工具以及配套的控制软件等。根据研究目的和手段的不同，实验法可分为实验室实验法和自然实验法两种。

**1. 实验室实验法** 是指在实验室条件下，通过人为的控制相应实验变量，借助相关的仪器设备，来研究心理行为变化规律的方法。

通过实验室严格的人为条件控制，可能获得较精确的研究结果。另外，由于实验条件严格控制，运用这种方法有助于发现事件的因果关系，并可以对实验结果进行反复验证。医药营销心理学的许多课题都可以在实验室进行研究，如人们可以用速示器、抓台器等仪器在实验室中研究消费者的记忆、选择偏好等。实验室实验法的缺点是被试者在实验室环境中容易引起心理紧张，相应的实验结果可能会产生偏差。

**2. 自然实验法** 也叫现场实验法，指在实际营销环境中，由实验者创设或改变某些条件，以引起被试某些心理活动进行研究的方法。在这种实验条件下，由于被试者处于自然状态中，不会产生很强的紧张心理，因此，得到的资料比较切合实际。但是，自然实验中由于实验环境不易控制，在许多情况下，人们往往借助于专门的实验设备来记录被试者的心理现象。

**（二）观察法**

观察法就是研究者依靠自己的视、听器官，在自然环境中对人的行为进行有目的、有计划的系统的观察并记录，然后对所作记录进行分析，以期发现心理活动变化和发展的规律的方法。观察法使用方便，所得材料真实，并且简单易行，费用低廉。但是，观察法也具有一些缺点，例如，在进行观察时，观察者只能被动地等待所要观察的事件出现，在事件出现时，所能观察到的是，顾客如何从事活动，并不能得到顾客为什么这样活动以及当时其内心是怎样想的资料；观察资料的质量在很大程度上也受到观察者本人的能力水平、心理因素的影响；为了使观察得来的资料更全面、真实、可靠，被观察的人和事数量要多，面要广，而且为了取得大量的资料，所需的人力和时间自然要多。一般只有当研究的问题能够从消费者外部行动得到说明时，才适宜于应用观察法。

目前，人们运用观察法进行研究时，常常借助于现代的视听器材设备，如摄影机、录像机、录音机、电视等。

观察法一般用于研究消费者的需求与动机、消费行为与态度、购买决策等，如广告、商标、包装、橱窗和柜台设计在营销沟通中的效果，商品价格对购买的影响，商店的营销状况和某种新产品是否受消费者的欢迎等方面。

例如，要了解药店橱窗广告设计的效果，可以在橱窗前用摄像头记录行人注意广告或停下来观看广告的人数，以及观看广告人数在路过行人中所占的比例。之后，还可以通过重新设计广告牌，然后再观察统计观看的人数占路过行人的比例，以此来比较两种设计的效果。

知识链接

**观察法在实际研究中的应用**

1966 年美国的威尔斯和洛斯克鲁托在超级市场内所进行的消费心理研究，是运用观察法的典型例子。他们在超级市场的谷物食品、糖果和洗衣粉柜台前进行了 600 小时的观察。从顾客进入这些柜台的过道开始，直到离开过道为止，他们观察顾客的各种活动，做了 1500 条记录。通过观察记录的分析，研究了顾客的构成、性别及成人和儿童所占的比例；还分析了当几个人在一起时，是谁影响了购买。此外，顾客的其他一些微观的心理活动，诸如，对价格的议论，对商标与包装的兴趣都在分析之列。这种观察研究不仅为探查消费心理的一般规律提供了资料，同时也为商店改进经营策略提供了依据。

**（三）调查法**

调查法是通过晤谈、访问、座谈或问卷等方式获得资料，并加以分析研究的方法。常用的方式有面谈调查、信函调查、电话调查、留置调查、街头随机调查等。

**1. 晤谈法** 也叫做访问法。通过与被试者晤谈，了解其心理信息，同时观察其在晤谈时的行为反应，以补充和验证所获得的资料，进行描述或者等级记录以供分析研究。晤谈法的效果取决于问题的性质和研究者本身的晤谈技巧。

座谈也是一种调查访问手段。通过座谈可以从较大范围内获取有关资料，以提供分析研究。这种方法的优点是简单易行，便于迅速获取资料，缺点是具有较大的局限性。要使谈话有效须注意三点：目的明确，问题易懂；讲究方式，控制进程；系统、完整、详尽地记录谈话的内容。

**2. 问卷调查法** 是运用内容明确的问卷量表，让被试者根据个人情况自行选择回答，然后通过分析这些回答来研究被试者心理状态的方法。常用的方法有是非法、选择法和等级排列法三种。

问卷法的优点是，能够在短时间内取得广泛的材料，且能够对结果进行数量处理；缺点是，所得材料较难进行质量分析，难以把所得结论与被试者的实际行为进行比较。

在许多情况下，为了使调查不至于遗漏重要内容，往往事先设计调查表或问卷，列好等级答案，当面或通过邮寄供被调查者填写，然后收集问卷对其内容逐条进行分析等级记录并进行研究。例如，调查住院病人对护理工作是否满意，哪些满意，哪些不满意，及其等级程度。问卷调查的质量决定于研究者事先对问题的性质、内容、目的和要求的明确程度，也决定于问卷内容设计的技巧性以及被试的合作程度。例如，问卷中的问题是否反映了所要研究问题的实质、设问的策略是否恰当、对回答的要求是否一致、结果是否便于统计处理，以及内容是否会引起被调查者的顾虑等。

扫码“学一学”

## 第三节　学习医药营销心理学的意义

### 案例导入

滨海市江河制药厂营销主管A，出生于20世纪60年代，曾当过兵，在20世纪80年代、90年代与各地市医药公司经理有着很好的交往，为企业创造了很好的经济效益，自己很得意地惯用自己的交往模式维持着自己的客户。自进入21世纪以来，他逐渐发现本企业产品的市场份额越来越小，原来的客户也不如以前那样推荐自己的产品，经济效益也受到很大影响，自己很纳闷：我的产品没有变，我对客户的感情没有变，问题究竟出在哪里？

**【问题】**

1. 分析营销人员的素质，营销主管A有哪些优势和不足？
2. 面对客户需求的变化，营销主管A自身需要作出哪些调整？
3. 为了提高销售业绩，营销主管A需要如何调整？

医药营销心理学的学习，意义表现在以下三个方面。

**1. 市场经济发展的需要，有助于医药企业更好地开拓市场**　市场“细分”过程中，既要考虑社会经济形态的标准，也应考虑心理与行为方面的差异，这样才能更加符合市场营销的实际需要；在调动经销商工作积极性方面，既要运用经济手段去吸引，还要运用心理策略去激励，效果才会更好；另外，在品牌设计、包装装潢、广告促销等方面，也应注意借鉴和运用心理学的原理和技术，才能使营销策略在整体上更具有竞争力，从而争得实效，更好地开拓市场。

**2. 有助于更好地满足消费者的需求**　医药经销商和病人的需求，在物质形态方面有区别，在消费心理和行为习惯方面也有差异。医药企业如果只注意到药品在物质形态方面的不同，而忽略了消费心理与行为习惯的特点，就不能最大限度地满足经销商和病人的需求，营销效益当然也会受到影响。尤其在当今感性消费时代，此问题更加突出。因此，医药企业必须研究和了解消费者的心理特征，有针对性地制定营销策略，使经销商和病人在获得物质利益和身体康复的基础上，同时也获得心理上的愉悦。

**3. 有助于医药企业改善营销管理，提高服务水平**　医药企业必须按市场需求来组织生产和开展营销活动，这是目前我国医药企业在调整产品结构、转变营销观念、改善营销状况的过程中应该努力的方向。部分企业营销状况不理想，一个重要的原因就是忽略了整个营销过程中大量的心理因素。相反，另外一些企业抓住了这个关键问题，真正满足了经销商和病人的心理需求，提高了服务的档次，取得了显著的营销业绩。因此，广大医药企业管理者应该借鉴他人的成功经验，在设计、生产、广告、营销等各个环节上，考虑到心理因素的巨大影响，最大限度地改善营销管理，提高服务水平。

## 学习参考

### 如何学好医药营销心理学

对于任何学科的学习，要想取得好的学习效果，就要针对这门学科的特点，采取不同的方法和策略。医药营销心理学除了介绍基本的心理学原理之外，还会结合医药营销实践进行分析、应用，是一门理论和实践结合紧密的学科。

**1. 留出足够的时间来阅读教材和复习课堂笔记** 本教材包含许多心理学信息、原理及需要记忆的心理学术语。要想很好地学习这门课程，需要留出足够的时间来阅读教材和复习课堂笔记。

**2. 成为心理学的爱好者和参与者** 兴趣是最好的老师，带着浓厚的兴趣和疑问投入学习，才能获得最佳的学习效果。这就要求我们仔细地阅读，认真地听讲，把学到的知识重新组织和整理，并将有价值的内容和自己的思考、总结及时记录下来。在课本的空白处写上自己的注释，既有助于保持注意力，也有助于以后的记忆和复习。

**3. 讲究学习方法和记忆策略** 心理学的研究告诉我们，人的记忆在刚开始时遗忘最快，随着时间的推移而逐渐放慢速度。所以，在学习新知识时，要及时复习，并且要有间隔地进行复习，这种经常性的学习要比考前突击更有效。在记忆时，要先理解再记忆，因为心理学研究的结果表明，意义识记的效果远远好于机械识记。

**4. 以学习为中心，创造良好的学习氛围** 在宿舍、班级内找一些喜欢学习的同学，并与他们交流学习的内容与方法。这样，在不知不觉中，就会发现自己知识的深度和广度都有了很大提高。

**5. 注重理论与实践相结合** 在生活、阅读或实习过程中，遇到问题要善于运用学过的知识进行分析，并提出可行的解决方案，在实践中检验和巩固所学的知识。逐渐会发现，理论在不用的时候是灰暗、死板的，但一旦运用到实践中，就会散发出鲜活的气息和无穷的活力。

# 实训1 顾客对常用医药产品需求情况调查问卷的设计与实施

**【实训目的】**

1. 掌握调查问卷的构成要素。

2. 设计调查问卷，并实际施测，完成调查报告。

**【实训内容】**

4~5 人组成团队进行训练，内容为以下两个方面。

1. 根据成员的兴趣与生活经验，寻找某一类或者某一种医药产品设计调查问卷。

2. 寻找目标人群进行施测，对调查结果进行数据分析，并形成调查报告。

**【实训注意事项】**

**一、问卷设计注意事项**

**1. 重点突出** 提出的问题能反映调查目的，重点突出，简单明了，切忌模棱两可，并避免列入无关紧要的问题；准确客观，目的性强，提出的问题应能反映调研的目的，突出这方面的重点；所提的每一个问题都是对弄清调研课题的问题和解决存在的问题所必须的。

**2. 讲究提问方式** 恰当的提问方式能激发被调查者的兴趣，使之乐于回答；提问方式要客观，不能主观性太强，诱导受访者；应极力避免提出难以启齿的问题或难以回答的问题，要注意被调研者的身份、文化水平；如果要做较深入的调研，应该避免立即引入复杂的问题，使人感到厌烦，必须由远及近，由浅到深，分层次逐步启发；考虑使被调研者回答方便，语句要自然、温和、易懂等，表格设计要简明；要注意提问的艺术性，避免枯燥和急躁。这主要指提问内容要有趣，不要提出调查对象无关或不感兴趣的问题，同时应注意被调研者回答问题时的心理或社会影响。

**3. 其他要求** 提出的问题难度不能超过被调查者的知识水平，尽量避免使用专业术语；题的设计，要便于事后的统计和整理；调查表中明确说明调查的目的、要求和回答的方式等有关事项。

总之，调查问卷的设计要求可归纳为必要性、可行性、准确性、客观性和艺术性。

**二、施测注意事项**

**1. 锁定目标人群** 根据自己的调查目标，选择合适的人群作为调查对象，样本数量不小于 30。

**2. 讲究艺术** 在调查过程中，注意自己的言行举止要得体，讲究文明礼貌，用通俗易懂、言简意赅的语言地向调查对象介绍调查目的与要求，并对调查者表示感谢。

**【实训报告】**

根据调查结果进行数据分析，并撰写调查报告，并附上所设计的调查问卷全文。

**【实训评价】**

1. 根据要求完成调查问卷，设计合理，计 30 分。
2. 根据要求完成施测，数据翔实，计 30 分。
3. 将调查数据进行分析，并形成调查报告，计 30 分。
4. 实训报告条理清晰，字迹工整，计 10 分。

扫码“练一练”

## 目标检测

1. 简要介绍医药营销心理学的发展过程。
2. 医药营销心理学的理论来源有哪些？
3. 医药营销心理学的研究原则有哪些？
4. 医药营销心理学的研究方法有哪些？
5. 学好医药营销心理学的意义何在？
6. 如何学好医药营销心理学？

# 第一章

# 消费者的心理过程

## 学习目标

**1. 知识目标** 掌握感觉、知觉、记忆、注意、想象、思维的基本特点；熟悉广告等营销手段对消费者认知过程的影响及消费者的意志过程；了解消费者情绪、情感的功能、特点。

**2. 能力目标** 能够运用心理过程的相关规律理解、指导营销实践；能够准确把握自身以及消费者的情绪、情感状态，并指导营销实践；学会使用一定的方法来唤起消费者积极的情绪、情感，避免或者减少消极的情绪、情感。

**3. 素质目标** 培养对医药营销心理学的兴趣；在生活实践中能够运用一定的方法进行良好情绪、意志的培养。

## 考点

1. 知觉的三个阶段。
2. 感觉理论、知觉理论及其应用。
3. 记忆的分类、遗忘的原因。
4. 消费者对产品的记忆率。
5. 情绪状态。
6. 意志的特征。
7. 消费者情绪的影响因素。
8. 培养良好情绪、意志品质的方法。

## 案例导入

张红是药品经营与管理专业的大学生，已毕业工作半年，现在一家连锁药店工作，主要负责中药的销售工作。

最近，药店自制阿胶膏出售，并推出了一项新业务：顾客在本店购买阿胶，就可以免费为其熬制阿胶膏。张红在大学期间学过阿胶熬制的相关知识，并进行过专项的训练，可以完成熬制阿胶膏的任务。

有一天，张红和同事在熬制阿胶膏，一位40多岁的女士走过来，问："嗯，真香，你们这是在做什么？这么香啊！"张红回答："阿姨，这是我们店自己做的阿胶膏，刚熬好准备出锅呢，您来尝尝味道怎么样？有点热，小心烫。"这位女士尝了一口后，赞不绝口，马上决定购买1斤阿胶，在向张红咨询后，增加了枸杞、大枣、玫瑰花、桂圆等辅料熬制阿胶膏。

【问题】

1. 张红能够熬制出合格的阿胶膏，最重要的是知识还是技能？

2. 案例中营销人员销售阿胶膏，在熬制的过程中，让客户看到、闻到，与不让客户感受到，对客户的影响是否一样？

扫码"学一学"

## 第一节　消费者的认知过程

明亮的火苗、药液沸腾的声音和浓浓的、特殊味道的中药味，我们将这些信息与童年时家人熬药的景象联系起来，这一切是多么熟悉，却又有些许不同。

我们开始思考，是哪些因素导致我们的感受与以前不同？外界刺激每天都在冲击着我们的身体，同时，我们的大脑完全处于一个黑暗、寂静、柔和、封闭的世界中。那么，外部世界如何进入到我们的头脑里呢？其实，这些过程都属于心理过程中的认知过程。我们通过识别环境中的物理信息，将其编码为神经信号，这是感觉过程；将感觉信息进行选择、组织和解释，这是知觉过程；将以前经历过的事件重新提取出来，这是记忆过程；我们对这些事件的思考、重组、推断的过程，则属于思维过程。

### 一、感觉与知觉

#### （一）感觉概述

**1. 感觉的概念**　感觉是人脑对直接作用于感觉器官（眼、耳、口、鼻、皮肤等）的客观事物的个别属性（如色彩、味道、线条、声音、气味、冷暖、软硬等）的直接反应。人的感觉器官包括眼、耳、口、鼻、皮肤等，感受到的个别属性则包括色彩、味道、线条、声音、气味、冷暖、软硬等。

目前，人们生活中充斥了很多感官刺激，中药店里中药的特殊味道、电视里各种药品广告的声音和画面等，都对人们的感觉器官产生直接的影响。有些刺激是消费者主动寻找的，如旅游、攀岩；有些刺激是消费者不得不被动接受的，如各种类型的广告。

**2. 感觉的意义**　感觉是一种最简单的心理活动，分别反映客观事物的形、色、声等，但它在人类正常生活中却必不可少。

（1）感觉以基本的形式，保证个体接受到完整的信息。感觉向大脑提供内、外环境的信息，使我们了解外界事物的各种属性，保证机体与环境的信息平衡。在正常的生活中，刺激过强或是过弱，均会给个体带来不安和痛苦。感觉剥夺实验，证明了感觉信息的剥夺会严重损害人的各种心理机能。同样，刺激过强也不利于人的身体健康。现代媒介给人们提供了形色各异的刺激，如广告、电话、短信、电子邮件、新闻网页、电视、广播等，这些媒介不间断地向人们提供有关外部世界的信息，而长时间接受过量的信息刺激则会引起信息超载现象，容易导致头晕、失眠、情绪烦躁、态度冷漠等。这种现象在大城市和某些行业比较普遍，已经受到心理学研究者的广泛关注。

（2）感觉是产生复杂心理现象的前提和基础。感觉是一切心理活动的基础，是打开心理活动大门的钥匙，人们所有复杂的心理活动都源于感觉。

知识链接

**感觉剥夺实验**

20世纪50年代初，加拿大心理学家赫布和贝克斯顿等进行了“感觉剥夺”实验。在此实验中，被试者躺在一个非常柔软、尽可能减少身体感觉的床上；眼睛蒙着特制的、只能看到漫射光但看不到任何形状或图形的眼罩；手和脚都戴上厚纸套，将触觉刺激减至最小；将室内的各种声音尽量减到最低或完全隔音。实验者观察被试者的表现、坚持时间的长短，记录心率、皮肤电阻、脑电、生物化学等指标（图1-1）。

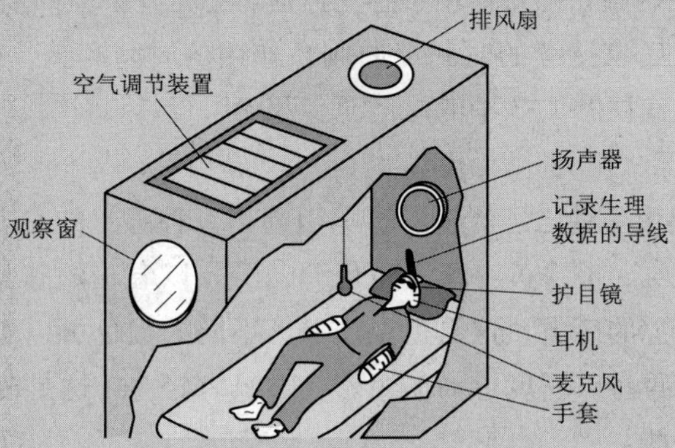


图1-1　感觉剥夺实验

实验前，大多数被试者以为能利用这个机会好好睡一觉，或者考虑论文、课程计划。但后来他们报告说，自己对任何事情都不能进行清晰的思考，哪怕是在很短的时间内也不能集中注意力，思维活动似乎是“跳来跳去”的。被试者变得焦躁不安，总想活动，觉得很不舒服。有50%的被试报告有幻觉，其中大多数是视幻觉，也有被试报告有听幻觉或触幻觉。

实验中被试者每天可以得到20美元的报酬（当时大学生打工一般每小时可挣50美分）。但是如此高的报酬也难以让他们在实验室中坚持2~3天以上。实验结束后，跟踪调查发现，每个被试者的生理、心理功能都有不同程度的损害。该实验说明了来自外界的刺激对维持人的正常生存是非常必要的。

**3. 常见的感觉现象**

（1）感觉适应　由于刺激物对感觉器官的持续作用而导致感受性发生变化的现象叫作感觉的适应。适应的结果可以是感受性的升高（仅见于视觉），但大多数是感受性的降低。人的多种感觉都有适应现象，只是表现的明显程度不同。有些感觉的适应性不明显，如听觉与痛觉。但是有的感觉具有明显的适应性，古语云：“入芝兰之室，久而不闻其香；入鲍鱼之肆，久而不闻其臭”，这是嗅觉的适应现象。明适应和暗适应是视觉的适应现象，由明处到暗处的适应称为暗适应，由暗处到明处的适应称为明适应。不同感觉的适应有不同的特点，这与人类的生存需要有密切关系。在众多的感觉中，噪音和痛觉较难适应。

（2）感觉对比　感觉对比是指同一感受器接受不同的刺激而使感受性发生变化的现象。例如，吃完黄连再吃糖，感觉糖非常甜；吃完香蕉再吃杨梅，则感觉杨梅更加的酸，这是味觉的对比现象。视觉也存在对比现象，图 1-2 中的中央部分是相同的灰色纸片，放在白色背景上时显得暗些，放在黑色背景上时则显得亮些。

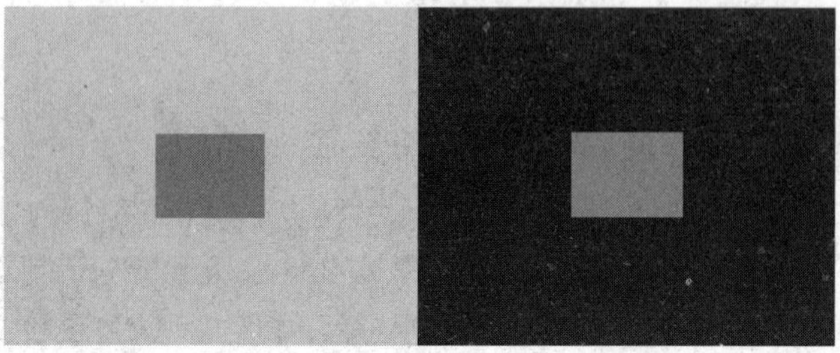

图 1-2　明暗对比

（3）感觉后象　在刺激物停止作用于感受器后，感觉并不立即消失，仍暂留一段时间，这种现象叫感觉后象。后象持续的时间与原刺激作用的时间有关，刺激作用的时间越长，后象持续的时间越长。注视图 1-3 中的灯泡至少 30 秒，然后将视线转移到空白区域，就会看到一颗发亮的灯泡。

（4）联觉　联觉是由一种已经产生的感觉引起另一种感觉的心理现象，是感觉相互作用的特殊形式。例如：红、橙、黄等属于暖色调，给人以温暖的感觉；而蓝、青、绿等属于冷色调，常给人以清凉的感觉，这是色温现象。不同的颜色可以引起不同的重量感，明度愈低的色彩，愈具有重感；明度愈高的色彩，愈具有轻感，这是色重现象。图 1-4 中颜色深的皮箱要显得重一些。

图 1-3　视觉后像

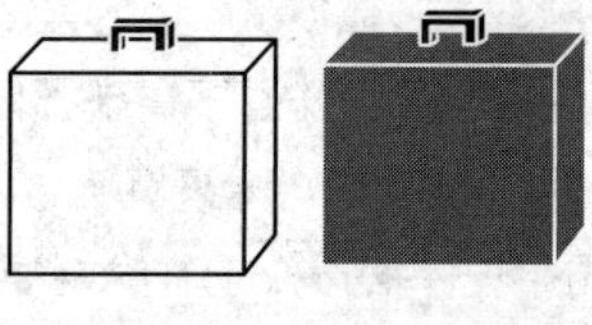

图 1-4　色重现象

**（二）感觉营销**

**1. 视觉**　视觉的适宜刺激是可见光。从物理学的角度看，光是具有一定频率和波长的电磁辐射。人的眼睛能够觉察到的光称为可见光，其波长范围为 380~780 nm（纳米）。

心理学家通过大量的实验证实，人类获取的信息 83% 来自视觉，11% 来自听觉，还有 3.5% 来自嗅觉，1.5% 来自触觉，1% 来自味觉。在医药营销过程中，不管是广告、店面设计还是包装，视觉因素起到的作用是最大的。

颜色具有象征意义，并且具有显著的文化差异。在西方国家，黑色是哀悼的颜色，在东方国家，白色才扮演这个角色。在中国，红色象征着喜庆、热情、团聚，但在许多国家，红色更多的表示危险、警告、愤怒等。

**知识链接**

### 颜色的象征意义

鲜艳的红色给人以一种热情、积极向上的情感反应但同时也能给人以危险的心理反应，用来吸引受众的吸引力是十分有效的。所以我们在处理一些激情高扬的新闻信息时，就可以佐以红色来配合传播，但在西方，红色则往往与恐惧、流血和淫荡相连。

温暖的“黄色”是一种金子的色彩，是一种太阳和创造（画家凡·高语）的色彩，它负载有欢乐、富有、光荣和大调调式的音乐的情感意义；当然黄色又有纯净的橙黄色与混浊的暗黄色之分，前者鲜明、亮丽，使人愉快，如“黄榜、黄金时代、飞黄腾达”等。后者则给人一种凋谢和衰败的联想，如“此事黄了”，甚至还会产生一种不干不净的感觉。

绿色是“有弹性的色彩”，一方面是代表生命、青春、成长和健康的色彩，会给人以舒适感；另一方面又可能有妒忌和贪婪的情感意义，如俗语所言“妒贪得面色发青（绿）”可以为证。

蓝色被看作是代表理智的色彩，象征着一种清新、明晰、合乎逻辑的态度。人们看到蓝色时会感到开阔、博大、深远、平稳、冷静。实验也证明，蓝色会使人的呼吸变弱、脉搏减慢、血压降低。

紫色是红色与蓝色的组合色彩，其色调可冷可暖，根据红、蓝两种成份的数量比而定。紫色是在环境中空间和距离逐渐增加时出现的色彩，往往使人想到神秘和幻觉，有时紫色又是高贵、富有的象征。

灰色是由黑与白组成的缺乏光泽和亮度的色彩。因为其色调的阴沉、灰暗，所以灰色总是和阴雨的天气、倒霉的日子联系在一起的，使人觉得无精打采、缺乏趣味。实验也证明，灰色能使人的肾上腺素分泌减少，从而导致人的情绪低落。

棕色是大地的颜色，与土地、肥沃、宽厚联系在一起。同灰色相比，棕色给人较暖的色调。当然棕色也会使人想起污泥、混沌、脏乱的字眼。

黑色则似黑夜，似厚厚的乌云，给人以一种压抑、肃穆乃至恐怖的情感反应，往往象征着暗无天日、死亡、恐惧、沉重、紧张、威严等。

白色实际上是一种经过强化了的“无色彩”，是纯洁无瑕的象征；然而苍白又是缺乏力量、虚弱的象征；同时白色亦可以隐喻虚幻的梦境。

颜色的反应具有男女差异。女性更容易被明亮的色彩所吸引，并且对微妙的色彩变化和色彩运用方式更为敏感，这是因为在生理上女性对色彩的感受力比男性强。

颜色反应也受到年龄的影响。随着年龄的增大，人们的眼睛也逐渐老化，对黄色有视觉敏感倾向，成年人更喜欢亮色。黄色在光谱中位于可见波的中部，最明亮也最吸引人的注意，所以电话号码簿等枯燥的资料一般都用黄色作为底色。

颜色能够直接影响人们的情感。有些颜色（如红色）能够使人血流增快、体温升高、血压升高，产生唤醒的感觉并刺激食欲，而有些颜色（如蓝色）则使人血流减缓、体温下降、血压降低，产生放松、宁静的感觉。因此，选择适当的颜色搭配对于包装设计至关重要。

在医药营销中，营销者还要根据医药产品的特性（如补血类药品）、名称（如藏红花、京万红、六味地黄丸）以及消费者的期望（如滴眼液）来为自己的产品挑选合适的颜色，甚至用产品的颜色、包装瓶的颜色来突出自己的产品特色。如活血化瘀、滋补保健类的药品多采取红色等暖色调背景的包装，而消炎止痛、安眠镇静类的药品大多采取蓝色等冷色调背景的包装。在广告中，使用蓝色背景的产品比使用红色背景的产品更受欢迎。医药企业更加重视颜色发挥的作用，许多企业的LOGO包含了特定的颜色组合，甚至整个系列产品都会采用统一的配色方案。

**2. 听觉** 听觉的适宜刺激是一定频率范围内的声波，是由物体振动产生的。

在医药营销中，听觉营销往往通过语音、音乐、音效等方式来达到效果。无论是在品牌网站、销售现场，还是在广告宣传中，声音都具有重要的意义。

心理学研究证明，声音对于记忆以及情绪有立杆见影的效果。一个友人的声音，一首舞会上迷人的歌曲，海浪轻轻地拍打海岸的声音等，都能使我们在脑海中激发一种难以名状的感觉。商店门口挂的风铃、感应到消费者进门后发出“欢迎光临”声响的毛绒玩具，甚至一只会说“你好”的八哥，都具有听觉营销的功能。医药营销中常见的听觉营销方式有以下几种。

（1）以音乐感动人 当产品以感性做诉求时，藉由一段音乐来描述故事情景，将人的情绪带入所设计的情境中。如某感冒灵颗粒厂家请一位家喻户晓、具有亲和力的歌星作为代言人，广告中一边弹着吉他一边唱，从情感上打动人心，最后引出该产品，广告效果非常好；某药企做的音乐广告《**之恋》用讲故事的手法，伴随着优美的音乐、动人的歌声，呈现了一对恋人从青梅竹马到喜结良缘的美好故事，消费者从心底觉得感动不已。

（2）以广告语鼓舞人 对于所要强调的产品特色或企业竞争优势，创造一句简单易读易记的口号、广告语，让人易读易记，朗朗上口。如“**，爱心满人间!”“家有儿女，家中常备**”“**，过敏一粒就舒坦”。营销者可以利用语音象征意义给产品起名字，字词的发音能够影响消费者对其产品属性的想象，如“大大”泡泡糖、“快克”、“泻立停”、“朴血”等。消费者更容易识别清辅音（如p、t、k）开头的品牌名称。

（3）以情境对话说服人 对于大众比较关注、疑惑的问题，营销者可以通过情境对话的方式呈现，无形中让消费者慢慢接受。如几个妈妈坐在一起，讨论“孩子不吃饭怎么办?”“孩子感冒发烧流鼻涕，家长怎么办?”，用这些话题引起消费者的注意，带着参与性的态度倾听广告内容，营销效果较好。

（4）以音效刺激人 对于某些症状的呈现、病情加重或者减轻，可以采用一些音效来刺激人，引起人们的关注，并帮助理解医药产品的效果。如广告中表现感冒症状的“阿嚏”、瘙痒症状需要紧急处理的“急刹车”声、眼睛干涩症状缓解后的“鸟语花香”等，都有良好的效果。

（5）以音响控制人 舒缓、轻微的声音让人情绪放松、动作减慢、流连忘返，激烈、震耳欲聋的声音则让人紧张、动作加快、迅速离开现场。所以在现场营销、网上营销过程中，营销者要根据销售活动特点、消费者数量，采取不同响度的、不同风格的背景音乐，来达到控制客流量、购买速度等目的。不同品牌、不同场景，商家会选用不同的音乐。例如：餐饮店里欢快的音乐，可以充分体现其个性；另一家餐饮店悠扬的音乐，则显示了它独自的品牌文化；服装店里轻快的音乐促进消费者的购买，同时显示了其休闲、轻松的特征；咖啡店里低沉的音乐与其内部灯光等的配合，为消费者提供了可聊天、享受生活的场合。

**知识链接**

**神奇的音乐**

音乐对人的神经系统，情绪、情感，智力和健康等方面均有明显影响。

英国心理学家通过对上百名志愿者进行的多次实验，发现节奏舒缓、音调下降的音乐会使收听的人感到悲伤压抑，而节奏明快、音调上扬的旋律却让人激昂振奋，急速的不和谐音导致听者心情焦躁并且感到恐惧，如果各种类型的音乐交替出现，人们的情绪会随之波动。

这种现象和人类的语言有着密切的关系。一般情况下，无论何种语言，大声喊叫是表达一种愤怒不满的情绪，而温柔的话语则是用来传达友爱和喜悦之情的。音乐同样也是这样，“音乐无国界”，在音乐的世界里，没有国度之分，也没有时间之分，其中蕴藏了人类能够共同感知的“情感代码”。

**3. 嗅觉**　鼻腔中的嗅细胞对气体物质产生反应，形成嗅觉。气味能够激发强烈的情感，也能够产生平静的感觉。它们可以唤醒记忆、提高记忆效果，也可以缓解压力。相关研究表明，香味不仅会影响和调控人的精神与情绪，支配人的心理行为，还能减轻和缓解人的病痛。

**知识链接**

**奇妙的花香**

花所散发出的香味是由数十种挥发性化合物组成，含有芳香族的酯类、醇类、醛类、酮类等物质。这些物质能够刺激人们的呼吸中枢，从而促进人体呼吸的功能。若呼吸到对人体有益的香味，则能使大脑得到充分的氧气，调节人的神经系统，促进血液循环，让精力、思维和机体活力达到较高水平。“花疗”和“香熏疗法”即是由此而发的。例如：丁香花净化空气能力很强，让人宁神静气，对牙痛病人有安静止痛作用；菊花香有清热解毒、平肝明目之功，常用来治头痛病；天竺葵花香有镇定神经、消除疲劳、促进睡眠的作用；薰衣草对神经性心跳、胀气、腹痛有效；水仙和荷花的香味，使人感到宁静、温馨、缠绵；紫罗兰和玫瑰的香味，给人以爽朗和愉快的感觉。

但是，并不是所有的花香都对人体有益。空气中花味过于浓郁，氧含量相对减少反而会刺激人们过度换气，使血液中氧含量降低，会出现头痛、头晕、恶心等症状。部分过敏体质的人，受到有些花粉的刺激，会出现过敏性哮喘、过敏性鼻炎等。例如：百合、兰花久闻之后，会令人过度兴奋而失眠；夜来香在晚上会散发出强烈刺激嗅觉的微粒，使高血压和心脏病病人感到头晕目眩，郁闷不适，甚至会使病情加重；月季花香会使个别人突感胸闷不适、憋气与呼吸困难；郁金香的花朵含有一种毒碱，如与它接触过久，会加快毛发脱落；夹竹桃闻之过久，它的气味会使人昏昏欲睡，其分泌出的乳白液体，如接触过久会使人中毒。

气味、记忆与情绪之间具有紧密的联系。人们对气味的一些反应是由早期联想产生的，这种联想会引起或好或坏的感觉。香味的感受由大脑的边缘系统进行处理，其是大脑中最原始的部分，也是情绪体验的重要区域。通过嗅觉传递信息是一种化学传递，可以调节动物在环境中的行为。某些动物分泌的化学物质——信息素对另一动物将产生重要的作用，如引诱异性，指明应走的道路，标志出所属的边界，在危急时发出警报，使群体集合或解散等。一种化学信息也可以引起接受者的生理变化。

当经过化妆品柜台时，很可能会有销售人员喷洒某一品牌的香水，这就是销售人员在利用嗅觉进行销售。消费者可能不相信销售人员巧舌如簧的推销或精美漂亮的产品包装，但会对那迷人的香味印象深刻。药店中的花露水、空气清新剂、麝香、消毒水等气味，是店里的非语言信号，无一不在向消费者的鼻腔展开攻势。目前，有的研究者正在尝试把特殊的香味加入产品，以取得更好的销售效果。

**知识链接**

**有香味的止痛喷剂**

相关市场调查发现，20~45 岁的女性患骨关节肌肉疼痛的人群数量增长快、数量大，但随着学历和收入指数的增长，止痛药物的使用率却急剧降低。收入和学历较高的女性对止痛药物的安全性、气味、品牌、包装等方面均有较高的要求，现有市场品牌难以满足她们的需求。经过访谈发现，她们不愿意购买外用止痛药的主要原因是不愿意让自己身上充满难闻的药味，其次是市场上现有的产品携带、使用不方便。与之相关的是，加拿大科学家近期发现，玫瑰和杏仁等芳香气味能够降低女性对疼痛的感知度。结合以上信息，GZYB 制药公司研制并推出了“有香味的止痛药”，命名为“SS 暗香止痛喷剂”，受到广大女性消费者的青睐。

**4. 味觉**　溶于水的化学物质作用于味蕾会产生味觉。人的味觉有甜、苦、酸、咸多种，负责它们的味蕾在舌面的分布不同。舌尖对甜味最敏感，舌中、舌两侧和舌后分别对咸、酸和苦最敏感。最近，有研究者还提出了“鲜”味感觉。辣味是一种痛觉，不属于味觉。味觉的产生还依赖于嗅觉，如堵上鼻子的话，人们凭味觉无法分辨土豆片和苹果片。温度对味觉有明显影响，如 37℃时甜味容易察觉、咸味比较明显。

人们对食品的印象最直接的就是味觉，童年的记忆往往和美食的味道紧密相连。世上最美味的食物就是童年时的味道。

**知识链接**

**舌尖上的中国**

《舌尖上的中国》为中国中央电视台播出的美食类纪录片，通过对中华美食的多个侧面的展现，触动了无数人的味蕾，同时也展现中国日常饮食的流变、人们在饮食中积累的丰富经验、千差万别的饮食习惯和独特的味觉审美。本片于 2012 年 5 月在央视首播后，在社会上引起了广泛的关注。

该片在呈现各色美食之外，《舌尖上的中国》还展示了普通中国人的人生百味，讲述了人和食物之间的故事。正如在第6集《五味的调和》中介绍的，不管在中餐还是在汉字里，神奇的“味”字，似乎永远都充满了无限的可能性。除了舌之所尝、鼻之所闻，在中国文化里，对于“味道”的感知和定义，既起自于饮食，又超越了饮食。也就是说，能够真真切切地感觉到味道的，不仅是我们的舌头和鼻子，还包括中国人的心。就像一位网友写的：舌尖上的中国，是心中莫名触动的味道。

**5. 肤觉**　刺激作用于皮肤后，引起各种肤觉。肤觉有四种基本形态：触觉、冷觉、温觉和痛觉，感受器呈点状分布。肤觉对个体的生存具有重要意义。皮肤的不同部位具有不同的感受性，最敏感的部位是面部、手指，其次是躯干和上下肢。女性比男性略微敏感。

肤觉对于有些产品也是非常重要的，特别是衣服、创可贴、膏药、口罩等直接接触皮肤的商品。在中药鉴定等过程中，肤觉的作用更加明显。

肤觉在消费者行为中具有重要的影响力。有研究发现，人们对能够亲自接触的产品更加信任，这是实体药店比网络药店占优势的地方。在零售过程中，营销人员要鼓励消费者触摸、把玩产品。研究者发现，参与者只要触摸一件物品30秒或者更短的时间，就能对产品产生更高的依赖感，并提高购买该产品的意愿。

触觉会引发情绪兴奋或者放松，人们之间的轻微接触会提高喜欢程度（如握手等，但是要适度）。有研究表明，店内柔软的地毯能创造放松的情绪，而硬的瓷砖地则会造成疲劳感。

我们的大脑通过视、听、嗅、味、肤等渠道接收感觉输入，构成了认知过程的原始数据。营销者要取得更好的效果，应当综合运用多种感觉信息、感觉通道，如同样的润喉糖，一则广告只强调味道好，另一则广告强调香味、口感和味道一样好，则消费者会预测后者具有更好的味道。

**知识链接**

### 有效的巧克力食品销售

故事发生在一家特产品商店，这家商店专卖巧克力，店中摆放着许多来自世界各地的形形色色的巧克力。明快的摆设、怡人的音乐、令人垂涎的浓香弥漫了整个商店。现在，让我们听一听售货员和顾客的交谈内容。

售货员：“你要的巧克力是味道浓一些、颜色深一点儿、里面包有坚果的吗？”

顾客：“是啊。”

售货员：“你尝一尝这种，怎样？它是一种色深味浓的巧克力，质地如奶油般柔滑，进口即溶，却一点也不沾手，香味浓郁，形状如心，格外诱人。”

顾客：“真棒！就买这个了！”

此例中，销售人员典型地利用了各种感觉进行销售。

听觉：售货员传递给顾客的富于感觉的语言。

视觉：“形状如心”，售货员让顾客注意到巧克力的外形。

嗅觉：“香味浓郁”，顾客的嗅觉被售货员引向巧克力。

味觉："你尝一尝这种，……"，顾客的注意力被引向味道。

触觉："质地如奶油般柔滑，……"

显而易见，售货员调动了顾客的各种感觉，使销售获得成功。

提示：别怕让客户使用甚至滥用了你的布置和样品，因为这些东西是将看客变为买家、让客户产生购买欲望的有力工具。

**（三）知觉**

我们具有丰富的感觉，但是那并不是我们体验世界的方式，如：我们看到的是泛着墨绿的罗汉果，而不是某个频段的光波；我们听到的是《二泉映月》，而不是一阵阵的声波。感觉只是心理活动的开始，我们需要借助于其他心理活动才能使外部世界变得有趣，并对其做出适宜的反应。知觉可以对实际生活中的事物进行进一步地加工，并提供合适的解释，使我们的生活更加丰富多彩。

**1. 知觉的概念和过程** 知觉是个体对外界事物全部信息的整体反应。知觉是个体主动对感觉信息进行选择、组织和解释的过程。暴露、注意和解释这三个阶段构成了知觉的过程（图 1-5）。

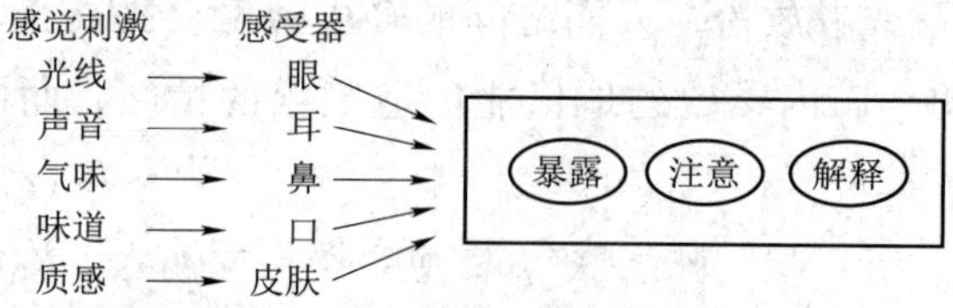


图 1-5 知觉过程示意图

（1）暴露 当一个刺激进入个人感觉器官的范围之内时，暴露就产生了。感觉的产生需要适宜的刺激，但感觉对刺激的强度有一定的要求，刺激太强，会使人的相应感觉出现偏差，感受器官受损；刺激太弱，则不能引起感觉。感觉器官对刺激的反应涉及感受性和感觉阈限的问题。

感受性（也称感觉的灵敏程度）是感觉器官对适宜刺激的感觉能力。感受性的大小是以感觉阈限的大小来度量的。在我们的生活中，并不是任何刺激都可以引起感觉。例如，广告牌上的文字可能很有趣，但是如果字体太小，路过的消费者就看不到。我们把刚刚引起感觉的最小刺激量称为绝对感觉阈限，对绝对感觉阈限的感受能力称为绝对感受性。二者呈反比关系，即绝对感觉阈限越小，绝对感受性越高；绝对感觉阈限越大，绝对感受性越低。

刺激物的强度发生微小变化时，一般不会引起感觉的变化，而刺激物发生明显变化时，就能够引起人们感觉的变化。刚刚能够引起差别感觉的最小刺激量叫差别感觉阈限，对差别感觉阈限的感觉能力叫差别感受性，二者也呈反比关系。

德国心理学家韦伯曾对此做了系统研究，发现人们对刺激物的差别感觉不决定于刺激物增加的绝对重量，而取决于刺激物的增加量和原刺激量的比值。初始的刺激越强，引起注意所需要的刺激变化量越大，这种关系就是韦伯定律。

在医药营销中，韦伯定律对于价格的制定有指导意义。如果某经销商认为降价幅度至少是原价的 20% 以上（有的研究者认为是 15%）才能使消费者觉察到价格真的降低了，那么他会把原价 10 元的板蓝根颗粒降为 8 元出售。要达到同样的促销效果，售价 1000 元的阿胶却不能只降 2 元，必须降至 800 元才行。需要注意的是，药品属于特殊商品，一味依靠降低价格来吸引消费者是不可行的。如果经销商因为成本提高等原因需要提高价格，也要注意策略，即缓慢地、分阶段地提价，而不是一下子将售价提高到消费者惊呼“怎么这么贵了”的程度。将大包装换成不太显眼的小包装也是商家常用的手法。

（2）注意　注意是人们的心理活动或意识对一定对象的指向和集中。指向性和集中性是注意的基本特征。注意的指向性是指心理活动有选择地反映一定的对象，而忽略其他对象。注意的集中性是指心理活动停留在被选择对象上的强度和紧张程度，它使心理活动离开一切无关的事物，抑制其他多余的行动。注意的分配往往根据刺激和接受者的特点而变化。

根据注意有无目的以及是否需要意志努力，可以将注意分为无意注意、有意注意和有意后注意三种。

1）无意注意。无意注意也叫不随意注意，是指没有预定目的、也不需要意志努力的注意。如消费者正在路上行走，突然出现的巨幅广告引起他的注意。引起无意注意的原因很多，包括刺激物本身的特点及个体的状态。刺激物的强度越大、新异性越强、与周围的环境差别越大、越具有运动变化性、越与消费者当前的需要相关联，就越容易引起无意注意。

2）有意注意。有意注意也叫随意注意，是指有预定目的、需要一定意志努力的注意，它是在无意注意的基础上发展起来的。影响有意注意的因素很多，如活动的目的与任务、对活动的兴趣与认识、个体的知识经验、活动的组织、个体的人格特征以及周围的干扰因素等。一般来说，活动的目的性越明确、越具体，活动越有趣，越容易引起有意注意。比较新奇、又和自己的知识经验有一定联系的事物，也较容易引起有意注意。

3）有意后注意。有意后注意也叫随意后注意或继有意后注意，是指有预定目的、不需要意志努力的注意。如一个人刚开始学骑自行车时，技能不熟练，需要有意注意。经过一段时间的训练，熟练掌握之后，在骑自行车时能够应付自如，从而使有意注意发展成为有意后注意。

在医药营销过程中，如何吸引消费者的注意，成为医药营销人员研究的重要课题和内容，以下三点建议可供我们参考。

1）打断消费者原先的活动。如在观看电视节目时，插播医药广告；在点击网络视频时弹出广告。不过，这种做法可能会增强消费者的情绪体验（即喜欢的话会更喜欢，而厌恶的话会更厌恶）。现在，有些更显人性的做法是，在播放广告的时候，在画面一角会有倒计时，以提高消费者的耐心和控制感。

2）合理选择刺激物。研究发现，视觉上比较复杂的广告更有可能吸引消费者的注意力；在线广告中，屏幕左上角容易被视线光顾的区域是黄金三角区；与周围其他刺激物形成对比有助于引起消费者注意，如在报纸上做大版面的广告、设计与众不同的颜色、把产品摆在货架的“黄金位置”（齐眼高）、在出人意料的地方（如购物车后面、地下通道的墙面、公共汽车座椅后面、体育馆的地面甚至公共厕所等）呈现广告、用彩色广告而不是黑白广告等。

3）经常改变刺激。当消费者对于某个广告或者营销场景过于熟悉时，就不会再对它加以注意（即使是事实上营销者做了一些变动），这实际上是一种适应。导致适应的因素主要有：刺激的强度较低（如声音太过轻柔或者颜色太淡）；刺激持续暴露的时间太长；刺激过于简单；暴露频率过高；刺激与消费者无关或者关系不大。营销人员可以增加刺激量或者变换刺激形式来引起消费者的注意。

（3）解释　解释是指我们赋予感觉刺激物的意义。面对同一种事物，两个人的感觉可能相似，但是解释可能完全不同。如中国人看到海参会判定这是珍贵的美味和补品，而外国人会觉得如此丑陋、恶心的虫子怎么能吃？消费者赋予刺激物的意义更多来源于以往的经验。人们的知识经验不同，对刺激物的解释也会不同。

**2. 知觉的特性**

（1）知觉的对象与背景的转换　人在知觉客观世界时，总是有选择地把部分事物当成知觉的对象，而把其他事物当成知觉的背景，以便更清晰地感知一定的事物与对象。如在某医药商城，导购员的声音成为消费者知觉的对象，而周围环境中其他声音则成为知觉的背景。从这个意义上说，知觉过程是从背景中分出对象的过程。这与注意的选择性有关。如图 1-6 所示，这两幅两歧图形说明知觉对象与背景是相互转化、相互依赖的（a. 花瓶与人像；b. 少女与老太太）。在医药营销过程中，要注意突出产品、营销对象，弱化背景，以免喧宾夺主。

a　　b

图 1-6　知觉的选择性

（2）知觉中整体与部分的关系　在知觉过程中，人能够在过去经验的基础上把由多种属性构成的事物知觉为一个整体。知觉的整体性与知觉对象本身的特性及其各个部分间的构成关系有关，格式塔心理学提出“整体大于部分之和”，发现格式塔组织原则可以帮助对象形成整体，如接近性、相似性、连续性、封闭性和规则性等。知觉的整合作用离不开组成整体的各个成分的特点；人们对个别成分（或部分）的知觉又依赖于事物的整体特性（图 1-7）。

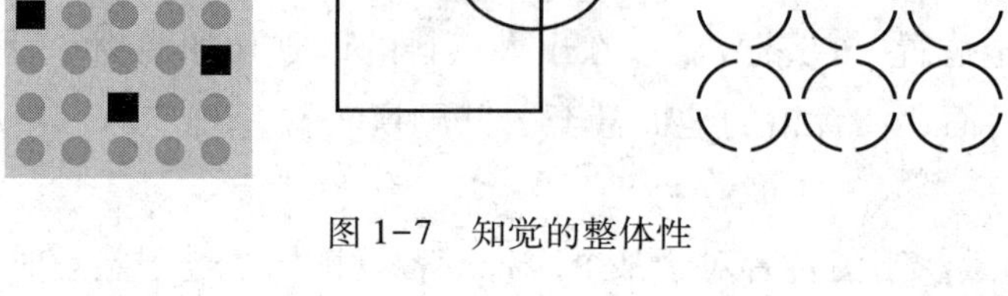

图 1-7　知觉的整体性

在医药营销过程中，营销人员可以利用这些原则开展活动，如在销售现场空一段关键词（最好是产品的名称）请消费者回答，鼓励消费者的参与；在广告中空缺一部分信息，请消费者填补等，会促使消费者主动加工、加深理解与记忆；在某一知名品牌旁边摆上相似产品来“搭顺风车”等。此外，营销人员还要注意突出产品，避免图形与背景的混淆。

（3）理解在知觉中的作用　人的知觉与思维、记忆等高级认知过程有着密切的联系。人脑对事物加工处理时，能结合自己的经验，并以概念的形式进行反映的特性叫作知觉的理解性。知识经验越丰富，知觉便越深刻、精确和迅速。如面对同一个中药材，中药鉴定专家比一般人的观察要细致、全面，得到的信息也更多。图 1-8 是一幅点子图，从未见过狗的儿童只能感知到一些斑点，而训练警犬的战士则一眼就能辨认出是条狗，动物研究专家则会认出这是达尔马提亚狗（俗称斑点狗）。

图 1-8　形成知觉的斑点

## 知识链接

### 与图 1-8 相关的两个小实验

**实验一　这图画的是什么？**

在看到这幅图时，开始人们说不出它是什么意思，但经过仔细的观察或给出提示后，把图形的细节组织起来，你会发现它是一条达尔马提亚狗。因此在观察这条狗时有某种知觉的变化，一个从未见过的图象突然在眼前闪现，这说明你脑中出现了某种关于知觉的神经变化。这也导致了你在感知图画时的某种变化，以后你就设想某种形状与达尔马提亚狗有某种联系。

这个实验表明经验可以影响物体形状和深度的感知。有时言语的提示（如这图中有条达尔马提亚狗）可以加快人们辨认图像的速度，此时视觉系统有了足够的线索认出它来。这是因为高唤醒的脑区以某种脑内语言激活了低兴奋的脑区，这样皮层的活动就专注于后面进行的视觉分析。

**实验二　请把这幅图看成无意义的图**

现在你已经认出图中画的是达尔马提亚狗了，这次你试试把这幅图理解成完全没有意义的乱点。怎么样？你会觉得这简直是难于上青天！一旦你认识了达尔马提亚狗，你会发现再把这幅图理解成无意义的几乎是不可能的，对于你这幅图变得永远有意义了。在这幅图中一旦你赋予它某种意义，你的感觉就不能再把它当作无意义的了，因为把它解释成无意义的不符合你过去关于达尔马提亚狗的经验。

在这两个实验中，你视网膜上的物像一直未曾改变，但是你的大脑总是试图给图像找出一个合理的解释，直到找到某种有意义的事物与之对应为止，这说明你的知觉对图像是一个主动加工的过程。

**3. 错觉**　在绝大多数情况下，知觉反映的是客观事物的真实状态。但是，有时候人们也会产生各种错误的知觉。人的知觉对外界呈现的客观事物不能正确反映，而是某种歪曲的反映，我们称之为错觉。图1-9是常见的视错觉（a. 棍子是直的还是弯的？　b. A与B哪一条更长?）。

a　　　　b

图1-9　常见的视错觉

除了视错觉之外，常见的错觉现象还有形重错觉、方位错觉等。错觉有的时候会造成严重的后果。例如飞行员在海上飞行时，由于远处水天一色，失去了环境中的视觉线索，容易产生“倒飞”的错觉，从而引起飞行事故。

在医药营销过程中，错觉对于产品形象设计有重要启示。例如：人们认为位于图案下方的产品比上方的产品更重；构图右边的产品比左边的产品更重；某些产品的造型会显得分量更大；适当地使用镜子会使店面显的更大。

图1-10中的右图，可以来解释，装同样体积的产品，要是易拉罐矮、胖一些，能省不少铝材，但厂家却不这么做。

图1-10　横竖错觉

## 二、学习

学习是由经验引起的相对比较长久的行为改变。学习者可以通过直接经验和间接经验来学习。学习是一个无处不在、持续发展的过程，指导着人们修正对于这个世界的认识，调节自己的行为，以更好地适应这个世界。

### （一）有关学习的理论

**1. 学习的联结理论**　主要代表人物是巴甫洛夫、桑代克、斯金纳等。持这一理论的心理学家认为人们在生活中接受的反馈塑造了他们的经验，强调复杂行为是建立在条件联系上的复合反应，所以联结理论又叫作“刺激-反应”理论。消费者之所以有对品牌名称、气味、广告语及其他营销刺激的反应基础，是因为他们学习之后得到的联系。在此过程中，人们受到奖励或者惩罚作为反馈，这又进一步影响了人们在未来类似环境中的反应方式。例如：莉莉因为购买保健枕而受到家人的称赞，她更有可能再次购买相似的产品。

（1）经典条件反射　经典条件反射最早由前苏联生理学家巴甫洛夫提出，是指将一种能够诱发某种反应的刺激与另一种原本不能单独诱发这种反应的刺激相匹配，多次重复出现后，单独呈现第二种刺激也会引起类似的反应。如村妇敲盆（或者嘴里发出咕咕声），自家散养的鸡会飞奔回来吃食；听到下课铃声，同学们就开始收拾书包。

## 知识链接

### 经典条件反射

巴甫洛夫把狗固定在笼子里，狗的下巴下面放一个托盘，用于收集狗的唾液，托盘连接一个装置来测量唾液的总量，记录所分泌唾液的滴数。在喂狗食物时，同时呈现相应的铃声，观察狗分泌唾液的情况。一开始狗只在食物呈现时分泌唾液，逐渐地，当不出现食物而只出现铃声时，狗对铃声也会做出分泌唾液的反应。这说明狗把铃声这种不是食物的“信号刺激”与食物联系起来了（图 1-11）。

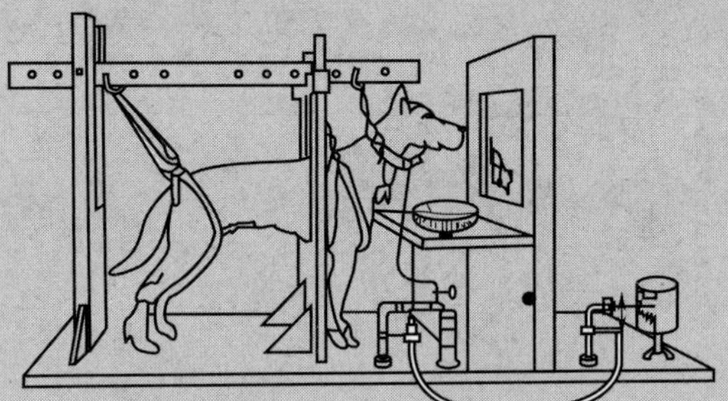

图 1-11 巴甫洛夫研究经典条件反射的装置

狗的这种反应即为反射活动。反射分为两种类型：无条件反射和条件反射。无条件反射是指动物与生俱来的一种反射，具有生物保护的意义，例如婴儿的抓握反射，动物一出生即有的吸吮反射，对食物产生分泌唾液的生理反应等。这种反射是无需任何条件的，因此称为无条件反射。实验中的食物即为无条件刺激物。条件反射是指有机体在无条件反射的基础上通过训练习得的对非条件刺激物（如实验中的铃声）产生的反射。也就是说，铃声本来不会引起狗分泌唾液，但是当它与食物同时出现，并重复多次以后，狗就会对铃声作出分泌唾液的反应。这种反应因为是在后天特定条件下形成的，所以称为条件反射。

条件刺激（铃声）和无条件刺激（食物）在呈现时间上几乎同步，形成了强化。强化次数越多，条件反射就越牢固。但是，当只呈现条件刺激而不同时出现无条件刺激，即条件刺激不被无条件刺激强化时，条件反射就会消退。按照固定的顺序连续给动物几个刺激，反应会形成固定的顺序，这种反应定型系统叫动力定型。它可以解释一个人习惯性的程序化动作。

（2）操作性条件反射 20 世纪 30 年代，斯金纳在巴甫洛夫经典条件反射的基础上提出了操作性条件反射。斯金纳把条件反射分为两种。一种是应答性条件反射，即巴甫洛夫的经典条件反射；另一种是操作性条件发射，即在斯金纳箱实验中发现的条件反射。经典条件反射是由一种可以观察到的刺激引发的，而操作性条件发射则是在没有任何可以观察到的外来刺激的情景中发生的。小白鼠有了操作性行为才能获得刺激（食物）。老鼠按压杠杆便能获得食物，而在压杠杆之前则不能得到任何食物，也就是说有机体的反应强度变化受到结果控制。如果一个操作以后继之以呈现一个强化刺激，这一操作的强度就会增加。

如一位消费者偶然购买某一品牌的养胃丸，口感良好并且效果不错，并获得了一个精美的钥匙扣作为小礼物，那么这位消费者还可能会继续购买本产品以获取更多的利益。

**知识链接**

**斯金纳与操作性条件反射**

斯金纳设计了斯金纳箱（图 1-12），箱内设有特殊的装置，当按压杠杆的时候就会触发食物储存器，食物滚入食槽。他把饥饿的小白鼠放进箱子，小白鼠在箱子中乱碰乱跳，偶然压到杠杆，就会得到食物。此后小白鼠会增加按压杠杆的次数，以得到更多的食物。这说明小白鼠学会了通过压杠杆得到食物的方法。这种通过不断强化所形成的条件反射就叫操作性条件反射。

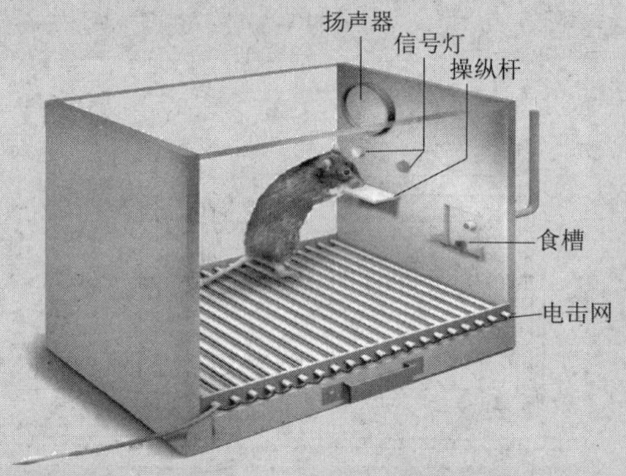


图 1-12　斯金纳箱

斯金纳从他的实验中总结出了习得律、条件强化与泛化、消退与遗忘的学习规律，其操作强化原理在教学上的应用非常广泛。在有机体的学习过程中，操作性条件反射比经典条件反射更为重要，人类的绝大多数行为都是通过操作性条件作用而形成的。当消费者因其所作出的购买决策而受到奖励或者惩罚时，操作性条件反射就会起作用。

（3）学习的联结理论在医药营销中的应用　在医药营销中，营销人员为了创造出一种理想的联结，会把某个产品与一种正面的刺激相匹配，如音乐、幽默、愉快的情绪体验等。具体运用时需要注意以下几点。

1）科学呈现刺激。在条件刺激和无条件刺激的呈现方式中，延迟性条件作用（指条件刺激出现一段时间，未消失时，出现无条件刺激，然后同时消失）带来的学习效果最好。重复使刺激和反应之间的联系增强，并防止随着时间流逝在记忆中淡化。广告研究者认为，一则营销信息只要看到三次就足够了，超过了就是多余的（这意味着多花钱还没有额外的效果）。如果某一营销信息多次呈现以后，消费者会习以为常，不再注意，即产生了“广告疲劳”，缓解的方法是：保留基本信息而改变表现方式，如同一则药品广告，同样的广告词，采用不同的动画、人物和情节来展现。在营销中，我们要注意刺激之间的间隔，如播放一则广告，若间隔几十天才再次播放，消费者会认为这是一条新的广告。最有效的策略是交替使用多种媒体（如把报纸广告作为电视广告的补充），并根据一定的时间间隔呈现。此外，还要注意广告语与产品要紧密联系、同时呈现，否则消费者可能只记住了广告语而忘记了具体品牌。

2）妙用泛化。泛化是指与条件刺激相似的刺激往往会引起类似的条件反应。例如，狗对四声铃声形成了条件反射，那么对三声铃也会作出相同的反应。在营销过程中，营销人员可以巧妙运用泛化来“搭车”。再如，某品牌的口服液采用“蓝瓶”战略，受到消费者的欢迎，其他厂家也纷纷将自己的产品装入类似的瓶子中，期望消费者认为这种“类似的”口服液也具有和某品牌一样的品质。这种做法具有双重作用，当仿制品的质量比原品牌的质量差时，消费者会对原品牌产生更积极和正性的情感；而当二者差距不大时，消费者会降低对原品牌的好感。医药企业可以采用树立家族品牌来销售不同的产品系列（如医药企业投资日化或者保健品）、建立产品线延伸（如中药企业生产创可贴、牙膏等）、采用相似包装（如某品牌的药品包装都是蓝色为主的冷色调）等方式来有效使用刺激泛化策略。

3）加强刺激分化。分化是指对有差异的刺激作出不同的反应。例如，对狗进行分化训练，狗会对三声和四声铃声作出不同的反应。在营销过程中，面对同行的模仿或“山寨”时，营销人员可以加强消费者对本品牌的识别和分辨，对不同品牌进行区分，来达到营销的目的。

4）有效防止消退。条件反射形成后，若得不到强化，条件反应就会逐渐减弱，直至消失，这种现象叫做消退。例如，巴甫洛夫的狗学会了听到铃声，分泌唾液，但是如果每次铃声出现，都没有食物出现，那么以后听到铃声时，狗分泌的唾液会越来越少。在医药营销中，要采取有效措施维持消费者对本品牌的忠诚度，如采取积分制，多购多优惠；定期或者不定期发放小礼品；进行有奖竞答或者抽奖活动等。最重要的是，要提高产品品质，不断满足消费者日益提高的消费需求。

5）合理使用强化。营销人员可以采用各种方式对消费者的行为进行强化，如向有购买意向的消费者赠送试用装、体验装；购物之后的简单致谢；在可能范围内的打折或优惠；赠送小礼品或者健康知识宣传页；电话回访等。强化的方式分为连续强化和间隔强化，间隔强化又分为比率式和时间式，这两种方式下又可再分为固定与变化两种，即形成了5种强化方式。营销人员要根据产品销售的不同阶段采取不同的强化方式。

6）维系老客户。开发一名新客户所花费的成本要远远高于维系一名老客户。营销人员可以采取一些方法来吸引客户成为“回头客”，如实行会员制、积分制，给老客户更高的折扣、更大的优惠，或者提供老客户“专享”服务。这种“常客”项目最早在航空业实行，现在已经在零售、网络销售、餐饮业、银行等诸多行业得到应用。

**2. 学习的认知理论**

（1）学习的认知理论主要观点　学习的认知理论认为在研究人的复杂行为时，除了要关心个体可观察到的行为外，更要关心“刺激-反应”的中间过程，即刺激怎样引起反应和学习行为的内在机制。例如，格式塔的学习理论重视顿悟学习，其代表人物苛勒通过对猩猩的行为实验得出结论：学习是一种完整的过程，通过学习者对情境的重新组织来实现；托尔曼的认知学习理论指出，学习需要目标，如果没有目标，学习的效果就无法表现出来，强化物的出现起到了目标的作用，它对于学习来说是至关重要的；建构主义学习理论强调外在的事物本身并没有意义，意义是由人建构起来的，这取决于已有的知识经验。

社会学习理论的代表人物班杜拉认为，观察学习是一种最主要的社会学习形式。观察学习是指个体通过观察他人（班杜拉称之为榜样）所表现的行为及其后果而进行的学习。通过观察学习，个人或者习得某些新的反应，或者矫正已有的某些行为特征。观察学习的特征是：观察者不一定具有外显的操作，也不依赖于直接强化，在学习过程中包含着重要的认知过程。这是一种以间接经验为基础的学习，可以使人们免受重复尝试错误而带来的危险，节省学习时间。观察学习可以通过家庭、地域影响而获得。现在方便的信息交流媒介也为观察者提供了便利的条件，从而使得观察学习也可以通过电视、报纸等媒体而获得。

观察学习包含 4 个子过程。①注意过程：观察者注意榜样行为的明显特征。②保持过程：观察者把榜样表现出的行为以符号的形式保持在长时记忆中。③动作再现过程：观察者把保持在记忆中的符号变成适当的行为。④动机过程：习得了的行为不一定都表现出来，只有具备了行为的动机后，习得的内隐行为才会表现出来。

**知识链接**

**充气娃娃实验**

在早期的一项研究中，班杜拉以学前儿童为对象进行了一个实验。研究者首先让儿童观看成人榜样对一个充气娃娃拳打脚踢，然后把儿童带到一个放有充气娃娃的实验室，让他们自由活动。结果发现，儿童也学着成人榜样的动作对充气娃娃拳打脚踢。这说明成人榜样对儿童行为有明显的影响，儿童可以通过观察成人榜样的行为而习得新行为。

在稍后的另一项实验中，研究者对上述研究做了进一步的延伸。他们把儿童分为 3 组，甲组观看的视频是一个大孩子在打玩具娃娃，一个成人给他一些糖果作为奖励；乙组观看的视频是一个大孩子打了玩具娃娃后，成人过来打了他一顿，以示惩罚；第三组儿童看到视频上大孩子的攻击性行为，既不受奖也不受罚。后来，这些儿童一一被领进游戏室，里面有大孩子攻击过的玩具娃娃。结果发现：榜样受奖组儿童的攻击性行为最多，榜样受罚组儿童的攻击性行为最少，控制组居中。这说明，榜样攻击性行为所导致的后果是儿童是否自发模仿这些行为的决定因素。

（2）学习的认知理论在医药营销中的应用　消费者通过观察他人的行为，间接地获得了某种行为的强化，这使营销工作更有可能顺利开展。营销人员不用现实的奖励或者惩罚，只是提供其他榜样使用本产品所获得的利益，就可以让消费者受到影响。例如，某滴眼液广告描述一位当红歌星因为使用该滴眼液而双眼炯炯有神，一句广告词“某某滴眼液，谁用谁闪亮”，无须多言，许多消费者会认为自己用了也会有同样的效果。

需要注意的是，榜样的选择不是简单的事情。社会各界对明星代言医药广告褒贬不一，并且一个品牌与一位公众人物联系在一起的话，可能一荣俱荣、一损俱损。榜样对消费者的影响力取决于该榜样的社会魅力，受到道德、外表、特长、与消费者的相似程度等因素的制约。

## 三、记忆

### （一）概念

记忆是在头脑中积累和保存个体经验的心理过程。用信息加工的术语来讲，就是人脑对外界输入信息进行编码、存储和提取的过程。人们感知过的事情，思考过的问题，体验过的情感或从事过的活动都会在人的头脑中留下不同程度的印象，其中一部分作为经验被永久保存起来，在一定条件下可以提取，这就是记忆。

**（二）记忆的基本过程**

记忆是一个过程，可以分为前后联系的几个阶段。大脑对外界信息的记忆都是通过信息编码、存储和提取这三个基本过程，使个体保持和利用经验。

信息编码通过对外界刺激的接收使信息进入记忆系统，是人们获取个体经验的过程。信息编码是一个开展的过程，包括对外界信息进行反复的感知、思考、体验和操作。人们在进行信息编码的过程中总会与过去的已有知识结构相联系，与旧的知识相融合，才能获得新知识和巩固旧知识。但是，在一些特殊的情况下，人们尽管只经历了一次，也能牢牢记住。例如，对某一特殊情景、某一特殊情感的记忆。

存储把感知过的事情、体验过的情感、做过的动作、思考过的问题等，以一定的形式保存在头脑中，使我们接收的外界信息在记忆系统中保存下来。存储是信息编码和提取的中间环节，在记忆过程中起着重要作用，使信息得以保持，知识得以重现。

**知识链接**

**记忆内容在存储时也会发生变化**

“吃食越捎越少，话越捎越多”这句俗语，反映着现代科学心理学的相关原理——信息在存储过程中的变化规律。英国著名心理学家巴特莱特（F. C. Bartlett）曾经做过记忆过程中图形质量与数量变化的实验，有研究者将其命名为“图形重现复绘法”。巴氏选取十八位被试者（均为大学生），以一幅猫头鹰的图像作为实验材料，让第一位被试者观看若干长时间的原图后，根据保持的映象重现并复绘出这一图形；接着把这一复绘的图形让第二位被试者再观看等长的时间后，第二位被试者又根据其保持的映象重现并复绘图形；依此将第二位被试者复绘的图形给第三位被试看，并重现复绘出来，同样做法直至第十八位被试者时，结果一幅猫头鹰的图像已被绘制成了一只猫的形状（图 1-13）。

图 1-13　巴特莱特的记忆实验

针对这一现象，心理学家通过研究发现，记忆信息在存储过程中发生变化的规律，主要集中在量和质两个方面：在量的方面，保持的数量随时间的推移而逐渐下降；在质的方面，由于每个人的知识经验的不同，加工、组织经验的方式不同，人们存储知识经验的过程可能会发生以下几种形式的变化。①简略与概括。是指信息在保持的过程中，不重要的细节内容将逐渐趋于消失；

②完整与合理。是指回忆的内容，常常要比当初接收的内容更趋于完整、合理、有意义；③详细与具体。是指回忆的有关事物映象更加详细而且具体，也更加接近于某个具体而生动的形象；④夸张与突出。是指保持着的信息材料要比接收并记住时的原材料更加鲜明、形象、夸张、突出，也更具有特色。

所以，我们对“话越捎越多”的俗语理解起来就比较容易，其实质上就是简要话语被捎话者“完整与合理”“详细与具体”了，或者被捎话者“夸张与突出”了的结果。

提取是从记忆系统中查找已有信息的过程，是记忆过程的最后一个阶段，也是检验记忆水平的最好途径。提取有两种方式：① 再认，指过去感知过的事物再度出现时能够辨认；② 回忆，指过去感知过的事物不在眼前，但能在大脑中重新呈现的过程。

**（三）记忆的分类**

**1. 根据记忆内容的不同**　可分为形象记忆、逻辑记忆、情绪记忆和运动记忆。

（1）形象记忆　形象记忆是以感知过的事物形象为内容的记忆。人在感知事物以后，会在大脑中留下这些事物的形象，这种保留在人脑中的感知过的事物的形象叫表象。形象记忆通常以表象形式存在，所以又称“表象记忆”。它是直接对客观事物的形状、大小、体积、颜色、声音、气味、滋味、软硬、温冷等具体形象和外貌的记忆，直观形象性是其显著的特点。如一提起小时候吃的“塔糖”（驱虫糖），人们脑中会自动浮现其外形、颜色、味道等；人们在中药材市场选购人参，即使是对比了很多家，仍然能够记住自己最中意的产品的模样。人的形象记忆发展的水平受社会实践活动制约，如音乐家擅长听觉形象记忆，画家擅长视觉形象记忆。大多数人的形象记忆属于混合型。

（2）逻辑记忆　逻辑记忆是以概念、命题或思维等逻辑结果为内容的记忆，人们对概念、定理、推论或公式的记忆，人们对某感冒药含有维生素 C 这一特点记忆深刻。

（3）情绪记忆　情绪记忆是以体验过的某种情绪、情感为内容的记忆。如在看到某牌的感冒灵颗粒时，心中想起家人、朋友的关心、深情厚谊，感觉“暖暖的，很贴心”。

（4）运动记忆　运动记忆是以做过的动作为内容的记忆。如营销人员对药品摆放、包装、称重、加工等动作的记忆。

**2. 根据记忆内容保持时间的不同**　可分为瞬时记忆、短时记忆和长时记忆，研究者也常称其为三种记忆系统（图 1-14）。

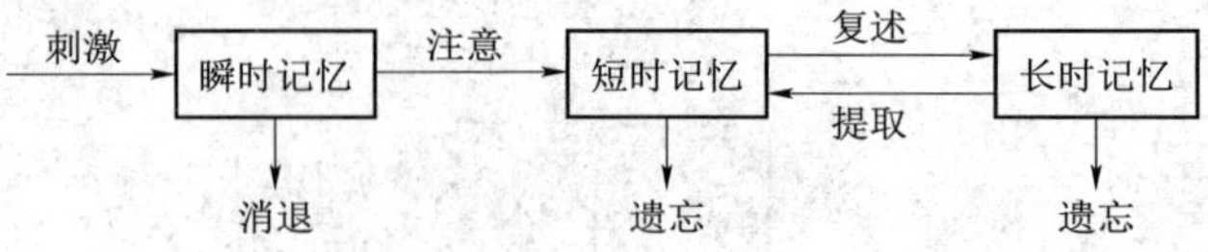


图 1-14　三种记忆系统

（1）瞬时记忆　当刺激停止作用后，感觉记忆有一个非常短暂的停留，叫瞬时记忆。图像信息的储存时间为 0.25~2 秒，声像存储的时间为 2~4 秒。它是记忆系统的开始阶段。如消费者进入药店时同时接收到的视觉、听觉、味觉等大量的信息，在感觉通道内短暂停留，呈瞬时记忆状态。。

（2）短时记忆　如果感觉信息被进一步注意，就进入短时记忆。它是瞬时记忆和长时记忆的中间环节，保持信息时间为5秒~1分钟。它的容量相当有限，一般人可能回忆出7个数字或字母，至少能回忆出5个，最多回忆出9个，即7±2个，这个有趣的现象就是神奇的7±2效应。如消费者在广播、电视中听到、看到销售电话，边看（听）边记的过程依靠的就是短时记忆。要想增加短时记忆的效果，可以将信息进行“组块化”，如营销人员把购药热线的一串数字划成三位一组的数字串，就会提高消费者的记忆效果。短时记忆可以转为长时记忆，其关键在于复述。

（3）长时记忆　短时记忆的内容经过深加工后，在头脑中长时间保留下来，即为长时记忆。有时信息会因为印象深刻而一次性地进入长时记忆，这是一种永久性的记忆。它的保存时间很长，从1分钟以上乃至终身。如多年前重复播放的医药广告至今还能记起来。

**（三）遗忘**

遗忘是指记忆的内容不能保持或提取失败。它是人们生活中的正常现象，具有积极意义，如可以让人忘记一些痛苦的经历，减轻人们的负担。但是，对那些需要保持的信息的遗忘，也给人们带来了很多的麻烦。遗忘可以分为两类，不重新学习永远无法再认和回忆，叫永久性遗忘；一时不能再认或回忆，但在适当条件下可以恢复，叫暂时性遗忘。

**1. 遗忘的规律**　德国心理学家艾宾浩斯曾对遗忘现象做了系统的研究，发现遗忘在学习之后立刻开始，而且最初遗忘的很快，以后逐渐缓慢下来，遗忘的进程是不均衡的，是先快后慢的。根据实验结果绘成的曲线被称为“艾宾浩斯遗忘曲线”（图1-15）。

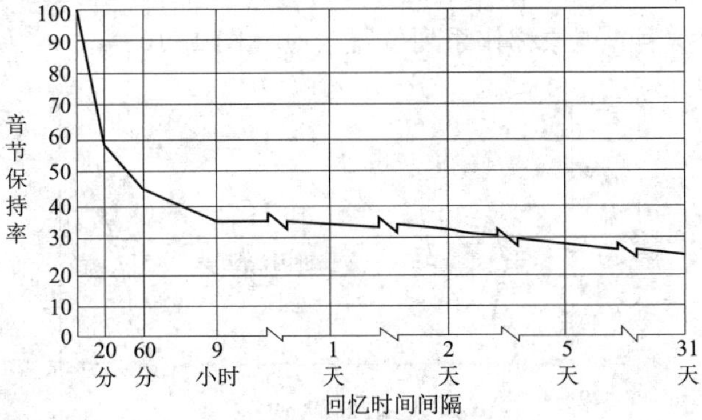


图1-15　艾宾浩斯遗忘曲线

遗忘的进程不仅受到时间因素的影响，还受到许多其他因素的影响，如：就识记材料的性质而言，熟练的动作不容易遗忘；就识记材料的数量而言，识记材料的数量越大，越容易遗忘；就识记材料的意义而言，不能引起被试兴趣，不符合被试需要的材料，以及对被试无重要意义的材料，遗忘的速度越快，而有意义的材料则遗忘的较慢。学习程度对遗忘也有很大影响，学习程度越高，则遗忘的越少。人们对所学习、记忆的内容达到了初步掌握的程度，学习程度是100%；如果再用原来所花时间的一半去巩固强化，学习程度就是150%，将会使记忆得到强化，保持最佳效果。

**2. 遗忘的原因**　关于遗忘的原因，主要有以下学说。

（1）记忆痕迹衰退说　这种学说主要强调生理活动过程对记忆痕迹的影响，认为遗忘是因为记忆痕迹得不到强化逐渐减弱而自发消退的现象。这种说法接近常识，容易被人们接受，因为某些物理的、化学的痕迹有随时间而衰退甚至消失的现象。

在感觉记忆和短时记忆的情况下，未经注意或者复述的学习材料可能由于痕迹消退而遗忘。但是衰退说很难用实验证实，因为在一段时间内保持量的下降，可能由于其他材料的干扰，而不是痕迹衰退的结果。有些实验已经证明，即使在短时记忆的情况下，干扰也是造成遗忘的重要原因。

（2）干扰抑制说　干扰抑制说认为，遗忘是因为在学习和回忆之间受到其他刺激的干扰。一旦排除了这些干扰，记忆就能够恢复。

干扰抑制说的最明显的证据是前摄抑制和倒摄抑制。前摄抑制是指先前的学习与记忆对后继的学习与记忆的干扰作用。倒摄抑制是指后继的学习与记忆对先前的学习材料的保持与回忆的干扰作用。许多实验表明，倒摄抑制干扰作用的强度受前后所学的两种材料的性质、难度、时间的安排和识记的巩固程度等条件的制约。如果前、后学习的材料完全不同，倒摄抑制的作用最小。当前后所学的材料相似但不相同时，则最容易发生混淆，其倒摄抑制作用最大。先前学习的材料的巩固程度越低，受倒摄抑制的干扰越大，反之，则越小。

前摄抑制和倒摄抑制一般是在学习两种不完全相同、又彼此相似的材料时产生的。但学习一种材料的过程中也会出现这两种抑制现象。如学习一个较长的字表或一篇文章，往往总是首尾部分记得好，不易遗忘，而中间部分识记较难，也容易遗忘，这是因为起首部分没有受到前摄抑制的影响，遗忘较少，叫作首因效应；末尾部分没有受到倒摄抑制的影响，遗忘最少，叫作近因效应。中间部分则受到了两种抑制的影响和干扰，遗忘较多。这种在回忆系列材料时发生的现象称作系列位置效应（图 1-16）。

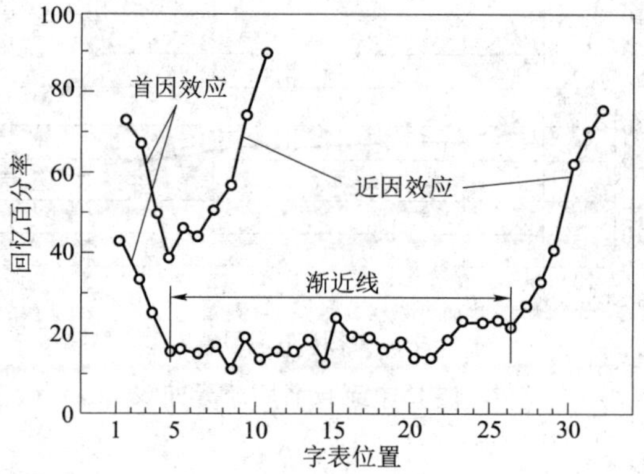


图 1-16　系列位置效应

（3）压抑说　压抑说又称动机性遗忘说，这种学说源于弗洛伊德提出的压抑理论。该理论认为，遗忘是由于情绪或动机的压抑作用引起的，一些痛苦的经历被压抑到潜意识领域，导致了遗忘。如果这种压抑被解除，记忆就能恢复。弗洛伊德认为，人们常常压抑早年生活中痛苦的记忆，以免因为这种记忆而引起焦虑或不安。这种经验难以回忆，既不像记忆痕迹衰退说所述的记忆痕迹的自然消退，也不像记忆干扰说所说的由于学习材料之间的相互干扰所造成的结果。如果通过某种方式，如催眠或自由联想等能够恢复这种被压抑的记忆。

（4）提取失败　又叫线索依赖性遗忘。持这种观点的研究者认为，存储在记忆中的信息是永远不会丢失的，遗忘是因为没有找到合适的提取线索，从而造成提取失败。

任何一种单一的原因都不能完全解释复杂的遗忘问题，它与记忆痕迹的消退、后继经验的干扰、提取线索的淡化都有关系。同时，大脑的损伤也会导致遗忘。

**知识链接**

**无须挂怀的舌尖现象**

舌尖现象，简称TOT，是在遇到问题时，答案就在嘴边，人们能够清晰地感觉到，却没有办法把它完整说出口，或加以具体的描述。在现实生活中有许多常见现象，例如，有时遇见很熟悉的朋友，却怎么也叫不出对方的名字，自己非常尴尬；在考试中，一些平时很简单、很熟悉的字、词或公式等话到嘴边就是无法记起，考试过后却突然忆起。

请看美国心理学家威廉·詹姆斯对舌尖现象的精彩描述，比如当你回忆小学时同桌的姓名或者很久以前穿过的衣服的颜色时，便可能经历如下的体验：它是一种强烈的情感。字的节律可以存在，只是缺乏一定的声音来装饰它。也可能隐约地感觉到点什么，像开首的元音或辅音，在飘忽地引诱着我们。它不停地在你心中跳动，力求以文字来填充。

认知心理学研究发现，在记忆过程中，人体的大脑像电脑一样，先将各种外界学习材料自动编成形码、声码和意码，然后，再将这三种码分别放到大脑组织中不同的部位去储存。当人们需要回忆时，大脑便将这三种码分别从不同的部位检索出，解码后再联结出原来的形象、名称和意义。记忆过程中的任何一个环节出现问题，记忆都会受到影响。如果在检索过程中，形、声、意码中某一种码无法检索出或三者检索后无法联结，记忆中的物体就会变成“缺胳膊”或“少大腿”，差这么一点点，就形成了“舌尖现象”。在记忆编码过程中，情景因素也会同时被编进和储存，故在相同的情景中回忆检索会较顺利；而在陌生的环境中检索就会较困难，“舌尖现象”就会较易发生。如校庆时，要你说出读小学或初中时你的邻桌是哪几位同学，或许你一时想不起来。但如果你回到当时的教室中，在自己原来的座位坐下来，可能会很快记起他们的名字。

舌尖现象其本质是在回忆的过程中出现的暂时性遗忘，是因为大脑对记忆内容的暂时性抑制所造成的，这种抑制来自于多方面，比如对有关事物的其他部分特征的回忆掩盖了所要回忆的那部分特征，回忆时的情境因素以及自身情绪因素的干扰等。而消除了抑制，如经他人提示、离开回忆困难时的情境、消除紧张情绪等，舌尖现象往往就会消失。所以舌尖现象仅是记忆的一种特殊现象，跟记忆力下降无关，不属病态，所以无须为此担心。

**（四）医药营销中如何提高消费者对产品的记忆率**

消费者能否记住有关医药产品的品牌、名称、用途、服务等信息，并在以后的购买决策中运用，对于营销者来说是至关重要的。我们可以从以下几个方面提高消费者对产品的记忆率。

**1. 借助记忆线索**　消费者有时候需要借助强有力的外部记忆来帮助才能记起想要购买的物品，列一个购物单、在药店看到相关药品的宣传海报、店员出示样品等都可以起到一定作用。某些手机软件可以帮助消费者列出一份购物清单。厂商也可以制作一些便笺发放给消费者，在每一页印上自己的品牌和代表性药品，也有很好的提示作用。

**2. 巧妙使用语言解释**　营销人员要用简单易懂、直观形象的语言讲解抽象、晦涩的医学名词。时下流行的“概念营销”就是把一些抽象的知识转化成消费者易懂、易记的概念来推广，如“胃动力”“脑白金”“年轻态”“排毒”等。这些概念要异于常见的名词，否则消费者会将本产品与其他竞争产品相混淆。与单词、数字等相比，歌曲、诗歌、顺口溜等形式更容易被消费者记住。

**3. 遵循记忆的年龄特点** 年龄较大的人普遍对当前事物回忆效果较差，如药品的名称、说明书等，但对于年轻时发生的事情却能清楚地回忆出来。营销的过程中，可以将现有产品与消费者的经验相结合来与消费者沟通。

**4. 善于给产品起名字** 医药营销人员要善于给自己的产品起一个好名字，响亮、顺口又好记是基本的要求。一般来说，与抽象的、没有提供足够的产品信息的品牌相比，描述性的品牌名称更有可能被回忆起来。例如一个牌子叫 PSW 之类的，另一个产品叫“好得快”，消费者会记住哪一个呢？

**5. 采用多种广告形式** 如对于印刷广告来说，制作精美、别致的广告更容易被消费者记住，包括多页展示、立体呈现、带有香味（有的人会不喜欢）、发声广告等，不过这些广告的造价也不菲。

**6. 科学使用时间因素** 产品要争取在第一时间进入市场，一般来说，消费者容易记住最早进入市场的某品牌；合理编排产品广告在一系列广告中的呈现顺序，一般消费者容易记住第一个广告与最后一个广告。还要注意不要与同类广告连续呈现；在广告投入的初期，频率、长度都要足够；随着消费者对广告内容的熟悉度提高，要适当减少广告的长度，精简解说、描述性内容，只呈现关键信息即可；在营销过程中多说几遍产品的品牌，单纯的遍数增多也能提高消费者对本产品的记忆率，同时要避免提到竞争品牌的名字。

**7. 突出产品特性** 与周围环境相比，显著的刺激更容易引起人们的注意，也更有可能被回忆起来。几乎任何增加刺激的技术都能提高回忆的效果。与众不同的广告或者包装都容易提高消费者的记忆率。营销人员可以考虑在广告中加入令人惊奇的元素（这些元素与广告信息本身没有关系也无妨），或者使用神秘广告（在广告信息的最后才呈现品牌）。

**8. 图文并茂** 与文字相比，图画信息更吸引消费者的注意力，更有可能在日后被识别出来。眼动研究显示，90% 的消费者在看广告语之前会先看图片。但是，图像广告可以增强回忆，但是不一定能提高理解的程度。所以，在医药营销中要注意图文并茂，文字要少，但是要起到画龙点睛的作用。

需要注意的是，对于某些广告消费者记忆深刻，但是并不相信，甚至是非常讨厌。仅让消费者记住产品还不是营销的目的，让消费者喜欢并购买才是商家想要的结果。

扫码“学一学”

## 第二节　消费者的情绪与情感

### 一、概述

月有阴晴圆缺，人有悲欢离合。人作为社会性和情感性的动物，有时欣喜若狂，有时悲痛欲绝，有时舒适愉快，有时孤独恐惧，有时神情激昂，有时焦躁不安。情绪、情感像是染色剂，使我们的生活染上各种各样的色彩，时而阳光灿烂，时而阴云密布，形成了一个五彩缤纷的心理世界。从心理学的角度看，情绪、情感是个体心理过程的重要组成部分。

**（一）概念**

情绪和情感是人对客观事物是否满足个体需要而产生的态度体验。一切心理活动都是人对生存环境中各种事物的反映。人在反映各种事物的同时，也会对主、客体之间的种种关系有所体验和反应，这些体验和反应就是人的情绪和情感，二者统称为感情。在人们的现实生活中，随时随地都会发生喜、怒、哀、乐、忧、愤、憎等情绪和情感的起伏变化，人的许多种活动都需要情绪、情感的参与。情绪、情感是以个人的愿望和需要为中介的一种心理活动。当客观事物符合人的需要和愿望时，就能引起积极的、肯定的情绪情感反应；当客观事物不符合人的需要和愿望时，就会产生消极的、否定的情绪情感反应。如当消费者在舒适的环境中顺利地买到了满意的医药产品，就会心情愉悦、面露欣喜；而在购物过程中遇到各种不如意时，则会心有不悦、面露愠色。

**（二）情绪和情感的区别与联系**

情绪和情感是两种既有区别又有联系的主观体验。情绪与情感的区别表现如下。

**1. 从需要的角度看，有生理性需要和社会性需要的差别** 情绪更多地与人的物质或生理需要相联系，如当人们满足了饥渴需要时会感到高兴，当人们的生命安全受到威胁时会感到恐惧，这些都是人的情绪反应。情感更多地与人的精神或社会需要相联系，如美感的产生是基于我们的审美需要得到了满足。

**2. 从发展的角度看，情绪发生早，情感产生晚** 人出生时会有情绪反应，但没有情感。情绪是人与动物所共有的，而情感是人所特有的，它是随着人的年龄增长而逐渐发展起来的。如人刚生下来时，并没有道德感、理智感和美感等，这些情感是在儿童的社会化过程中逐渐形成的。

**3. 从反应的特点看，情绪与情感的反应特点不同** 情绪具有情境性、激动性、暂时性、表浅性与外显性，如当我们遇到危险时会感到极度恐惧，并有一系列的外部表现，但危险过后，恐惧感及其表现会逐渐消失。情感具有稳定性、持久性、深刻性、内隐性，如父辈对下一代殷切的期望、深沉的爱都体现了情感的深刻性与内隐性。

情绪与情感又有着紧密的联系。情绪的变化与反应受到情感的制约；情感的表达也需要借助一定的情绪。一般地说，情绪是情感的表现形式，情感是情绪的本质内容。

在医药营销中，情感对消费者心理与行为的影响更加深远，在情感上维系消费者会让他们更忠实地拥护本产品而排斥其他产品。

**（三）情绪、情感的意义**

情绪、情感是人的精神活动的重要组成部分，对人们的生活、学习和工作意义重大。

**1. 对工作效率的影响** 情绪、情感既有积极的作用，又有消极的作用。一般来说，积极的情绪和情感，能提高人的活动效率，充实人的体力和精力，有助于工作效率的提高，消极的情绪则相反。

情绪和情感能影响和调节人的认识过程。研究发现，当情绪的唤醒水平达到中等水平时，操作效率最高；情绪唤醒水平最低时，人处于睡眠状态；而情绪唤醒水平过高时，则会干扰操作，降低工作效率（图 1-17）。因此，情绪处于适当的紧张状态常常可以维持人们的兴趣和警觉，有利于工作效率的提高。

**2. 对人际关系的影响** 情绪、情感是在个体同周围客观世界相互作用的过程中发生的，这种相互作用包括人与人之间的相互交往和相互影响，并因此形成动态的人际关系。人际交往的影响因素很多，但最主要的是情感因素。在人际交往中，往往根据彼此心理的距离、情感的远近来确定人际关系的亲疏。较高的情绪智力有利于形成和谐的人际关系。

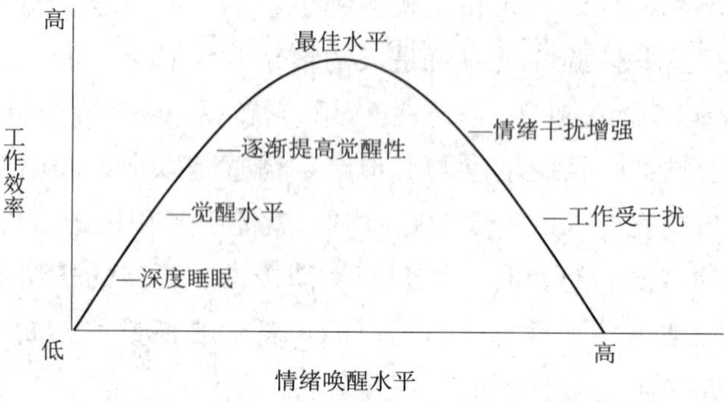


图 1-17　情绪与工作效率关系示意图

**3. 对心身健康的影响**　情绪可引发明显的生理反应，直接影响人们的健康。一般而言，开朗、乐观、舒畅等积极情绪能提高大脑及整个神经系统的活力，对人体的健康有益，有助于充分发挥整个机体的潜能；而焦虑、抑郁、愤怒等消极情绪，则会损害人正常的生理功能和心理反应，甚至导致心身疾病的发生。

## 知识链接

### 有关情绪的实验

心理学家曾做过一个有趣的实验：让被试者坐在一张特制的椅子上，把医用血压计绷带缠在他的手臂上。实验开始后，在不知不觉中，椅子会按照预先的设定突然向后倒下。从血压计上测出，椅子突然倾倒造成的猝然惊吓，会使被试的血压每分钟升高 20 毫米汞柱（mmHg）。经多次重复后，被试者已经知道椅子会突然倒下，当再坐那椅子时，即使不发生突然的惊吓，他的血压也依旧会上升。因此，有人把这椅子叫作“血压升高椅”。这个实验说明，情绪对血压有很大的影响。

还有人做过这样的实验：把两只健康的猴子关进不同的笼子里，都坐在一张特别设计的椅子上，既不能从椅子上爬下来，又不能逃出笼子，每隔 20 秒便给它们一次电击。但在每只猴子的身边都安装了一个它们的前肢可以操纵的开关，只是其中一个开关是真的，能够切断电源；另一个开关是假的，不能切断电源。经过一个月的实验，在装有真开关的笼子里的猴子很快便学会了扳动真开关以切断电源。但十分奇怪的是，一个月后，这只猴子却突然死掉了。而那只关在装有假开关笼子里的猴子，尽管也遭受电击，却安然无恙。为了弄清猴子的死因，实验者解剖了死猴的尸体，结果发现它患有严重的胃溃疡。据分析认为，那只会扳开关切断电源的猴子正是因为它会关电源，所以每隔 20 秒便情绪紧张，因而处于一种几乎随时都要准备关电源的紧张状态下，这种紧张的情绪导致胃酸不正常地过量分泌，终于造成胃壁溃烂，直至死亡。而另外那只猴子因为无法躲避电击，便处于一种听天由命的状态，习惯于挨电击，没有产生那种时时提防电击并随时准备关电源的紧张状态，故而安然无恙。这个实验说明，紧张的情绪会引发胃溃疡，对身体健康有很大的影响。

国外有位学者做过一个情绪与健康关系的模拟实验。他把同胎所生的两只羊羔放在两种不同的环境里：在一只羊羔旁边拴一只恶狼，而让另一只羊羔在正常的环境中生活。与狼相邻的这只羊羔一天到晚总感到自己周围有威胁，结果情绪处于极度恐惧的状态下，吃不下东西，日渐消瘦，不久就夭折了。另一只羊羔的周围没有狼的威胁，在前一只羊羔因为恐惧而死去时，仍然很健康地生活，长得很肥壮。这两只羊羔的不同命运，很清楚地说明了恐惧对健康的影响。

以上这三个有趣的实验，明确显示了情绪对健康的重要影响，尤其是消极情绪会对健康产生不良的影响，有时甚至会引发生理上的病变。

## 二、情绪、情感的分类

### （一）情绪的分类

人类拥有数百种复杂的情绪体验，这些情绪体验有的相互交织，有的则彼此混杂。正是由于情绪的如此纷繁，古今中外的哲人、学者对如何划分情绪的种类提出了许多不同的看法。

**1. 原始情绪**　中医学认为人的情绪有七种，喜、怒、忧、思、悲、恐、惊，即七情。现代心理学认为，人类最基本的情绪可以划分为四种：快乐、愤怒、忧伤和恐惧。快乐是需要得到满足、内心紧张状态得以解除时产生的愉悦、舒适的体验。愤怒往往是愿望或利益一再受到限制、阻碍、内心紧张度和痛苦逐渐积累而带来的敌意和反抗的情绪体验。恐惧是面临或预感到危险而又无力应对时所产生的带有受惊和危机的情绪体验。悲哀是失去了热爱或盼望的事物所带来的痛苦、失落和无助的情绪体验。

在广告中，其本身往往包含着不同的情绪，如欢乐（愉悦的、高兴的、好玩的）、温情（柔情的、沉思的、乐观的）、消极的情绪体验（批判的、挑衅的、生气的）。广告也会引起消费者的情绪体验，如喜爱、欣喜、轻松、愤怒、恶心等。这些情绪体验是广告传达给消费者的，也是消费者对广告的回应。在医药广告中，恐惧情绪也是常见的，如某广告词是“得了灰指甲，一个传染俩，问我怎么办？马上用××”等。在呈现恐惧诉求的广告时，只有适度的威胁以及同时提出了解决问题的方法，负性的吸引力才通常是最有效的。微弱的威胁不会起作用；太强烈的威胁则会引起消费者的不快而被拒绝或者屏蔽。

**2. 情绪状态**　根据情绪发生的强度、速度和持续性，可将情绪分为心境、激情和应激三种状态。

（1）心境　心境是一种比较平稳而持久的情绪状态。当人处于某种心境时，会以同样的情绪体验看待周围事物，如“人逢喜事精神爽”“感时花溅泪，恨别鸟惊心”。心境体现了“忧者见之则忧，喜者见之则喜”的弥漫性的特点。心境的持续时间可以是几个小时、几周或几个月，甚至一年以上。

（2）激情　激情是一种爆发性的、强烈而短暂的情绪体验。如在突如其来的外在刺激作用下，人会产生勃然大怒、暴跳如雷、欣喜若狂等情绪反应。在这样的激情状态下，人的外部行为表现比较明显，生理的唤醒程度也较高，因而很容易失去理智，甚至做出不顾一切的鲁莽行为。因此，在激情状态下，要注意调控自己的情绪，以避免冲动性行为的发生。

（3）应激　应激是指由于出乎意料的紧急情况引起的情绪状态，实际上是人对某种意外的环境刺激做出的适应性反应。当人面临危险或突发事件时，人的心身会处于高度紧张状态，并引发一系列生理反应，如肌肉紧张、心率加快、呼吸变快、血压升高、血糖增高等。人在应激状态下，会有两个极端的表现：一是整个身体处于良好的机能状态，思维敏捷、动作加快，化险为夷；二是出现相反的表现，如思维混乱，分析、判断能力下降，注意的分配和转移困难，感知、记忆发生错误，行为紊乱等。但无论哪种表现，应激都会破坏机体的自我保护机制，使抵抗力下降而致病，内分泌亢奋而使内脏受损。

**（二）情感的分类**

情感是人类所特有的、与社会需要相联系的主观体验。人类的高级情感主要有道德感、理智感和美感等。

**1. 道德感** 是人们根据一定的道德标准评价人的思想、意图和行为时所产生的情感体验。如果一个人的言行符合道德标准，就会产生幸福感、自豪感和成就感，否则就会产生自责、不安和内疚的情感体验。

**2. 理智感** 是在认知活动中，人们认识、评价事物时所产生的情感体验。如发现问题时的惊奇感、分析问题时的怀疑感、解决问题后的愉快感、对认识成果的坚信感等。

**3. 美感** 是根据一定的审美标准评价事物时所产生的情感体验。它是人对自然和社会生活的一种美的体验。如对优美的自然风景的欣赏，对良好社会品行的赞美等。美感的产生受思想内容、时代、地域等因素的影响。此外，不同人的审美标准不同，也会使不同个体的美感产生差异。

## 三、情绪构成及其表达

**（一）情绪的构成**

情绪的构成包括三个层面，即主观体验、生理唤醒和外部行为。众多的情绪研究者们大都从三个方面来考察和定义情绪：在认知层面上的主观体验，在生理层面上的生理唤醒，在表达层面上的外部行为。当情绪产生时，这三个层面共同活动，构成一个完整的情绪体验过程。

**1. 主观体验** 情绪最主要的特点是具有主观体验，其是个体对不同情绪和情绪状态的自我感受。人的主观体验与外部表现存在着先天的一致性，即某种主观体验和相应的表情模式是共生的，这种关系是在种族进化过程中形成的固定模式，在任何时候都不会改变。如喜悦时放声大笑，悲哀时痛哭流涕，忧郁时眉头紧锁，恐惧时尖声惊叫，很少因情境的变化而改变。正是这种体验与表情的一致性，保证了表情能正确地反映主观体验的性质，并传递其适应意义。例如，婴儿在前言语阶段，通过欢快的面容或啼哭的信号表达他们的舒适或饥饿、困倦、病痛的感受，唤起大人的注意。

随着人的认知能力、言语能力的发展和社会化，主观体验和外部表现的固定关系变得复杂起来，情绪的外部表现开始带有很大的人为性质。表情可以被修饰、夸大、掩盖或伪装，从而与主观体验不一致。这种不一致是后天习得的，是感情和认知相互作用的结果。

**2. 生理唤醒** 人在情绪反应时，常常会伴随着一定的生理唤醒。如激动时血压升高，愤怒时浑身发抖，紧张时心跳加快，害羞时满脸通红。这些内部的生理反应过程，常常是伴随不同情绪产生的。器官活动的增强能保证机体活动时所需要的能量供应。例如，血管的收缩与舒张使血液更快地进入肌肉，使肌肉活动更有力、更迅速、更有效。

不同情绪的生理反应模式是不一样的，如满意、愉快时心跳节律正常；暴怒时，心跳加速，血压升高，呼吸频率增加，甚至出现间歇或停顿；突然的惊吓会出现呼吸暂时中断，外周血管收缩，脸色变白，出冷汗，口干；焦虑、抑郁可抑制胃肠道和消化液的分泌，导致食欲减退；恐惧时尿内肾上腺素和去甲肾上腺素排出量都有所增加；痛苦时血管容积缩小等。

**3. 外部行为**　在情绪产生时，人们还会出现一些外部反应过程，这一过程也是情绪的表达过程。如人悲伤时会痛哭流涕，激动时会手舞足蹈，高兴时会开怀大笑。这些伴随情绪出现的身体姿态和面部表情，就是情绪的外部行为。它经常成为人们判断和推测情绪的外部指标。但由于人类心理的复杂性，有时人们的外部行为会出现与主观体验不一致的现象，如营销人员在初次给消费者拿药时，心里明明非常紧张，还要做出镇定自若的样子。

主观体验、生理唤醒和外部行为作为情绪的三个组成部分，在评定情绪时缺一不可，只有三者同时活动、同时存在，才能构成一个完整的情绪体验过程。例如，当一个人佯装悲愤时，他只有悲愤的外在行为，却没有真正的内在主观体验和生理唤醒，因而也就称不上有真正的情绪过程。因此，情绪必须是上述三方面同时存在，并且有一一对应的关系，否则便很难确定真正的情绪是什么。这也正是情绪研究的复杂性所在。

**（二）情绪的表达**

所谓情绪表达，是指个体将其情绪体验经由外部行为活动表露于外。表情是情绪表达的一种主要方式，也是人们交往的一种手段。在人类交往过程中，言语与表情经常是相互配合的。同是一句话，配以不同的表情，会使人产生完全不同的理解。表情比言语更能显示情绪的真实性。有时人们能够运用言语来掩饰和否定其情绪体验，但是，表情则往往掩饰不住内心的体验。情绪作为一种内心体验，一旦产生，通常会伴随相应的非言语行为，如面部表情和身体姿势等。

表情可以分为三类：面部表情、身段表情和语调表情。

**1. 面部表情**　是由面部肌肉和腺体变化来表现情绪的，由眉、眼、鼻、嘴的不同组合构成。如眉开眼笑、怒目而视、愁眉苦脸、面红耳赤、泪流满面等。面部表情是人类的基本沟通方式，也是情绪表达的基本方式。面部表情有跨文化性，同一种面部表情会被不同文化背景下的人们共同承认和使用，以表达相同的情绪体验。心理学家们研究发现，有七种基本表情（快乐、惊讶、生气、厌恶、害怕、悲伤和轻视）是世界上各民族的人都能精确地辨认出的。5 岁的孩子在辨认表情的精确度上便等同于成人了。面部表情识别的研究还发现，最容易辨认的表情是快乐、痛苦，较难辨认的是恐惧、悲哀，最难辨认的是怀疑、怜悯。一般来说，情绪成分越复杂，表情越难辨认。

**2. 身段表情**　是通过人的身体姿态、动作变化来表达情绪。如高兴时手舞足蹈，悲痛时捶胸顿足，成功时趾高气昂，失败时垂头丧气，紧张时坐立不安等。身段表情受到不同文化的影响，不具有跨文化性。如手势是一种重要的体态表情，在不同的文化中，同一手势所代表的含义可能截然不同。手势表情是通过学习获得的，由于社会文化、传统习俗的影响往往具有民族的差异。如竖起大拇指在许多文化中是表示夸奖的意思，但在希腊却有侮辱他人的意思。手势表情具有丰富的内涵，但其隐蔽性也最小。弗洛伊德曾这样描述过手势："凡人皆无法隐瞒私情，尽管他的嘴可以保持缄默，但他的手指却会多嘴多舌"。

**3. 语调表情**　是指通过声调、节奏变化来表达情绪，是一种副语言现象。如言语中语音的高低、强弱、抑扬顿挫等。人们在惊恐时会尖叫；悲哀时会语调低沉、节奏缓慢；气愤时会声调变高、节奏变快；喜悦时会语调高昂、语速加快。可见言语不仅是交流思想的工具，也是表达情绪的重要手段。

总之，面部表情、身段表情和语调表情共同组成情绪的有效表达方式。它们相互配合，更加准确地表达不同的情绪。

## 四、良好情绪的培养

情绪是心理活动的核心，对提高工作效率和保持身心健康有着重大的影响。情绪调适是指对有碍于心身健康的消极情绪进行有意识的合理调适，保持积极愉快的情绪和良好的心境，防止和减弱不良情绪对心身的危害。这里的调适并非是压抑各种情绪反应，如遇到悲伤的事竭力加以掩饰，并压抑到内心深处而不加以适度表达。对消极情绪的压抑，不仅不可能形成健康的情绪；相反，极有可能导致更严重的情绪障碍。要培养良好的情绪，可以从以下两方面做些努力。

**（一）培养积极情绪**

**1. 树立正确的人生观** 不管从事何种职业，只有树立正确的人生观，把自己与为之奋斗的事业联系起来，并对此抱有希望与期待，才能经常保持乐观开朗、心情舒畅。无论遇到什么困难和挫折，都能以积极、乐观的心态勇敢面对，对生活和前途充满信心和希望。

**2. 妥善处理人际关系** 人际关系最容易引起人的情绪变化。良好的人际关系能满足人的安全感和归属感的需要，使人情绪稳定，精神愉快，有利于身心健康。一个人在良好的人际关系中获得的理解、尊重、同情和安慰等精神上的支持，可以减轻和消除心理应激带来的紧张、痛苦、焦虑和抑郁等消极情绪。因此，在日常生活中应多接触身边的人，广交良师益友，寻求安慰和支持；应关心自己的家人，保持一个健全的家庭以及和谐的家庭内人际关系。

**3. 培养多方面的兴趣** 在业余时间里，应该发展多方面的兴趣爱好，如听音乐、跑步、打球、爬山等。这些活动不仅可以释放身上多余的能量，还可以经常看到自己的成果以及进步的象征，使自己的情绪稳定且具有较强的适应力，从而松弛精神，丰富生活情趣。

**4. 增加愉快的生活体验** 每个人的生活中都包含有各种情绪体验，如愉快、幸福、辛酸、悲痛等。对于个体心理健康来说，应该增加正面、愉快的体验。这并不是说要逃避那些辛酸的情境，因为在很多情况下那是不可避免的。但如果能设法增加生活的情趣和色彩，就可以使自己的生活充满积极而愉快的经验。这样，即使偶尔遇到挫折和困难，也不至于激起太强烈的情绪反应。

**5. 积极锻炼身体** 人的情绪与身体健康有密切关系。一个身体健康的人往往表现为精力充沛、心情开朗；而一个长期疾病缠身的人则容易抑郁、沮丧。因此，积极锻炼身体、合理安排作息时间、保持适当睡眠是情绪饱满与稳定的基础。

**（二）调适消极情绪**

**1. 理智调适法** 消极情绪出现时，往往会伴随思维狭窄现象，而且消极情绪的强度愈大，思维就愈有可能被卷进情绪的旋涡，从而发生不合逻辑、失去理智的种种行为反应。理智调适法正是针对这种情况，用正常的思维消除消极情绪盲目增长的一种自我调适法。它一般有三个步骤：第一步，必须承认消极情绪的存在；第二步，要分析引起这种情绪的原因，弄清楚究竟为什么会有焦虑、忧怨、恐惧和愤怒的反应；第三步，寻求适当的途径和方法去克服那些危险的东西，或是设法避开它。

**2. 语词暗示法** 语词暗示法是运用内部语言或书面语言的形式调适情绪的方法。语词具有巨大的能量和感染力，几句话可以把别人说恼，也可以把别人逗乐；可以把别人说得勇气倍增，也可以把别人说得垂头丧气。所以，言语也可以用来进行情绪的调适。

如早上起床时可以暗示自己：“今天我心情很好”“今天我办事一定很顺利”“今天我一定有好运气”；有人对你发脾气时，就立即暗示自己：“我不能发火”“我的忍耐力很强”“我的修养很好”；当你听到别人说你闲话时，就暗示自己：“我不在意别人说什么”“我有我的做人标准”“别人说什么那是别人的事，我不会与他计较”。这样就可以促使自己保持心态平衡，维持情绪稳定。临床实践表明，在松弛平静、排除杂念、专心致志的情况下进行各种自我暗示，往往对情绪的好转有显著作用。值得注意的是，运用此法必须先相信自我暗示的奇妙作用，并在平时反复练习。

**3. 注意转移法**　是把注意力从引起消极情绪反应的刺激情景转移到其他事物上去的一种情绪调适法。转移注意力，不仅能防止消极情绪的蔓延，而且能增进积极的情绪体验。根据巴甫洛夫的条件反射学说，人在发愁、愤怒时，会在大脑皮层上出现一个强烈的兴奋中心。这时，如果另找一些新颖的刺激，建立新的兴奋中心，便可抵消或冲淡原来的兴奋中心，消极情绪就可以逐渐平息。在转移情绪时，应该选择那些在时间、空间和性质上与原刺激情境差别较大的事物。例如，当情绪不佳时，把注意力调整到过去的辉煌之处，来一段美好的回忆；当对某人有意见时，把自己的注意力换一个角度，看看此人对自己好的一面；当对某事反感时，把自己的注意力调整一百八十度，看看事物的另一面。这样，也许能改变自己的情绪，使自己的心情更加愉快，使自己的生活、工作和学习更加顺利。

**4. 活动释放法**　就是借其他活动把紧张情绪所积聚起的能量排遣出来，促使紧张情绪得以松弛、缓和的一种调适方法。在现代社会，人与人之间不应互相斥责和攻击。如果有了怒气便随意对人发作，会被看作是不礼貌、缺乏教养的行为。因此，心理学家提倡把人在过度紧张状态下积聚起来的能量，转移到其他无害的活动中。例如，遇到挫折和不顺心的事情时，可以到操场上猛打一场篮球，到田野里拼命干一阵子活，在空地上以高速度冲刺几百米等。当累得满头大汗、气喘吁吁时，心态也就自然平静下来。也可以把内心的烦恼、痛苦找亲朋好友倾诉一番，或以日记的方式倾吐心中的不快，由此获得安慰和宣泄，恢复心理平衡。

**5. 音乐调适法**　是指借助于情绪色彩鲜明的音乐来调整情绪状态的方法。音乐调适法不同于一般的音乐欣赏。它是利用特定的环境气氛、特定的乐曲旋律和节奏，进行心理的自我调适，从而达到改善情绪的目的。我们都有过类似的体验：听着催眠曲，不知不觉就进入了梦乡；在紧张学习了一天之后，高歌一曲能缓解疲劳。现代医学证明，音乐能调整神经系统的机能，解除肌肉紧张，改善注意力，增强记忆力，消除抑郁、焦虑、紧张等消极情绪。不同的音调会使人产生不同的情绪体验。例如，C 调——纯洁、虔诚；D 调——热烈；E 调——安定；F 调——柔和、悲哀、神秘；G 调——真挚、平静；A 调——自信、伤感；B 调——勇敢、骄傲。国外的一项统计表明，从事古典音乐演奏的乐队成员大都心境和顺、心理平衡、不易患病；而演奏现代重金属摇滚乐的成员有 70% 以上出现烦躁易怒、消化不良、失眠健忘等症状，患病率较高。

**6. 幽默调适法**　幽默感实际是一种轻松愉快的生活态度，往往表现为开玩笑的方式，具有明显的降低愤怒和不良情绪的作用。当遇到某些无关大局的消极刺激时，要避免使自己陷入被动的局面或激怒状态，最好的办法是以超然洒脱的态度去应付。幽默是智慧和成熟的象征。学会幽默、乐观地面对生活，才能使自己快乐起来，成为真正的强者。但是，并非所有的玩笑都能取得积极的效果。那种不分场合，不顾对方的心情，以讥讽、取笑别人为目标的玩笑，不仅不会制造出轻松愉快的气氛，反而会引起对方的厌恶，把关系弄僵。因此，开玩笑应讲究文明，注意场合和分寸，内容不能粗俗下流。

情绪调适的方法多种多样，可以根据每个人情绪问题的类型、程度、原因以及个人特点采取适宜的方法。如果情绪困扰较严重，自己一时难以调适，就应立即寻求心理咨询或治疗机构的帮助。

**知识链接**

**情　商**

近年来，心理学家们提出了与智力相对应的概念：情绪智力，通常用情商（EQ）作为衡量的指标。以往人们认为，一个人能否取得成就，智力水平是第一重要的，即智商越高，取得成就的可能性就越大。当今心理学家们普遍认为，情绪智力水平的高低对一个人能否取得成功也有着重大的影响作用，有时其作用甚至要超过智力水平。在他们看来，智力水平的影响作用仅占20%，而情绪智力的作用达到80%。

情商主要反映一个人感受、理解、运用、表达、控制和调节自己情感的能力，以及处理自己与他人之间的情感关系的能力。美国哈佛大学心理学教授丹尼尔·戈尔曼在其所著的《情感智商》一书中指出："情商高者，能清醒地了解并把握自己的情感；敏锐感受并有效反馈他人情绪变化的人，在生活各个层面都占尽优势。情商决定了我们怎样才能充分而又完善地发挥我们拥有的各种能力，包括我们的天赋能力。"他认为情商体现了五个方面的能力：认识自身情绪的能力；妥善管理情绪的能力；自我激励的能力；认识他人情绪的能力；人际关系的管理能力。

情商水平高的人所具备的特点：社交能力强，外向而愉快，不易陷入恐惧或伤感，对事业较投入，为人正直，富于同情心，情感生活较丰富但不逾矩，无论是独处还是与许多人在一起时都能怡然自得。专家们还认为，一个人是否具有较高的情商，和童年时期的教育培养有着密切的关系。因此，培养情商应从小开始。

## 五、情绪与情感在医药营销中的运用

### （一）消费者在购物过程中的情绪体验

消费者购物时的情绪会对其所要购买的商品产生巨大影响，也会对营销人员的评价产生积极或者消极的作用。

消费者对购物环境的反应是否积极，取决于两个因素：愉悦程度和唤醒水平（图1-18）。二者的不同组合形成了不同的情绪体验。每一种情绪体验都会对产品和服务作出带有偏见的判断。消费者在情绪好时会更多作出积极的评价，也更加宽容、易于沟通；而在情绪不好时会更多作出消极的评价，也更加苛刻、难于沟通。

在购物过程中，消费者的情绪体验可分为三类：积极情绪、消极情绪、矛盾情绪。

**1. 积极情绪**　如喜欢、高兴、惬意、心满意足等。处于积极情绪中的消费者会增强购

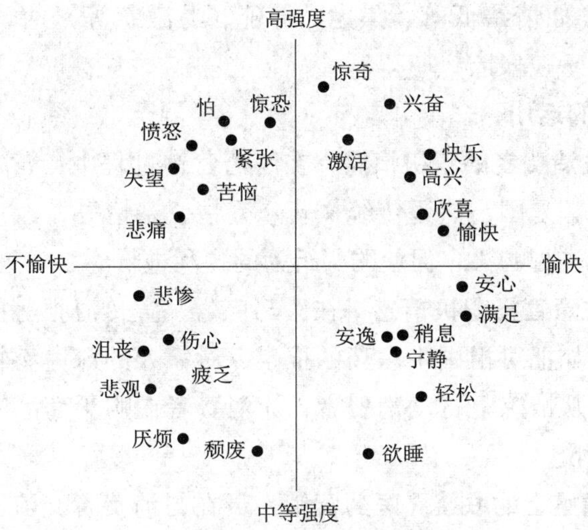


图 1-18　不同的情绪体验

买欲望，促使购买行动的实施。

**2. 消极情绪**　如厌烦、不满、恐惧、愤怒等。处于消极情绪中的消费者会降低购买欲望，阻碍购买行动的实施。

**3. 矛盾情绪**　如既喜欢又怀疑；基本满意又有些许不称心；喜爱产品但价格昂贵、无力购买；面对营销人员的热情介绍盛情难却而对产品不是很满意等。这都会导致购买行为更为复杂。

**（二）影响消费者情绪变化的因素**

**1. 产品**　消费者购买医药产品的目的是为了减轻自己或他人的病痛、保持健康，因此，产品本身的质量、疗效是影响消费者情绪变化的最重要的因素。在购买过程中，消费者的问题得以解决、病痛得以减轻、期望得到满足，就会产生积极的情绪；而这些需要得不到满足时，就会产生消极情绪。所以医药企业营销人员要生产、推荐好的产品来满足消费者的需要，促使其积极情绪的产生。

**2. 环境**　消费者的情绪会受到店面设计、拥挤程度、天气、温度、气味、声音等因素的影响。舒适的购物环境会给消费者带来良好的生理感受，也会促使消费者积极情绪的产生。此外，大众传媒环境也有一定的影响，如果是在快乐的音乐和节目后呈现广告时，消费者对广告和产品的反应会更加积极；当消费者处于积极的情绪中时，对广告信息的处理倾向于忽略细节，而更多地依赖整体的情绪体验。营销人员要为消费者提供良好的购物环境，合理运用大众传媒手段，减少消极情绪，增加积极情绪。

**3. 服务**　消费者的购买活动既要满足生理需要（缓解病痛、保持健康），还要满足心理需要（安全感、被尊重、被关怀等）。一般来说，良好的售前、售中、售后服务可以满足消费者的心理需要，与消费者在短暂的时间内建立和谐的营销关系，使消费者处于积极的情绪之中，最终促使购买行为顺利完成。而营销人员的不屑、讽刺、挑衅、不耐烦等表现会激怒消费者，导致消费者消极情绪聚积，轻则拒绝购买，重则引发言语或者肢体冲突，带来严重后果。

**4. 消费者自身生理、心理状况**　消费者生理、心理状况直接影响其购物时的情绪体验。当消费者生理健康、心态良好时，更容易处于积极的情绪中；而当消费者正在承受病痛的折磨、心理状况欠佳（如情绪低落、焦虑、抑郁、易激惹等）时，更容易处于消极的情绪中。

**（三）消费者情感的运用**

**1. 营销过程中激发消费者的积极情感** 在医药营销过程中，营销人员要注意激发消费者的积极情感，如孝顺、爱国、热爱传统文化、爱情、亲情等，让消费者在深层次情感得到唤醒和满足的情况下进行购买，促使购买行为的顺利进行。

**2. 广告等宣传中注意宣扬积极情感** 在医药广告、宣传海报等的制作过程中，注意积极情感的宣扬与运用，如把对祖国中医药的推崇、对家人的深厚感情、对同事的关心、对美的追求等渗透进去，从情感上打动消费者，让消费者在购买商品时，既得到了生理的满足，更带来心理上的愉悦。

**3. 与消费者建立情感上的联接** 医药营销人员在与消费者交流沟通的过程中，要注意与消费者建立情感上的联接，从消费者的角度出发提供参考意见和建议，成为消费者贴心的、值得信赖的参谋。

扫码“学一学”

# 第三节　意志过程

## 一、概述

**（一）概念**

意志是自觉地确定目标，有意识地支配、调节行动，通过克服困难，以实现预定目的的心理过程。意志是人类所特有的心理现象，是人类意识能动性的集中表现。人不仅能够通过感知、记忆、思维等心理活动来了解、认识客观世界，并且能制定计划，积极而有目的地控制自己的行动。

意志在人类生活中有重要意义。人们在改造主观世界和客观世界方面所取得的成就，常常是和意志努力分不开的。

**（二）特征**

**1. 自觉的目的性** 意志总是表现在各种各样的行动之中，但并非所有行动都是意志的表现。人在行动之前，就已经确立了行动的目的，并对行动的结果做了估计，这种行动才可能是意志行动。一个人的行动目的越明确，越符合客观规律，越有社会意义，这种行动的意志水平越高。如消费者因为感冒发烧、鼻塞而去药店购买药品，其行动具有明确的目的性。

**2. 与克服困难相联系** 人的意志行动总是与调动人的积极性去克服困难、排除障碍分不开的。人在为实现目的而采取行动的过程往往不是一帆风顺的，会碰到这样那样的困难和障碍。而能否具有克服困难的勇气和信心，能否坚持行动，以达到目的，正是意志是否坚决的表现。意志行动中需要克服的困难，包括来自主体内部和外部的两种困难。内部的困难指主体在生理和心理方面的障碍；外部困难是指不以主体意志为转移的客观条件所造成的困难和干扰等因素。一个意志坚强的人就是能不断克服内部困难，又不断战胜各种外部障碍、坚持到底的人。

**3. 以随意运动为基础** 人的行为是由一系列动作构成的，动作是构成行为的基本单位。

人类的动作可以分为随意运动和不随意运动。随意运动是指受意识支配和调节，具有一定目的指向性的运动，如写字、操作电脑、肌内注射等。不随意运动是指不受意识支配和调节的运动，如心跳、眨眼、瞳孔反射等运动。意志行动以随意运动为基础，通过随意运动来表现。人们掌握随意运动的程度越高，随意运动越熟练，意志行动就越自如。随意运动是意志行动的必要条件，如果不掌握必要的随意运动，意志行动就不能实现。人根据预定的目的，把一系列最基本的动作，组合成复杂的行为，从而实现预定的目的。如消费者在选购药品的时候，拿起药品观察、咨询营销人员、刷卡交费等行为均属于随意运动。但并不是所有的随意运动都是意志行动，因为意志行动除了以随意运动为基础外，还与克服困难相联系。

意志行动的三个基本特征是相互联系的。目的性是意志行动的前提，克服困难是意志行动的核心，随意运动是意志行动的必要条件。

## 二、意志行动的基本阶段

意志行动一般被分为准备阶段和执行阶段。

**1. 准备阶段**　在意志行动的准备阶段里，需要在思想上确立行动的目的，选择行动的方案并作出决策。意志行动是一种有目标的活动，人们首先确定某种目标并以此来调节行为。确立了目标，接着要制定行动的计划，思考怎样一步步达到目标。行动的计划可以是切实可行的，也可能是不周全、不具体的，但是决心要达到目的，还是想走捷径碰运气，这是最重要的。人在动机取舍的过程中，需要权衡各种动机的轻重缓急。如消费者想要购买补钙产品，但是具体买什么牌子、何种剂型、买多少都未确定。一般，目标越具体，准备工作做的越精细，选择的范围越小；目标越不具体，准备工作做的越粗略，选择的范围越大。

**2. 执行决定阶段**　执行所采取的决定的阶段是意志行动的第二阶段，即执行阶段。在这个阶段中，既要坚定地执行既定的计划，又要克制那些妨碍达到既定目标的动机和行动。在这一阶段还要不断审视自己的计划，以便及时修正计划，保证目标的实现。

意志行为的准备阶段和执行阶段是密切联系、相互制约的。如果在准备阶段动机冲突解决得好，目标明确，对行为的意义认识深刻，行动计划考虑周到，切合实际，执行阶段就会比较顺利，遇到困难和挫折也会更有决心和能力去克服。否则，就容易缺乏能力和信心，甚至出现半途而废的结果。在执行决定的过程中，有时会发现原来计划的不周，或者情况发生了变化，需要修改计划，否则也不会顺利达到目的。

## 三、意志品质

客户良好的意志品质主要表现为以下四点。

**1. 自觉性**　自觉性指客户对自己选择的目标有深刻的理解，并坚信目标的正确性。一般而言，一个客户可能要同时面对多个推销人员和多种药品，客户往往是凭着自己的购买经验，确定选择的目标。所以，营销人员应多做前期宣传，与客户多交流、多沟通、多做正面宣传，使自己营销的药品成为客户选择的对象。

**2. 顽强性**　顽强性是指客户对自己选定的目标保持较长时间的耐心和毅力。在买卖过程中，客户会随时受到各方面的干扰，如其他产品的影响，经济上的困难，购买后的风险与压力等。此时，营销人员要给客户有力的支持，以坚定客户的信心。

**3. 自制性** 自制性是指客户自觉控制自己的情绪和约束自己的言行。面对营销人员的劝说和诱导，面对药品市场的复杂局面，客户应该保持相对的理智，既善待对自己热心帮助的营销人员，又能作出正确的购买决策。从另一角度讲，营销人员对客户的情绪和言行也应表现出相应的理解，特别是当客户的情绪和言行有失常态时，营销人员更应予以宽容，不然，很可能由于指责和对立，而中断了正常的业务联系。

**4. 果断性** 果断性是指客户选择决定和执行决定时当机立断的意志品质。在营销活动中，客户能迅速地选购我们营销的药品，就是意志果断的表现。因此，当客户选择困难，购买犹豫时，营销人员应快速反应，与客户一起共同把握住最佳购买时机。

客户的认知过程、情绪过程和意志过程，相互联系、相互影响。正确的认知是产生情绪和形成意志的前提和基础，良好的情绪则有助于更深入的认知和意志的完成，顽强的意志力可以保证客户进行更加客观、全面的认知。

## 四、医药营销人员良好意志品质的培养

**1. 树立崇高的理想** 理想是人们前进的动力，有了正确的理想、信念和人生观，人们才会为实现理想，不畏艰险、百折不挠、奋勇前进。如果营销人员的行为只有短期的目的，缺乏长远的打算和计划，是不能形成坚强的意志品质的。

**2. 积极参加实践活动** 人们所从事的任何工作、劳动、学习以及科研、文体活动等，都需要坚韧、顽强的精神。理想的实现要靠脚踏实地工作来保证。因此，积极参与实践活动，在实际活动中克服困难，是培养意志品质的重要手段。

**3. 主动进行意志锻炼** 主动地寻求机会来进行意志的自我锻炼，才能形成良好的意志品质。首先，要善于自我评价，在自觉性、果断性、坚韧性和自制力各个方面，每个人都存在个体差异，要善于发现自己的优点和不足，用优点来自我激励，用不足来自我鞭策，取长补短，不断进步。其次，在设立锻炼目标时，要注意循序渐进，目标设置太高，容易挫伤积极性，不仅不能锻炼意志，而且会丧失信心；目标设置太低，不经过意志努力就可以达成，起不到锻炼意志的作用。体育运动经常被作为锻炼意志的良好手段。

**4. 借助外部约束** 在意志力的培养过程中，既要自我锻炼，也要利用外部资源。特定时空条件为意志力锻炼提供了良好的外部条件，例如体育比赛、军事训练，都是锻炼意志力的良好机会。自我约束能力不强的人，可以借助特殊的时空条件，利用外部约束力对自己进行训练。

**知识链接**

**逆商（意志智力）**

逆商（AQ），与IQ、EQ并称为3Q。逆商来自英文 Adversity Quotient，其全称为逆境商数，一般被译为挫折商或逆境商。它是指人们面对逆境时的反应方式，即面对挫折、摆脱困境和超越困难的能力。逆商现在已经引起学术界的广泛重视。

大量资料显示，在充满逆境的当今世界，事业的成就、人生的成败，不仅取决于人的智商、

情商，也在一定程度上取决于人的逆商。逆商高的人在面对困难时，往往表现出非凡的勇气和毅力，锲而不舍地将自己塑造成一个立体的人；相反，那些逆商低的人则常常畏畏缩缩、半途而废，最终一败涂地。

一项科学研究发现，对逆境持乐观态度的人表现出更具攻击性，会冒更大的风险；而对逆境持悲观反应的人则会消极和谨慎。反映在自信心方面，自信的人的逆商较高，在逆境中往往更容易保持乐观，自然也就容易达到成功的目标。缺乏自信的人则表现不积极，容易对前途丧失信心，不去努力争取。自信心是希望和韧性的体现，在很大程度上决定一个人如何对待生命中的挑战和挫折。

一个人的心理状态很重要，在潜意识里认为自己是什么样的人，那么他很快就会知道自己应该成为什么样的人，并且最终也会按照自己的想象去塑造自己。如果他从内心深处觉得社会很需要自己，并把这种感觉化做一种动力，就能很好地推动自己迈向成功。许多自以为是的人，会让人们感到不舒服，但这也是一种自信的表现，表示他们相信自己能够达到那样的水平。命运给每个人在人生道路上都安排了一个位置，为了不让自己在到达这个位置之前跌倒，每个人都需要对未来充满希望和信心。正是由于这个原因，那些雄心勃勃的人都会多少带有一些强烈的“自以为是”的色彩。

当今世界是一个尊崇勇气和胆量的世界，缺乏远大志向的人和畏惧困难的人会让人轻视的，自信心预示着一个人是否能够成为一个成功的立体人。

在人生的攀越过程中，智商、情商、逆商为不可缺少的三要素。它们相互联系、相互作用，共同影响着人的成功之旅。

## 实训 2　购物环境对消费者的影响

**【实训目的】**

1. 了解药店环境的主要构成要素。

2. 分析各环境要素对消费者的感觉、知觉、情绪、情感等心理过程的影响，完成实训报告。

**【实训内容】**

4~5 人组成团队进行训练，内容为以下四个方面。

1. 设计药店购物环境调查问卷，环境因素包括店面面积、灯光、地面、海报、货架、声音、温度、湿度、气味等。

2. 根据学校所在地理位置、成员的兴趣与生活经验，寻找 2~3 家药店进行参观、记录、分析。

3. 寻找药店负责人、店员、消费者进行访谈，访谈的主要内容是药店购物环境各因素对消费者有何影响、本店有何优缺点、消费者感受如何等。

4. 对调查结果进行分析，提出改进意见，并撰写实训报告。

**【实训注意事项】**

1. 访谈对象的选择要注意人员的分布与代表性，尽量使职业、年龄、性别等合理分布。

2. 在实训过程中要取得药店的同意与配合，注意尊重药店的保密权。自己的言行举止要得体，讲究文明礼貌，用通俗易懂、言简意赅的语言，向调查对象介绍调查目的与要求，并对调查者表示感谢。

【实训报告】

根据调查结果进行数据分析，并撰写实训报告，注意对消费者的感受进行分类分析（如不同性别、年龄的顾客不同的感受），建议附上提出改进意见后的店面布局图或者效果图、效果文字描述等。

【实训评价】

1. 根据要求完成实训过程，计 40 分。

2. 将调查结果进行分析，并形成实训报告，计 40 分。

3. 实训报告条理清晰、文字流畅、字迹工整，计 10 分。

4. 提出的整改意见有创新、可操作性强，计 10 分。

## 实训 3　医药广告对消费者记忆的影响

【实训目的】

1. 了解常见医药广告的诉求类型。

2. 分析广告各要素对消费者记忆的影响，完成实训报告。

【实训内容】

4~5 人组成团队进行训练，内容为以下三个方面。

1. 设计医药广告回忆情况调查问卷，调查内容尽量包括所学过的知识点，例如：记忆最深刻的医药广告是什么；这则广告最早什么时候呈现的；该广告的文字、图像、声音等哪个或者哪些要素让自己记住了它；它宣传了什么厂家的什么产品；它是用什么样的方式呈现的（如电视、报刊、广播、网络）等。

2. 根据实际情况，寻找 30 位调查对象进行问卷调查、访谈（可以包括自己的亲人、朋友、同学、老师等）。

3. 对调查结果进行分析，并撰写实训报告。

【实训注意事项】

1. 调查问卷设计注意事项，参见实训 1。

2. 调查对象的选择要注意人员的分布与代表性，尽量使职业、年龄、性别等合理分布。

3. 在实训过程中要注意自己的言行举止要得体，讲究文明礼貌，用通俗易懂、言简意赅的语言地向调查对象介绍调查目的与要求，并对调查者表示感谢。

【实训报告】

根据调查结果进行数据分析，并撰写实训报告，注意：对消费者的记忆情况进行分类分析（如不同性别、年龄的顾客不同的感受）；对记忆率最高的广告进行深入分析，探讨其成功的原因及可借鉴的经验。

【实训评价】

1. 根据要求完成实训过程，计 40 分。

2. 将调查结果进行分析，并形成实训报告，计 40 分。

3. 实训报告条理清晰、文字流畅、字迹工整，计 10 分。

4. 对调查结果进行深入分析并从中提取出可借鉴、可操作的经验、心得体会，计 10 分。

## 目标检测

1. 辨别并描述知觉的三个阶段。

2. 举例说明绝对阈限与差别阈限的区别。

3. 举例说明导致刺激适应的例子。

4. 怎么理解“整体大于部分之和”？在现实中有哪些应用？

5. 在医药营销中如何提高消费者对产品的记忆率？

6. 消费者情绪的影响因素有哪些？

7. 如何培养良好的情绪？

8. 医药营销人员如何培养良好的意志品质？

9. 讨论题

（1）许多研究表明，随着年龄的增长，人们的感受性逐渐下降。讨论如何应用绝对阈限相关理论来吸引老年人。

（2）感性消费目前成为消费领域的趋势之一，应当如何开展相关营销活动？

（3）在医药广告制作过程中，感性诉求和理性诉求是两种重要的策略，请举例说明感性诉求和理性诉求是如何影响消费者的？

扫码“练一练”

# 第二章

# 消费者的人格

## 学习目标

**1. 知识目标** 掌握人格及其相关概念，人格心理特征、个性心理倾向对消费心理的影响，自我意识与医药产品的象征性；了解自我意识的含义与分类。

**2. 能力目标** 能通过消费者的言行举止辨识其气质、性格和能力，并开展相应的心理营销活动；能通过消费者的言行举止，辨识其需要及购买动机的类型，并在实践中采取相应的心理营销策略。

**3. 素质目标** 培养学生的创新意识和团结协作精神；培养科学、严谨、实事求是的工作作风。

## 考点

1. 消费者的人格、人格的特点、人格的结构。
2. 消费者的气质、气质的特征及相应的服务策略。
3. 消费者的性格、性格的特征及相应的营销策略。
4. 消费者的能力、消费者能力的基本构成。
5. 消费者的兴趣、兴趣对消费行为的影响。
6. 消费者的态度，态度的构成、特性、形成、改变的方式与途径。
7. 消费者的消费观、常见的消费观。
8. 消费者的需要、需要的特征。
9. 消费者的购买动机、购买动机的类型、购买动机的诱导。
10. 消费者的自我意识。

## 案例导入

情景一：某中年女性顾客来药店购买滴眼液，一会儿让店员拿这种，一会儿又拿那种，店员向其询问症状，顾客只表示自己要考虑。但是，不一会儿，又对另一种滴眼液提起兴趣。片刻工夫，柜台上已经摆着六、七种不同类型的滴眼液。看看哪个都不错，到底应该选哪个呢？顾客一时也做不了决定，只好对店员说：“不好意思，麻烦你，我再看看……”，店员看其犹豫不决便不耐烦道：“都差不多，厂家不同而已”。顾客听罢便空手转身离开。

情景二：顾客问店员：“麻烦您，能不能让我看一下妇科千金片？”店员应声道：“好的，给……”顾客肯定地说：“是的，就是这个，多少钱？”……“好！”

情景三：顾客走进药店，巡视柜台并仔细审视某种药品。店员上前招呼：“欢迎光临！”看到顾客看补钙产品就问：“是给您孩子用吗？”如果顾客看降压药，就问：“您是给老人用吗？”可是，无论店员怎样招呼，顾客仍保持着惊人的沉默，一言不发，搞得店员毫无办法。

【问题】

1. 作为营销人员，应该用什么样的态度对待三个情景中的三位客户？

2. 作为专业的营销人员，应该如何判断三个情景中三位客户的特点？

3. 作为优秀的营销人员，为了提高营销业绩，针对三位客户的不同表现，应该如何调整自己的营销策略？

消费者的购买行为之所以千差万别、各具特色，是因为个体内在的人格特征存在着差异。人格是衡量个体差异的一个重要变量。因此，研究了解消费者的人格特点，不仅可以解释其目前的购买行为，而且可以在一定程度上预测其消费趋向，从而指导营销人员采取不同的营销策略。

# 第一节 人格概述

扫码“学一学”

## 一、人格的概念及特点

### （一）人格的概念

人格也叫个性，“个性”一词来源于拉丁文，原意是演员的面具，用于表现剧中人物的身份和性格特征，后来被心理学引用来表示人生舞台上个体扮演的社会角色的心理和行为。人格指的是个体对外在环境反应的本质的、稳定的心理倾向和心理特征的总和。人格是人们在一定的生理基础上，在一定的社会历史条件下，通过社会实践活动形成和发展起来的。

人格的形成既受先天因素的影响，又与后天因素有关系。所以，它体现了个体的独特风格、独特的心理活动以及独特的行为表现。消费者的人格心理特征，就是消费者在各自的心理活动实践中经常表现出来的、比较稳定的人格心理的特殊性。人格心理特征影响着消费者的一切言行举止，人格心理特征与消费者购买活动的结合，给消费者各自的购买行为涂上了独特的色彩，呈现明显的差异。

### （二）人格的特点

**1. 生物性** 指人格具有的与遗传有关的先天性。它是人格的生理基础，为人格的形成和发展提供可能性。

**2. 稳定性** 指消费者主体经常表现出来的某种心理倾向和心理特点不变的倾向。人格一经形成，要改变它是极其困难的。

**3. 独特性** 指人格是受人们生理特点影响、经由外在环境的作用形成的，其形成基础极为复杂，因人而异，所以人格是个体的独特风格、独特的心理活动和独特的行为表现。

**4. 整体性** 指人格是个性倾向性和人格心理特征的有机整体。消费者主体的各种个性倾向、人格心理特征是互相协调，有机地联系在一起的。它是以整体形式表现在一个具体的人身上的。

**5. 社会性** 指人格具有与环境有关的后天性。每个人都生活在一定的社会中，人格的形成不可避免地受到周围环境的影响，离开了社会，人就无法形成正常的心理。

**6. 可塑性** 指人格并非完全不可改变，其稳定性是相对的，会随着主体经历而发生不同程度的变化，从而在每一个阶段都呈现出不同的特征。

## 二、人格的结构

人格是由个性倾向性和人格心理特征组成的。

### （一）人格心理特征

人格心理特征是指个体身上经常地、稳定地表现出来的心理特点的组合，反映了消费者的心理活动与行为差异，主要包括气质、性格、能力等。它在人格结构中是比较稳定的成分，而不是偶然的、一时性的心理现象。

### （二）个性倾向性

个性倾向性是指消费者主体在社会实践活动中对现实事物的看法、态度和情感倾向。它是决定人的态度的积极性和选择性的诱因系统，主要包括需要、动机、兴趣、态度和价值观等。个性倾向构成人的活动动力系统，是人格结构中最活跃的因素。

人格心理特征和个性倾向性是辩证的、统一的。一方面，人格心理特征受个性倾向性的制约和调节；另一方面，个性倾向性也受人格心理特征的促进和影响。正是这两方面错综复杂地交织于一个人的身上，成为一个统一的整体，才构成了人们各不相同的个性。

**知识链接**

**人格的形成**

在心理学的历史上，关于人格的形成曾有过两种理论观点，即遗传决定论和环境决定论。它们都与事实不符，是片面的，因而被心理学界所抛弃。因为，个体的遗传素质只为人格形成与发展提供物质基础，提供可能性，是一个不可缺乏的条件。然而个体的人格向哪个方向发展以及发展水平如何，则受后天环境和个体生活实践的制约。后天环境与生活实践使人格形成与发展从可能性变为现实性。因此，人格形成的正确观点应该是：人格的形成离不开人的遗传素质，也离不开后天环境和个人生活实践，是二者共同作用的结果。

扫码"学一学"

# 第二节 消费者的人格心理特征与消费行为

## 一、消费者的气质

**（一）气质的概念**

气质是指一个人的脾气和秉性，是一个人心理活动过程的动力特征的总和。主要表现在心理活动过程的速度、强度、稳定性、灵活性和指向性等方面的特点。心理活动过程的速度是指知觉的速度、情绪表现的快慢、语言的速度和节奏等；心理活动过程的强度是指情绪的强弱、意志努力的程度等；心理活动过程的稳定性是指注意力集中时间的长短；心理活动过程的灵活性是指思维的灵活程度、动作的灵敏与迟缓等；心理活动过程的指向性是指人们的心理活动经常倾向于外部世界还是内心世界。

气质是由人的高级神经活动类型决定的。它是生来就具有的，更多地由个体先天特征所决定，所以它的变化很难、很慢，具有持久性和稳定性的特点。气质还具有动力特征，气质的差异仿佛给每个消费者的全部心理活动涂上了个人独特的色彩，并在不同的情境、不同的活动中都表现出来。如一个平日工作中情绪易于冲动的人到商店买东西，碰到自己满意的商品迫不及待想买到手；一旦排队等候时间长便焦躁不安；若遭营销人员冷遇会大动肝火。

**（二）气质的类型及特征**

关于人的气质类型学说，古今中外各国的流派较多，产生了许多有关气质研究的理论和假说。这里着重介绍具有代表性的两种学说。

**1. 希波克拉底的体液学说** 公元前5世纪，古希腊著名医生希波克拉底观察到人有不同气质。他认为人体内有血液、黏液、黄胆汁、黑胆汁四种液体，人的气质取决于四种体液均衡的破坏，并根据哪一种体液在人体内占优势把气质分为四种类型：多血质（以血液占优势）、黏液质（以黏液占优势）、胆汁质（以黄胆汁占优势）、抑郁质（以黑胆汁占优势）。它们的典型特征表现如下。

（1）胆汁质 情绪发生快而强，性情急躁，易于冲动，心境变化剧烈，爱发怒；为人热情，说话直率，愿意与他人交流内心想法；精力充沛，做事果断；言语和动作急速而难以自制；缺乏耐性，固执等。

（2）多血质 情绪发生快而多变，乐观亲切，表情丰富；内心外露，善于交际；思维、言语和动作敏捷，活泼好动，富有朝气；注意力和兴趣容易转移；浮躁、轻率等。

（3）黏液质 情绪发生慢而弱，表情淡漠，沉默少言，内心不外露；思维、言语和动作缓慢，沉着稳定；遇事谨慎，反应迟缓；注意力稳定，忍耐力强；执拗等。

（4）抑郁质 情绪发生慢而强，内心体验深刻，多愁善感；对事物反应敏感，观察细致；胆小、腼腆、孤僻；做事多疑，优柔寡断；注意力与兴趣不容易转移等。

这种说法，虽然缺乏科学根据，但在现实生活中确实能找到这四种气质类型的典型代表，有它的实践意义，因此沿用到现在。

**2. 巴甫洛夫的高级神经活动类型学说** 20世纪20年代末，前苏联著名生理学家、心理学家巴甫洛夫利用条件反射方法揭示的高级神经活动规律性和神经过程的基本特征，对气质做了科学的阐述，提出了气质的高级神经类型说，为气质学说的研究提供了生理学基础。研究发现，人的高级神经活动的兴奋过程和抑制过程在强度、平衡性、灵活性等方面都具有不同的特点，这些特点的不同组合就形成了人的神经活动类型，表现在人的行动方式上就是气质。巴甫洛夫划分出的高级神经活动类型有四种：兴奋型、活泼型、安静型、抑制型，与此相对应的是四种气质类型。高级神经活动类型与气质的对应关系见表 2-1。

**表 2-1　高级神经活动类型与气质对照表**

| 神经类型 | 特征 | | | 传统气质类型 |
|---|---|---|---|---|
| | 强度 | 平衡性 | 灵活性 | |
| 兴奋型 | 强 | 不平衡 | — | 胆汁质 |
| 活泼型 | 强 | 平衡 | 灵活 | 多血质 |
| 安静型 | 强 | 平衡 | 不灵活 | 黏液质 |
| 抑制型 | 弱 | — | — | 抑郁质 |

另外，需要指出的是，在现实生活中不是所有的人都可以按照四种传统气质类型确定其所属，典型的单一气质类型的人只是一少部分，多数人都是介乎于各种气质类型之间的中间型，还有的是以某种气质为主，兼有其他气质类型特点的混合型。因此，在对某个人的气质进行判断时，应该主要观察的是构成其气质的各种心理特征，以及构成气质生理基础的高级神经活动的基本特征，而并非简单地将其归入某一类型。

**（三）不同气质类型消费者的购买行为表现以及服务策略**

消费者不同的气质类型会直接影响和反应到他们的消费行为中，使购买行为丰富多彩，各具特色。

**1. 胆汁质型消费者**　这类消费者购物兴致高，自信心强；挑选商品速度快但容易后悔；在外界的刺激下，容易发生冲动性购买行为；性子急，脾气暴，总爱提问题，挑毛病，容易与营业员发生冲突。

服务策略：营业员要头脑冷静，充满自信，动作快速准确，语言简洁明了，态度和蔼可亲，使消费者感到营业员在急他所急，想他所想，真诚地为其服务。

**2. 多血质型消费者**　这类消费者购物兴趣广泛，热情溢于言表，善于与营业员和顾客交流，购物决策快，但主意改变得也快。

服务策略：营业员要热情周到，准确把握消费者的购物需求，为顾客当好参谋，提高顾客消费决策的有效性。

**3. 黏液质型消费者**　这类消费者购物目的明确，挑选商品认真专注；情绪平静，喜欢独自鉴别商品，不喜欢营业员主动热情式的服务；消费决策慢。

服务策略：营业员要有耐心，态度要温和平静，要有的放矢，不可太主动热情；要适当允许这类消费者有自己认真思考和挑选的余地，对他们的小心谨慎应给以充分理解；在顾客挑选的过程中要适时地给予关键性的提示，以帮助其快速决策。

**4. 抑郁质型消费者**　这类消费者购物兴奋性不高，情绪变化慢，容易受促销环境影响；观察商品细致入微，敏感多疑，消费决策犹豫不决。

服务策略：营业员要服务耐心，细致周到；要借助对其他顾客的服务的时机，热情地询问或关照他们；在其提出问题后，能准确回答，并给予正确的引导，增强此类消费者的购物信心，从而促进购买行为的实现。如果他们优柔寡断或放弃购买，也应以礼相待欢迎他们再来购买。

综上所述，我们分析了具有典型气质特征的消费者在购买活动中的行为表现，他们具有一定的代表性，但实际情况远比这四种类型要复杂得多。因此，既不可能、也没有必要非把纷繁复杂的购买行为划归某一类型。我们研究消费者的气质，主要是观察和判定消费者具有哪些气质特征，从而揭示其购买活动规律，有针对性地提供各种服务，更好地满足消费者的需求。

## 二、消费者的性格

### （一）性格的概念

性格是指个体在对现实的稳定态度和与之相适应的习惯化行为方式中表现出来的个性心理特征。人的性格是在生理素质的基础上，在后天的社会实践活动中逐渐形成、发展和变化的，受一定思想、意识、信仰、价值观的影响和制约。由于具体的生活环境不同，每一个人的性格会存在不同的特征。因此，性格是一个人人格中最重要、最显著的心理特征，反映着人格的本质，是一个人区别于他人的主要心理标志。

**知识链接**

**气质与性格的关系**

气质与性格存在着互相渗透、互相作用的联系。两者都是以高级神经活动类型作为生理学基础。两者的区别主要是：第一，存在的客观基础条件不同。气质的形成直接决定于人的高级神经活动类型，具有自然的性质；而性格的生理基础是神经类型特征和后天因素引起的各种变化的"合金"。也就是说，神经类型不能预先决定性格，也不能直接决定性格，性格则更多地受社会生活环境的制约。第二，稳定的时间长短不同。气质为先天秉赋，虽然也受外界因素的影响，但气质的稳定性在相当长的时间内，甚至人的一生中都不变动；性格为后天陶冶，具有相对稳定性，但可能由于生活的突发事件、重大挫折而变化。第三，互相影响的侧重面不同。气质对性格的情绪性和表现速度，对性格的形成和发展的速度、动态有一定的影响，可给同样性格特征的人添上不同的色彩；性格是人的本质属性，比气质更具鲜明的个体差异性，可以在一定程度上掩盖和改造气质，使它服从实践所要求的行为方式。

### （二）性格的特征

**1. 性格的态度特征**　也称性格的社会特征，是人对现实的态度和行为倾向，是人的价值观和世界观的反映。

（1）对社会、集体、他人的态度特征　积极方面的特征有爱祖国、爱集体，助人为乐、见义勇为，富有同情心，正直、诚实、善良、有礼貌、豁达等；消极方面的特征有自私自利、损人利己，冷漠无情，虚伪、狡猾、凶恶、粗俗无礼、狭隘等。

（2）对劳动、工作、学习的态度特征　积极方面的特征有勤劳、认真、严谨，有责任心、有条理性、有创新精神等；消极方面的特征有懒惰、马虎、松懈，不负责任、杂乱无章、因循守旧等。

（3）对事物的态度特征　积极方面的特征有适度占有、爱惜、勤俭节约、实事求是、乐观等；消极方面的特征有贪婪占有、损坏、奢侈浪费、无中生有、悲观等。

（4）对自己的态度特征　积极方面的特征有自信、自爱、自尊、谦虚等；消极方面的特征有自卑、自馁、轻浮、自大等。

**2. 性格的认知特征**　是指人在感知、记忆、思维、想象等心理活动中表现出来的特点。

（1）感知方面的特征　有主动观察型和被动观察型，记录型和解释型等。

（2）记忆方面的特征　有主动记忆型和被动记忆型，直观形象记忆和逻辑抽象记忆等。

（3）思维方面的特征　有系统思维和线性思维，独立思维和惰性思维，分析型和综合型等。

（4）想象方面的特征　有主动想象和被动想象，创造想象和再造想象，现实型和幻想型等。

**3. 性格的情绪特征**　是指情绪对人的行为影响的特点。

（1）稳定性方面的特征　有自控稳定型和失控波动型。

（2）持久性方面的特征　有短暂型和持续型。

（3）主导性方面的特征　有积极型和消极型。

**4. 性格的意志特征**　是指意志对人的行为调节的特点。

（1）自觉性方面的特征　有目的性和盲目性，主动性和被动性。

（2）自制性方面的特征　有自律和任性。

（3）果断性方面的特征　有当机立断和优柔寡断。

（4）坚韧性方面的特征　有坚忍不拔和半途而废。

性格的上述各个方面的特征并不是孤立的，而是相互联系的。在每个人身上都以其特有的形式结合成有机的整体，区别于他人。在每个人的性格特征中，性格态度特征和意志特征是最主要的两个方面，其中以性格的态度特征尤为重要，它直接表现一个人认识世界总的心理倾向，是一个人本质属性和世界观的反映。

**（三）消费者的性格类型**

消费者不同的性格特点，体现在各自的消费活动中，从而形成千差万别的消费行为。可以通过对消费者购买态度、购买方式等的观察、分析、判断，来认识和区分消费者的性格类型。

**1. 根据消费态度划分**　可分为节俭型、顺应型、自由型、保守型。节俭型消费者崇尚节俭，看重的是商品的质量与实用性，不太重视商品的品牌和名气，对于服务人员的推荐和介绍一般保持较为客观的分析态度，习惯购买中低档商品。顺应型消费者比较随和，一般没有特殊的癖好，消费观念属大众型，随时尚的变化而变化，受邻居、朋友、同事等群体的影响较大，比较容易接受广告与其他促销手段的宣传，在购买时愿意接受服务人员的引导和推荐。自由型消费者消费态度比较随意，在选购商品时表现出较大的随机性，而且选择商品的标准也往往多样化，能够接受服务人员的推荐和介绍，但不会依赖服务人员的意见和建议，一般有较好的购买技巧。保守型消费者较为严谨，性格内向，严谨、固执，生活方式呆板，喜欢传统的消费方式，习惯购买传统的和有过多次使用经验的商品，对于新商品不太愿意去尝试。

**2. 根据购买方式划分**　可分为习惯型、挑剔型、随意型。习惯型消费者在购买商品时习惯参照以往的购买和使用经验，当他们熟悉并偏爱某种品牌的商品后，会经常购买，形成惠顾性购买行为，受流行趋势、时尚的影响较小，不轻易改变自己的观点和行为。挑剔型消费者在购买商品时强调主观意愿，自信果断，不愿与他人商量，对服务人员的解释说明往往持怀疑和戒备心理，观察商品细致入微，选购时极为小心甚至过于挑剔。随意型消费者购买行为比较随意，在购买商品时选购标准多样化，比较注重商品的外观，能接受服务人员的推荐和介绍，但不会依赖他们的建议和意见。

在现实的消费活动中，由于客观环境的影响，消费者的性格很少以原来的面貌表现出来，有时在不同的场合购买不同的商品时表现出来的性格类型不尽相同。因此，需要通过认真观察、深入交谈或调查分析来认识消费者的性格特征，了解其行为倾向，不能仅以消费者一时的消费态度和偶然性的消费行为来判断其性格类型，并且应根据各种消费者的不同性格特征有针对性地进行对待，以提高质量。

## 三、消费能力

### （一）能力的概念

能力是指能够直接影响人们在实践中的活动效率并能促使活动顺利完成的个性心理特征。它是影响活动效果的基本条件，能力的高低直接影响一个人从事活动的快慢、难易和巩固的程度。

人们进行任何一项社会活动，都需要一定的能力保证。例如，读书需要理解力、记忆力等。能力总是存在于人的具体活动之中，离开了具体活动便无所谓能力，但是，不能认为凡是与人的活动有关，并且在活动中表现出来的所有的个性心理特征都是能力。只有那种直接影响活动的效率，并且使活动能够顺利完成的心理特征才是能力。例如，活泼、沉静等，虽然也是心理特征，并且和活动有一定关系，但它们却不是顺利完成某种活动的最直接、最基本的心理特征，因而不能称之为能力。

能力与活动是紧密联系的，但人的实践活动是复杂多样的，当人们进行一项具体活动时，有时还需要多种能力的组合，以便更好地从事和完成一定的活动。

### （二）能力的类型

**1. 按照能力的倾向性划分** 分为一般能力和特殊能力。一般能力是指从事一切活动都需要的基本能力，如感知力、记忆力、思维力、想象力、观察力、注意力等；特殊能力是指在特殊活动领域内需要具备的能力，如绘画能力、推销能力、购买药品的评价能力等。

**2. 按照能力的创造性程度划分** 分为再造能力和创造能力。再造能力是指能够掌握所学的知识，并善于按照所提供的样式进行重复制造活动的能力；创造能力是指超出现有模式而进行创新的能力。

### （三）消费者能力的基本构成

消费者无论购买何种商品，都应具备一些基本能力，这些基本能力主要包括感知辨别能力、分析评价能力、决策能力、消费维权能力等。

**1. 感知辨别能力** 是指消费者识别、辨认商品所具有的能力。消费者识别能力的强弱与个人经验密切相关。如果消费者商品知识渊博，购买经验丰富，其识别能力就比较强，特别是对于购买一些特殊用途的商品。

**2. 分析评价能力** 是指消费者依据一定的科学标准，对接收到的各种商品的信息进行加工整理、分析综合、比较评价，进而对商品的优劣好坏作出准确判断的能力。分析评价能力的高低主要受到其消费知识、经验、审美观、价值观和思维方式等的综合影响。

**3. 决策能力** 是指消费者在对商品进行分析评价的基础上，在多种备选方案中果断作出最优选择的能力。它直接受消费者的思维特点、气质类型、对商品的认识程度、经验、使用习惯及卷入深度等因素的影响。

**4. 消费维权能力** 是指消费者运用法律保障自己合法消费权益的能力。它直接受消费者对相关法律知识掌握的程度、维权意识的强弱以及自身性格的影响。

扫码“学一学”

## 第三节 消费者的个性心理倾向与消费行为

### 一、消费者的兴趣、态度和消费观

**（一）消费者的兴趣**

**1. 兴趣的本质** 兴趣是人对客观事物特殊的认识倾向，是人们在认识事物过程中带有稳定的志向和取向，并能保持较长时间的个性倾向性。当一个人经常主动地注意某种事物或愿意从事某项活动时，就说他对这一事物或该项活动产生了兴趣。兴趣是一种特殊的需要形式，人只要生存就离不开兴趣这种心理活动；兴趣也是产生动机的最活跃的因素之一，反映了人的认识的倾向性。

兴趣在一个人的生活实践中具有重要的作用，往往是推动一个人积极地认识或处理某种事物的一种内在动力，可以激励一个人去积极获取知识，开阔眼界，从而丰富自己的精神生活。在消费行为中，消费者的兴趣是促使他们认识商品、搜集商品信息、消费商品的激发性因素。按消费者本人的兴趣所进行的消费活动，会给消费者带来更大的愉快和享受。

**2. 兴趣的分类** 人的兴趣是多种多样的，概括起来又可以分为两大类。

（1）根据兴趣所包含的内容，把兴趣分为物质兴趣和精神兴趣 物质兴趣是由物质需要所引起的兴趣；精神兴趣是由精神需要所引起的兴趣。人的精神兴趣越高级，精神生活就越充实，也就愈加富有朝气。精神兴趣能表明一个人的精神境界，是个性发展高水平的表现。

（2）根据兴趣与指向对象的关系，把兴趣分为直接兴趣和间接兴趣 直接兴趣是由事物本身而引起的兴趣，表现在消费中，是消费者对商品或服务本身的需要而产生的喜爱和追求；对某种事物的本身没有兴趣，而是对这种事物未来的结果有需要才产生兴趣，称为间接兴趣。直接兴趣和间接兴趣是相互联系、相互促进的，如果没有直接兴趣，活动的过程就很乏味、枯燥；没有间接兴趣的支持，也就没有目标，过程就很难持久下去。因此，只有把直接兴趣和间接兴趣有机地结合起来，才能充分发挥一个人的积极性和创造性。

**3. 兴趣的特点**

（1）倾向性 是指消费者兴趣指向客观事物的具体内容和对象。每个人的兴趣指向因人而异。如有人对音乐感兴趣，有人对厨艺感兴趣等。兴趣不是天生的，其差异主要是由人的生活实践不同而造成的。

（2）稳定性 是指消费者兴趣的持续和稳定程度。有的人兴趣容易转移，有的人兴趣较持久。

（3）广泛性 是指消费者兴趣范围的大小。有的人兴趣广泛，知识面广；有些人兴趣狭窄，只关心有现实需求的商品，不关心企业的广告宣传。

（4）效能性 是指兴趣对消费者主题活动产生效果的大小。有的消费者对有兴趣的商品会迅速采取行动，有的人的兴趣总是处在期望和等待状态中，行动迟缓，不能产生实际效果。兴趣的效能性存在着积极与消极两个方面的作用，通过消费实践证明它可以促进或抑制消费者的购买行为。

**4. 兴趣对消费者行为的影响**

（1）兴趣有助于消费者对未来的消费活动作准备 消费者如对某种商品发生兴趣，往往会主动收集有关信息，积累知识，对未来的消费活动作准备，一旦时机成熟，会主动购买。

（2）兴趣能使消费者缩短决策过程，尽快作出购买决定并加以执行 消费者在选购自己感兴趣的商品时，能够心情愉快，精力集中，态度积极认真，由于对商品信息了解较多，能很快熟悉商品，便于作出购买决定。

（3）兴趣可以刺激消费者对某种商品重复购买或长期使用 消费者对有兴趣的商品会产生一定的偏好，促使他们长期地、习惯性地使用某种商品或采用某种消费方式，形成重复的、长期的购买行为。

（4）兴趣的个体差异影响消费者的消费倾向 由于消费者兴趣的广度和深度的不同，在消费活动中也表现出明显的差异，因此，消费商品的价位、实用性等方面都有明显的不同。

（5）兴趣的变化促使消费者消费倾向的变化 消费者的兴趣受环境的变化、认识水平的提高等方面因素的影响。当兴趣发生变化时，消费的方式、类型也会随之改变。企业应根据消费者兴趣的变化，不断推出新产品，迎合消费者消费倾向的变化。

**（二）消费者的态度**

**1. 消费者态度的概念** 态度是人们对于事物所持有的肯定或否定、接近或回避、支持或反对的心理和行为倾向。消费者的态度是消费者对商品和服务等表现出来的心理反应倾向。

消费者的态度是消费者在购买活动中的重要心理现象，对消费者行为的影响集中于消费者的好恶评价和价值判断方面，是消费者确定购买决策、执行购买行为的心理倾向的重要体现。

**2. 消费者态度的构成** 态度作为对特定对象的一种心理反应倾向是有一定结构的。在这个结构中，作为中间变量的情感、认知和行为倾向性是态度结构的基本要素（图 2–1）。

（1）认知因素 认知是指对态度对象的评价，是构成消费者态度的基石。它表现为消费者对有关产品的质量、品牌、包装、服务与信誉等的印象、理解、观点、意见。消费者只有在对上述事物有所认知的基础上，才有可能形成对某类产品的具体态度。而认知是否正确、是否存在偏见或误解，将直接决定消费者态度的倾向。因此，保持公正、准确的认知是端正消费者态度的前提。

（2）情感因素 情感是在认知的基础上对客观事物的感情体验，是态度的核心。它实质上是对态度对象的评价而产生的情感体验和情绪反应，表达了消费者对具体对象的好恶。

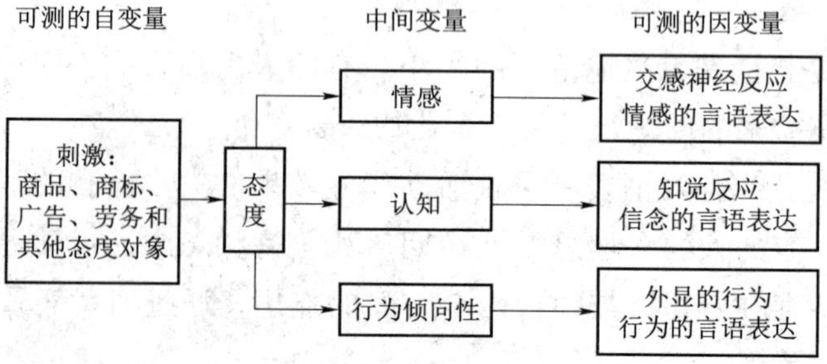


图 2-1　态度的结构

如果说认知是以消费者的理性为前提，那么情感则带有非理性倾向。它往往更多地受消费者的生理本能和气质、性格等心理素质的影响。情感对于消费者的态度形成具有特殊作用。在态度的基本倾向已定的条件下，情感决定消费者态度的持久性和强度，伴随消费者购买活动的整个过程。

（3）行为倾向性因素　行为倾向是指消费者对一定对象的反应倾向，即消费意向，表现为消费者对有关商品、活动采取的反应倾向，其中包括表达态度的语言和非语言的行动表现。行为倾向是消费者态度的外在显示，同时也是态度的最终体现。

态度的三种成分既相互依赖、相互制约，又协调一致，而消费者的态度表现为三者的统一。但是，在特殊的情境中，上述三种因素也有可能发生背离，呈反向作用，以致使消费者的态度呈现矛盾状态。其中，认知因素是基础，情感因素是态度中最重要的因素。一般说来，如果三种因素发生矛盾时，往往是情感因素起主要作用。

**3. 消费者态度的特性**

（1）对象性　态度总是有所指向，态度是针对某一对象或状况而产生的。离开了具体的对象，态度本身也就不存在了。

（2）社会性　消费者对某类产品或活动的态度并非与生俱来，而是在长期的社会实践中通过不断学习、不断总结，由直接或间接的经验逐步积累而成的。离开社会实践特别是消费实践活动，则不会形成消费者的态度。

（3）稳定性　由于消费者的态度是在长期的社会实践中逐渐积累形成的，因此，某种态度一旦形成，便保持相对稳定，而不会轻易改变。态度的稳定性使消费者的购买行为具有一定的规律性和习惯性，从而有助于降低决策风险，实现某些购买决策的常规化和程序化。

（4）差异性　消费者态度的形成受多种主客观因素的影响和制约。由于各种因素在内容、作用强度及组合方式上千差万别，因此，消费者的态度也各不相同，存在众多差异。不仅不同的消费者对待同一产品可能持有完全不同的态度，而且同一消费者在不同年龄阶段和生活环境中，对同一产品也可能产生截然不同的态度。态度的差异性对细分消费者市场具有重要意义。

（5）一致性　态度一般与所反映的行为具有相对的一致性，通过研究消费者的态度往往能够指导和预测其未来的消费行为。

**4. 消费者态度的形成**　消费者态度的形成过程，是消费者在后天环境中不断学习的过程，是各种主客观因素不断作用、影响的过程。其中，主要的影响因素包括消费者的需求和欲望、个性特征、知识经验、生活环境、相关群体的态度等。态度的形成过程和个体的社会化过程同步。个体在从自然人变化为社会人的过程中逐渐形成了对周围世界的种种态度。态度一旦形成，便成为人格的一部分，影响一个人的行为。态度不同于一般的认知活动，其具有情感等因素，比较持久、稳固。态度的形成需要经历模仿和服从—同化—内化三个阶段。

（1）模仿和服从　态度的形成开始于两个方面：一是出自自愿，不知不觉地开始模仿；二是受到一定压力而服从。

人有模仿和认同他人的倾向，模仿一般是对榜样的模仿，如果榜样是强有力的、重要的或亲近的人物，模仿发挥的作用会更大。由于人在模仿中认同不同的对象，因而习得不同的态度。以模仿习得态度，这是态度形成的开端。在消费生活中，消费者会通过对名人和重要参照群体的模仿，形成与后者相一致的对人、对事物和对生活的态度，并通过其消费方式与活动表现出来。这时态度往往以不知不觉、自觉自愿的方式表现。企业往往选择受人尊敬的人物或明星作为其产品的形象代言人就是希望消费者模仿学习，形成认可、接受该产品的态度。

服从是指一个人按照社会要求、群体规范或别人的意志而做出的行为。即在社会影响下，个人仅仅在外显行为上表现得与别人一致，对于之所以要如此行为并没有多少深刻的认识，也没有太多的情感成分。此时，个体对行为的态度主要受奖惩原则的支配，一旦外部强化或刺激因素消失，行为也可能会中止。因此，这种态度是表面的、暂时的和易变的。

（2）同化　同化是指在思想、感情和态度上主动接受他人的影响。态度在这一阶段已由被迫转入自觉地接受、自觉地进行，较模仿和服从阶段的态度更为深刻，也更为积极主动。但在这个阶段，新的态度还不稳定，还没有同原有态度体系相融合，容易改变。

（3）内化　内化是指真正从内心接受他人的思想观点，并将自己所认同的新思想与自己原有的观点结合在一起，构成统一的、新的态度体系，这是态度形成的最后阶段。这个阶段所形成的态度比较巩固，不容易改变。

态度的形成是一个不断深化、不断增强的过程。但并不是所有的人对所有事物的态度能完成这个转化过程，有的人只能停留在服从或者同化阶段，有的即使到了同化阶段，还要经过多次反复，才有可能进入内化阶段。因此，要人们形成牢固的态度十分不易，而且要改变消费者的态度，最好在模仿和服从、同化阶段进行，因为这时态度的结构未固定化，容易改变；而进入内化阶段后，再要改变态度，就困难得多。

**5. 消费者态度的改变**　尽管态度一旦形成后就成为消费者人格的一部分，影响其心理活动和行为方式，但是，由于促成消费者态度形成的因素大多具有动态性质，且处于不断变动之中，因此，某种态度在形成之后并非一成不变，而是可以调整和改变的。消费者态度的改变是指已经形成的态度在接受某一信息或意见的影响后引起的变化。

（1）消费者态度改变的方式　根据变化方式的不同，消费者态度的改变可以分为性质的改变和程度的改变。性质的改变表现为态度发生方向性的变化，即由原来的倾向性转变为相反的倾向性。程度的改变表现为态度不发生方向性变化，而是沿着原有倾向呈现增强或减弱的量的变化。

（2）消费者态度改变的途径　消费者的态度是在诸多影响因素的共同作用下形成的，当影响因素发生变化时，消费者的态度也将随之改变。因此，凡是促成影响因素变化的措施，都可以成为改变态度的途径。但是，消费者权利和行为的高度自主性决定了对其态度的改变不能采取强制、压服的方式，而只能通过说服诱导，促成消费者自动放弃原有的态度，接受新的意见观念；否则，态度的改变就有可能停留于表面现象，不能内化为稳定的心理倾向，并且稍遇挫折便会发生反复。由此可见，态度的改变过程同时也是说服与被说服的过程。按照方式的不同，说服可以分为直接说服与间接说服两类。

直接说服就是以语言、文字、画面等为载体，利用各种宣传媒介直接向消费者传递有关信息，以达到改变其固有态度的目的。直接说服的效果受信息源的信誉和效能、传递信息的媒介和方式、消费者的信息接收能力等因素的影响。

间接说服是以各种非语言方式向消费者施加影响，通过潜移默化，诱导消费者自动改变态度。间接说服可以采取利用参照群体的作用和让消费者亲身实践体验等方式进行。

**（三）消费者的消费观**

消费者的消费观是指人们对消费行为、消费方式的价值取向。不同的消费者对同一种消费品的价值评价是不一样的，由此会影响到他们的消费行为。每位消费者的消费观都会有差异。

**1. 节俭消费观** 崇尚节俭消费，不骄奢浪费，消费以能满足个人基本需求为标准。

**2. 功能主义消费观** 注重产品的核心价值，不注重外型包装等产品的形式价值，讲究消费的效率。

**3. 骄奢消费观** 崇尚过度消费，铺张浪费，追求高等级的品牌，注重排场，关注产品的形式多于关心其实际价值。

**4. 时尚消费价值观** 追求时髦，紧跟消费潮流，以不落后于甚至超前于时尚为满足。

消费观对消费者的消费行为起着强烈的动机和引导作用。进一步分析可以看出，消费观的基础实际上是潜在的需要。无论是物质的或精神的，生理的还是心理的，只要缺乏就需要，只要需要就有价值，因此，需要是消费观的基础。而动机来源于需要，这样消费观就强化了人的行为动机并对动机起导向作用。消费者有什么样的消费观，就会有什么样的消费行为。只有那些经过价值判断认为是可取的需要，才能转化为消费动机，并以此为目标引导人们的消费行为。如商家的大减价、季节性打折，会吸引有着节俭消费观或功能主义消费观的消费者，却不可能招揽来有着骄奢消费观的消费者。

消费观具有相对稳定性，并不是说消费观是一成不变的，环境的变化、知识的增长、经验的积累，会影响到人的世界观、人生观的改变，消费观也会随之改变。

## 二、消费者的需要

**（一）消费者需要的概念**

需要是个体为延续和发展生命，并以一定方式适应环境时对所缺事物的渴求心理。消费者需要包含在人类一般需要之中，反映了消费者某种生理或心理体验的缺乏状态，是指消费者对获取以商品或劳务形式存在的消费对象的需求和欲望。例如，有的消费者感到饥饿时，会去超市里买面包和香肠；有的消费者在寒冷的冬季会想买一件羽绒服。

任何需要都是有对象的。值得指出的是，需要并不总是被主体明确感知，只有当消费者的缺乏感达到一定强度，需要才会被激发，并促使消费者有所行动。但是有时消费者并未感到生理或心理体验的缺乏，仍有可能产生对某种商品的需求。例如，面对美味诱人的佳肴，尽管当时并不感到饥饿，仍可能产生食欲。

**（二）消费者需要的特征**

**1. 多样性** 每个消费者的需要是多方面的，人们不仅需要吃、穿、用、住、行，而且还需要享受、娱乐消遣等，这些都体现了消费需要的多样性。消费需要的多样性还表现在同一消费者对某一特定消费对象常常同时兼有多方面的需要。例如，既要求商品质量好，又要求外观时尚、新颖等。

**2. 差异性** 各个消费者由于收入水平、职业、性格、年龄、民族和生活习惯等因素的不同，对商品和劳务的需要也是千差万别、丰富多彩的。人们不同的需要差异，就表现为需要的差异性。

**3. 层次性** 消费者的需要是有层次的。在不同的时代、经济条件、文化背景下，消费者的需要会表现出由低到高的层次差异。一般来说，总是由低层次向高层次逐渐延伸和发展的。当低层次、最基本的生活需要——物质需要被满足后，就会产生高层次的社会需要和精神需要。

**知识链接**

**马斯洛的需要层次理论**

需要层次理论是美国著名心理学家马斯洛于 1943 年在他的《人类动机论》一文中提出来的。他根据人的需要的不同内容，把需要由低级到高级划分为五个层次，即：生理需要、安全需要、归属与爱的需要、自尊需要、自我实现需要。马斯洛认为，这五种需要是按次序逐级上升的。其中生理需要和安全需要属于低层次的需要，归属与爱的需要、自尊需要和自我实现需要属于高层次的需要。只要较低层次的需要得到满足后，才能形成较高层次的需要。人总是由低层次的需要向高层次的需要发展，但这种发展不是一种突然的、跳跃的现象，而是逐步地、渐进式地从无到有、从弱到强。

**4. 发展性** 人们对商品和劳务的需要不论是从数量上还是从质量上或品种上都在不断地发展，一种需要被满足了，又会产生新的需要。消费者的需要是一个由少量到多量、由低级向高级、由简单向复杂不断发展的过程。

**5. 伸缩性** 伸缩性又称需求弹性，是指消费者对某种商品的需要会因某些因素如支付能力、价格、储蓄利率等的影响而发生一定幅度的变化。当客观条件限制需要的满足时，需要可以抑制、转化、降级，可以停留在某一水平上，也可以在较低数量上同时满足几种需要，还可以放弃其他需要而获得某一种需要的满足。从消费者的自主选择看，伸缩性还表现在消费者对需要追求的层次高低、内容多寡和程度强弱上。

**6. 周期性** 人的消费是一个无止境的活动过程，人的一生是一个不间断的消费过程。一些需要获得满足后，在一定时期内不再产生，但随着时间的推移还会重新出现，并显示出明显的周期性。重新出现的需要不是对原有需要的简单重复，而是在内容、形式上有所变化和更新。

**7. 互补性和可替代性** 消费者需要的互补性是指对某种商品的消费，会连带产生对其他相关产品的消费。例如，购买电脑可能会附带购买电脑桌、打印机等。许多商品还具有可以互相替代的特点，是指两类商品成分、结构可能不同，但有相同的功能，在市场上往往一类商品的销售量减少而另一类商品的销售量增加。例如，中药销售量增加，可能会导致西药销量的减少。

**（三）消费者需要的分类**

**1. 按照消费需要的起源** 可以把消费者的需要分为自然性需要和社会性需要。自然性需要是指消费者为维持和延续生命，对于衣、食、住、行等基本生存条件的需要。这种需要是人作为生物有机体与生俱来的，是由消费者的生理特性决定的，因而也称为生理需要。社会性需要是指消费者为了维持社会生活，进行社会生产和社会交往而形成的需要，如社会交往的需要、自我尊重的需要、表现自我的需要等。这种需要是人作为社会成员在后天的社会生活中形成的，是由消费者的心理特性决定的，因而也称为心理需要。

**2. 按照需要的对象** 可以把消费者的需要分为物质需要和精神需要。物质需要是指消费者对以物质形态存在的、具体有形的商品的需要。精神需要是指消费者对观念的对象或精神产品的需要。

**3. 按照需要的实现程度** 可以把消费者的需要分为现实需要和潜在需要。现实需要是指人们具备一定购买支付能力，而且市场上又有适当商品能够满足的需要。潜在需要是指在未来时期内，对商品或劳务可能产生的具有支付能力的需要。这种需要有两种表现形式，一种是商品或劳务在市场上是现实的，但因消费者的购买力一时受到条件的限制而不能立即实现，使购买行为处于潜在状态；另一种是市场上现有商品或劳务并不符合消费需求，为等待合适的商品或劳务，消费者持币待购，一旦条件具备，购买行为会随之发生。

## 三、消费者的购买动机

**（一）动机的概念**

动机是引发和维持个体行为并导向一定目标的心理动力（心理冲动），是激励人们行动的原因。消费者的购买动机是指由消费者需要形成的驱动力，是引发消费者购买行为的直接原因。

动机产生的基础和源泉是需要，需要是消费者产生购买行为的原动力，离开需要的动机是不存在的。但并不是所有的需要都能表现为购买动机，而是需要具备一定的条件。购买动机主要有两个条件：一是只有当需要的强度达到一定程度后，才能引起动机，进而引起、推动或阻止人的某种活动；二是需要产生以后，还必须有能够满足需要的对象和条件，才能产生购买动机。

**（二）购买动机的特点**

**1. 原始性** 动机是个体受外界条件刺激或影响以及个体的客观需要所形成的心理倾向。由于个体缺乏某种东西而产生对这种东西的需要，这种需要将推动个体去寻找满足需要的对象，即个体的需要使个体产生动机。动机一旦形成，个体将围绕实现动机而进行活动，不论引起动机的原因如何，都是个体由需要而产生的欲望。这种欲望与现实世界的具体对象建立起了心理联系。这就是动机的原始性。

**2. 多重性** 消费者的购买行为往往不是由单一的动机驱使，而是隐含着多种动机。各种动机在强度上存在差异，在特定情形中，某一种或几种动机占主导地位。

**3. 可诱导性** 动机产生的条件之一是外部刺激，外部刺激又有自然生成和人为创造之分。人为创造的刺激因素，可以引发、改变人的动机。通过企业的营销努力，消费者的购买动机是可以变化的。所以企业不仅应适应和满足消费者的需要，还应当诱导和调节消费者的需要，使之产生购买动机。

**4. 内隐性**　动机并不总是显露无疑的。动机是人的内在心理活动，由于个体意识的作用，在很多情况下，个体并不愿意、也没有必要将其实际想法告诉他人，而是藏于内心深处，使自己的真实动机处于内隐状态，难以从外部直接观察到。除此之外，动机的内隐性还可能出于消费者对自己的真实动机缺乏明确的意识，即动机处于潜意识状态。这种情况在多种动机交织组合，共同驱动一种行为时经常发生。

**5. 冲突性**　当多种动机被同时激发时，会出现一种难以避免的现象，即购买动机的冲突。购买动机的冲突，是指消费者面临两个或两个以上的购买动机，其诱发力大致相等但方向相反。

**知识链接**

**消费者动机的冲突类型**

消费者动机的冲突，一般说来有以下 3 种类型。

**1. 双趋冲突**　指的是两种对个体都具有吸引力的目标同时出现，形成强度相同的两个动机，但由于条件限制，只能选其中的一个目标，此时个体往往会表现出难以取舍的矛盾心理。

**2. 双避冲突**　指的是两种对个体都具有威胁性的目标同时出现，使个体对这两个目标均产生逃避动机，但由于条件和环境的限制，必须选择其中的一个目标。

**3. 趋避冲突**　指的是某一事物对个体具有利与弊的双重意义时，会使人产生两种动机态度：一方面好而趋之，另一方面则恶而远之。

### （三）购买动机的作用

**1. 始发作用**　动机是人们行为的根本动力，人的任何行动都是由动机支配的。动机能够唤起和引发个体的行为，驱使个体产生某种行动。

**2. 导向作用**　动机不仅能引发行为，而且还能指引人的行动沿着某种特定的方向，向预期的目标行进。人可以同时有多种动机，动机导向作用的实施过程，是在多种动机间竞争，最终由某种最强烈的动机——主导动机选择性地决定目标。

**3. 维持作用**　动机的实现和需要的满足往往要有一定的时间过程。在这个过程中，动机可以贯穿于某一具体行动的始终，不断激励人们，直到目标实现。

**4. 强化作用**　动机能保持和巩固行为，贯穿于行为的发动、加强、维持，直至终止的全过程。人的行为的结果对动机具有加强或减弱的作用，即行为的结果对动机的“反馈”。满足动机的、良好的结果能够保持和巩固该行为，称作“正强化”；反之，如果行为的结果使动机受阻或不满足，则会减弱或消退该行为，称作“负强化”。

**5. 终止作用**　当购买动机指向的消费目标实现后，这种动机就会自动消失，相应的购买行为就会停止。但在通常情况下，一个购买动机获得了满足，又会产生新的消费需要和动机，继而引发新的购买行为。

扫码“学一学”

# 第四节　消费者的自我意识

## 一、自我意识的含义与分类

自我意识是指个体对自身一切的知觉、了解和感受的总和。自我意识回答的是“我是谁?”和“我是什么样的人?”一类的问题，是个体自身体验和外部环境综合作用的结果。一般认为，消费者将选择那些与其自我意识相一致的产品与服务，避免选择与其自我意识相抵触的产品和服务。

消费者自我意识是消费者对基于先天心理基因所形成之后天自我的综合观念。消费者不只有一种自我意识，而是拥有多种类型的自我意识。

**1. 真实的自我**　消费者实际上如何看待自己。

**2. 理想的自我**　消费者希望自己是怎样的。

**3. 社会的自我**　消费者认为他人如何看待自己。

**4. 理想的社会自我**　消费者希望他人如何看待自己。

**5. 预期的自我**　介于真实和理想自我之间的自我形象。

**6. 环境的自我**　在特定环境下的自我形象。

**7. 延伸的自我**　包含个人财产对自我形象影响的自我观念。

**8. 可能的自我**　消费者希望成为、可以成为或害怕成为什么样子。

**9. 连通的自我**　消费者根据与他相关的他人或团体来定义自我的程度。

## 二、自我意识与医药产品的象征性

在现实生活中，消费者购买产品不仅为了获得产品所提供的功能和效用，也为了获得产品的象征价值。换句话说，消费者购买产品或服务不仅为了它们能做什么，还为了它们代表什么。消费者购买的产品或服务反映了消费者的形象——消费者的价值观、人生目标、生活方式、社会地位等。某些产品对拥有者而言具有特别丰富的含义，这些产品能够向别人传递关于自我的很重要的信息。

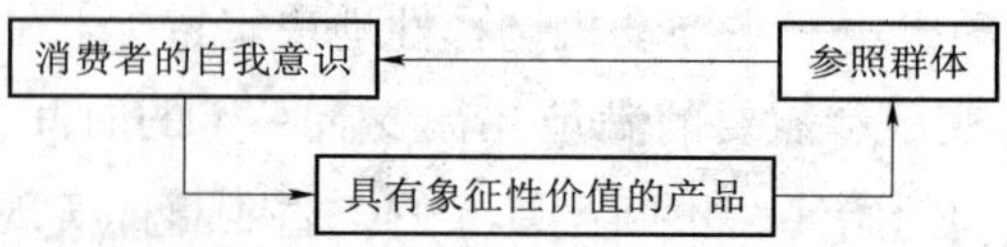


图 2-2　产品的象征性意义对于消费者自我意识的重要性

产品的象征性意义对于消费者自我意识的重要性的图示说明，如图 2-2 所示。该图主要由三部分组成，即消费者的自我意识、参照群体、具有象征性价值的产品。消费者首先会购买能体现自我一致性的具有某种能够向别人传递自我意识的产品；然后具有象征性价值的产品作用于参照群体，并使他们产生某种体验；最后参照群体根据自己的体验将产品所具有的象征性价值看作是其自我意识的一部分。其实，这个过程对消费者的购买行为应该会循环地产生影响，而且可以说最后一步对于消费者的作用无疑是一种强化，进一步坚定了消费者对自我意识的认识，从而导致再次购买类似具有体现这一形象的产品。这实质上也反映了自我意识在消费者行为中的地位。

在象征性医药消费行为中，消费者购买品牌不仅仅是为了获得其功能效用，更是要获得其象征价值。因此，产品品牌的象征性使品牌成为消费者的一种自我表达的有效途径，进而产生象征性的消费行为。通过购买和使用品牌，消费者会定义、维持和提高他们的自我意识。只有当品牌的象征意义与消费者的自我意识相关联时，品牌的象征意义才能发挥作用。如果品牌的象征意义与消费者的自我意识没有一点关联，那么即使其象征意义再丰富，也难以对消费者的购买行为产生影响。

某些医药企业开发出优质产品满足高端消费者需求。例如，根据资料显示，保健品的主要消费市场是收入较高的中产阶层，在满足温饱的前提下，其消费很大程度上不是为了满足自我的自然生理需要，而是为了体现自我价值。不同等级、价位的产品成为表示社会阶层的有力手段，因此其评价和选择商品时更注重产品的象征性，依据自己的喜好，认为购买高价商品是一种身份地位的体现，价格越高，越会吸引他们的眼光。因此，针对这部分消费者的需求特点应开发出质优价高的名牌产品，并极力打造与众不同的差异化优势。

值得说明的是，虽然消费者的确倾向于购买那些与他们的自我意识相一致的产品，但是他们被这类产品所吸引的程度将随产品的象征意义和显著性而变化。另外，消费者自我意识和产品形象的相互作用和影响随具体情境而变动，某种具体情境可能提高或降低某个产品或者品牌保持和提升消费者自我意识的程度。

**知识链接**

**消费者自我意识的测量**

测量自我意识的常用方法是语意差别法。美国学者马赫塔发明了一种既可测量自我意识又可测量产品形象的语意差别量表。该量表由15组两极形容词构成，每组形容词均被用来描述被评价对象。被访者可在量表上表明看法，反映两极形容词中的某一极在多大程度上刻画了被评价的个人、产品或品牌。在营销实践中，企业应设法使产品代言人的形象、产品或品牌形象与目标受众的自我意识相匹配。

## 实训4　消费者的个性特点调查与分析

**【实训目的】**

1. 培养学生现场观察分析的能力。

2. 培养学生根据消费者的不同购买行为分析消费者的个性特点的能力。

3. 培养学生根据不同个性特点的消费者采取相应营销策略的能力。

**【实训内容】**

4~5人组成团队进行训练，内容如下。

1. 到销售现场实地观察，记录消费者现场购买行为的表现，并根据消费者的购买行为表现分析其个性特点。

2. 分析销售人员针对不同类型消费者的接待方法及营销策略是否得当？为什么？

**【实训注意事项】**

1. 在调查之前，每组需根据课程所学知识经过讨论，制定调查的提纲，包括调查的主要问题与具体安排。

2. 根据调查目标，选择合适的人群作为调查对象，样本数量不小于30。

**【实训报告】**

根据调查结果进行分析，并撰写调查报告。

**【实训评价】**

1. 调查的目的明确，有明确的调查提纲，计20分。
2. 根据要求完成施测，数据翔实，计30分。
3. 调查访问的结果分析全面，用语规范、准确，并形成调查报告，计30分。
4. 实训报告条理清晰，字迹工整，计10分。
5. 小组同学协作良好，具有团队精神，计10分。

扫码“练一练”

## 目标检测

1. 什么是人格？人格有哪些特点？人格由哪几部分构成？
2. 什么是气质？消费者的气质类型有哪几种？有哪些特征？相应的服务策略是什么？
3. 什么是性格？它具有哪些特征？如何针对不同性格的消费者开展营销活动？
4. 什么是能力？消费者能力的基本构成是什么？
5. 什么是消费者的兴趣？兴趣对消费行为有哪些影响？
6. 什么是消费者态度？态度由哪几部分构成？态度的特性是什么？
7. 简述消费者态度的形成。消费者态度改变的方式与途径有哪些？
8. 什么是消费观？常见的消费观有哪些？
9. 什么是消费者需要？它具有哪些特征？
10. 什么是购买动机？简述购买动机的作用。
11. 什么是消费者的自我意识？

## 模块二

# 消费心理知识

随着社会经济的迅速发展和百姓对医药产品、健康需求的逐步提高，人们已不再仅仅满足于躯体的健全和生理指标的正常，对医药产品也提出了不同的需求，对自身心理的满足也提上日程，因此，对医药营销人员的要求也越来越高。

面对千差万别的客户，面对原因复杂、千奇百怪的心理现象，不同文化背景下的客户有什么特点？不同阶层、不同群体、不同性别、不同家庭消费者的消费需求有什么差异？我们又应该怎样去应对？如何让消费者和客户在满足物质需求的前提下，同时满足心理的需求？通过本模快的学习和训练，我们可以进一步了解消费者的购买动机和购买行为，分析影响消费者行为的心理社会因素，能与消费者和客户建立融洽的人际关系，促成营销关系。

# 第三章

# 消费者购买动机、购买决策和购买行为

## 学习目标

**1. 知识目标** 掌握购买动机、购买决策和购买行为的概念、类型，购买动机、购买决策和购买行为三者之间的关系；熟悉影响购买动机、购买决策和购买行为的各种因素。

**2. 能力目标** 通过对购买动机、购买决策和购买行为的理论学习，能够判断不同消费者的购买心理，帮助和引导消费者进行购买决策，最终达到购买行为的成功实现。

**3. 素质目标** 提高学生对消费者心理的观察、分辨的意识，把所学习的专业知识通过营销心理学策略的应用传递给消费者，为更好地服务消费者打下基础。

## 考点

1. 消费者购买动机的形成。
2. 消费者购买决策的类型。
3. 消费者购买决策的过程。
4. 消费者购买行为的类型。
5. 消费者购买行为的影响因素。

## 案例导入

某日中午，一爸爸领着孩子来到药店，告诉营业员孩子让蚂蚁咬了，要求购买医院医生开的某知名皮炎药膏。以下是营业员与家长的对话。

营业员：您好，您要的是××吗？在这边，我看您的孩子也不是因为蚂蚁咬了才出现的红斑，而是他有过敏性皮炎。您看这个药膏的说明书，它主要用于过敏性和自身免疫性炎症性疾病。

顾客：过敏？不会吧！

营业员：您小孩是不是经常感冒，天气稍微有些变化，孩子就容易发高烧。

顾客：是呀，你怎么知道？

营业员：没有什么的，主要是您这孩子是典型的娇养出来的过敏性体质和免疫性低下，外面有点风吹草动，他就不能抵抗了。

顾客：（有点不服气）孩子天生体质弱，我们才特别注意他，难道还有错了啊？

营业员：您的心情可以理解，要是我们的孩子能经常晒晒太阳，多做些户外运动，哪怕在外面多呆一下，免疫系统加强了，就不会像现在这样动不动就感冒，蚂蚁咬一下就出现皮炎。

顾客：是啊，不过，我们孩子早产，身体素质差。

营业员：要是身体素质差，建议您补充一点蛋白质粉，每天早上和鸡蛋一起用开水冲服，对增强体质有益处，还不会产生因盲目进补而导致的肥胖问题。

顾客：哦，多少钱？

营业员：蛋白粉有便宜的，也有贵的。

顾客：关键是质量好。（点评：顾客此话的潜台词就是不熟悉价格，希望要贵的，有品牌的。）

营业员：您看这个品牌怎么样？××电视台有广告，×××做的代言，顾客反映质量、口感都很好。

顾客：那好的，就拿一罐吧。喝了以后就不会经常感冒了吧？

营业员：这个主要是增强体质的，感冒是多种因素造成的，特别是您孩子应该属于过敏性体质，平时最好加强户外活动，多吃橘类水果，补充维生素 C，减少病菌侵袭的机会。

顾客：橘子？我儿子最容易上火了，不是有维生素 C 吗，给我拿一瓶吧。

营业员：这样啊，那我建议您买维生素 C，还不如买葡萄籽软胶囊，它的维生素 C 含量和吸收性都非常好，价格也差不多，一瓶 120 粒每天只有几毛钱。（点评：保健品也有流通品种和冷僻品种，为增强产品力，建议推荐以冷僻品种为主。同时，这已经是第二瓶营养品了，顾客总价已经在 400 元以上了，通过价格分解，要避免让顾客产生花费过多的印象。）

顾客：好的，那就依你的，要是没效果，我会来找你的。

营业员：好的，祝您的儿子越来越健康。

**【问题】**

1. 在整个的销售过程中，营销人员如何让客户对自己产生了信任？

2. 在销售的开始，客户的需求是什么？后来，营销人员是如何把客户的需求转化为购买动机，最后转化为购买行为的？

扫码“学一学”

## 第一节　消费者的购买动机心理

### 一、需要、动机和购买行为的关系

需要是引起动机的内在条件，动机在需要的基础上产生。如果说人的各种需要是个体行为的源泉和实质，那么，人的各种动机就是这种源泉和实质的具体表现。

购买动机是使消费者作出购买某种商品决策的内在驱动力，是引起购买行为的前提，也就是引起行为的缘由，有什么样的动机就有什么样的行为。

并非所有的需要都会产生动机，只有需要在强度上达到一定水平，成为引起活动的一种内驱力，并且满足需要的对象也存在时，动机才会产生。某一时刻最强烈的需要构成最强的动机，而最强的动机决定人的行为。

虽然消费者购买行为的发生，其内在的心理依据是购买动机，购买动机与一定的情境相结合就可能产生某种购买行为，但是购买动机和购买行为并不是一对一的机械关系，而是有机地相互影响，并不一定有某种动机就必然会导致某种行为，还要看环境条件是否适宜。此外，行为的结果对动机存在反馈和影响，动机会因良好的行为结果而使行为重复出现，使行为得到加强；动机也会因不好的行为结果，使行为受到削弱、减少以至不再出现。

在营销过程中，作为营销人员应注意以下三个方面：一是创造良好的氛围和情境，使消费者的购买动机尽可能转化为购买行为；二是以优质的服务促成消费者购买行为的发生；三是以可信的产品质量、优质的售后服务满足消费者需求，创造今后的潜在消费。

## 二、购买动机的分类

消费者的需要是多方面的，其消费动机也是形形色色、复杂多样的。从大的方面来看，有生理性购买动机和心理性购买动机。生理性购买动机是指消费者为保持和延续生命而引起的各种需要所产生的购买动机，即由消费者的生理需要所产生的一系列购买动机。心理性购买动机是指由消费者的心理活动而引起的购买动机。但是由于消费者具有不同的性格、兴趣、爱好、经济条件和文化素养等，因此，在现实生活中，消费者的购买动机远比上述分类复杂、具体得多。根据心理学家的分析、统计，目前大约有600多种各不相同的购买动机。在购买行为中，消费者经常表现出来的购买动机主要有以下几种。

**1. 求实购买动机**　是指消费者以追求商品或劳务的实际使用价值为主要目的的购买动机。具有这种购买动机的消费者在购买商品或接受劳务时，特别重视商品的实际效用、功能、质量，讲求经济实惠、经久耐用，而不太注重商品的外观、造型、色彩、品牌或包装等。

**2. 求新购买动机**　是指消费者以追求商品的时尚、新颖为主要目的的购买动机。它的核心是“时髦”“奇特”。具有这种购买动机的消费者往往富于幻想和联想，愿意接受新事物。因此，选购商品时容易受广告宣传和流行时尚的影响，特别重视商品的外观、款式、流行式样、色彩、包装等，而不太注重商品的实用程度和价格高低，有时甚至会作出冲动式的购买决策。

**3. 求美购买动机**　是指消费者以追求商品的欣赏价值和艺术价值为主要目的的购买动机。它的核心是“装饰”和“美化”。具有这种购买动机的消费者在选购商品时，特别注重商品的造型、款式、色彩和包装等外观因素以及消费时所体现出来的风格和个性，追求造型美、艺术美、色彩美，以便从中获得美的心理享受和满足，但经常忽视商品本身的实用性和价格。

**4. 求廉购买动机**　是指消费者以追求物美价廉为主要目的的购买动机。它的核心是“价廉”和“物美”。具有这种购买动机的消费者购买商品时，特别注重“价廉”和“物美”，对价格变化格外敏感，而对商品的质量、花色、款式、包装等并不太在意。为了购买到低价、降价、特价的商品，他们宁肯多花体力和精力，多方了解有关商品的价格信息，并对商品之间的价格差异进行详细的比较、反复的衡量。

**5. 自我表现购买动机** 是指消费者以显示个人的地位、身份和财富为主要目的的购买动机。它的核心是“显名”和“夸耀”。具有这种购买动机的消费者在购买商品时注重这些商品的社会声誉和象征意义，以达到显示其生活水平、社会地位和个性特征的目的。一般说来，伴随这种动机存在的往往有不适度消费和社会攀比心理。

**6. 求信购买动机** 是指消费者以追求某一商品或某一商店的信誉和表示信任而经常购买某种商品或光顾某一商店进行购买为主要目的的购买动机。它的核心是“好感”和“信任”。具有这种购买动机的消费者在购买商品时从经验和印象出发，因对某种商品、某个厂家或某个商店有特殊好感，从而导致重复购买和长期购买。

**7. 嗜好购买动机** 是指消费者以满足个人特殊偏好为主要目的的购买动机。它的核心是“偏好”和“嗜好”。这种动机的形成往往与消费者的日常生活习惯和情趣、业余爱好、专业特长等密切相关。具有这种购买动机的消费者在选择商品时往往伴随着浓厚的感情色彩，常常以符合自己的需要为准则，经常重复、持续、稳定地购买个人偏好的商品，以购买自己偏爱的商品获得最大的心理满足。

**8. 从众购买动机** 是指消费者以在购买某种商品时要求与别人保持同一步调为主要特征的购买动机。它的核心是“仿效”和“同步”。具有这种购买动机的消费者在购买商品时，会不自觉地模仿他人的购买或消费行为，有时甚至完全不考虑个人的客观条件，只要是被模仿者喜好的、拥有的，一概全盘照搬，使购买行为带有很大的盲目性和不稳定性。

**9. 求速购买动机** 是指消费者在购买商品时，希望迅速、方便地完成主要目的的购买动机，也称为求便购买动机。具有这种购买动机的消费者特别重视时间和效率，而对商品本身的价格、外观、包装等不太挑剔。他们特别关心能否快速方便地买到商品，讨厌繁琐的购物方式、长时间的购物和过低的销售效率，希望能迅速、方便地买到中意、适合需要的商品。同时，他们也希望所购商品携带、使用、维修方便。

**10. 求名购买动机** 是指消费者以追求品牌商品或仰慕某种传统的名望为主要特征的购买动机。具有这种购买动机的消费者在购买商品时，对商品的商标、品牌特别重视，仰慕商品的名望，往往认为品牌商品选料上乘、工艺先进，质量绝对有保证。他们在购买时受商品的知名度和广告宣传等影响较大，在购买过程中从不草率行事，要求商品必须是优质品牌产品，不计较价格，因为他们奉行的原则是“一分价钱一分货”。

**11. 好胜购买动机** 是指消费者以争强好胜或为了与他人攀比并胜过他人为目的的购买动机。具有这种购买动机的消费者购买商品时往往不是由于迫切需要，而是出于不甘落后、胜过他人的心理。因此，这类消费者的消费行为往往具有冲动性、偶然性、即景性的特点，带有浓厚的感情色彩。

## 三、购买动机的可诱导性

**1. 诱导的概念** 所谓诱导，就是营销人员针对消费者购买主导动机指向，运用各种手段和方法，向消费者提供商品信息资料，对商品进行说明，使消费者购买动机得到强化，对该商品产生喜欢的倾向，进而采取购买行为的过程。

在现实生活中，由单一动机引起消费者购买行为的情况为数不多，消费者的购买行为是在多个动机共同驱使下进行的。这个时候就需要营销人员在众多的动机中去分析影响消费者购买的最主要动机是什么，营销人员的诱导能使消费者的心理力量倾向于购买。企业要想实现更多的销售，就应该努力在诱导顾客购买动机上下功夫。

**2. 诱导的方法** 营销人员运用购买动机的可诱导性，必须掌握科学的诱导方式和方法。在诱导中应遵循商业道德，反对欺诈、误导、弄虚作假等，坚持实事求是、积极诱导、灵活多样的原则。

（1）证明性诱导 这种方法主要是以商品的实际质量和功能展示来说服消费者，促成其购买。主要包括实证诱导、证据诱导和论证诱导三种类型。

实证诱导即当场提供实物证明的方法。如电视机现场播放，以证明其色彩、音质和收看效果。

证据诱导即向消费者提供间接消费效果证明的方法。采用证据诱导要使用消费者所熟知的、有感召力的实际消费证据，才能使消费者相信所购商品靠得住。

论证诱导即用口语化的理论说明促进信任的方法。这种方法要求营业员有丰富的商品学知识，对所售出商品的理化成分、性能特点、使用方法等有清楚的了解，内容要真实，切忌信口开河，反对欺诈、误导、弄虚作假。

劝说诱导要恰到好处、简明扼要地向消费者介绍商品，要视消费者的需要进行，方能收到诱导效果。

（2）建议性诱导 指在一次诱导成功后，同时可向消费者提出购买建议，达到扩大销售的目的。

提出购买建议一般有下列时机：顾客目光转向其他商品的时候；顾客询问某种商品本店是否有售的时候；顾客提出已购商品的使用、维修问题的时候；顾客向营业员话别的时候。

建议性诱导的内容一般有以下几个方面：建议购买高档商品；建议购买替代商品；建议购买互补商品；建议购买大包装商品；建议购买新产品。

（3）转化性诱导 以上两类诱导方式方法，运用时消费者可能会提出问题，甚至针锋相对，使买卖陷入僵局。这时就需要通过转化性诱导，缓和气氛，重新引起消费者的兴趣，使无望的购买行为变为现实。常用的转化性诱导有以下几种：先肯定再陈述、询问法、转移法、拖延法。

先肯定再陈述是指先肯定顾客言之有理的意见，使顾客情绪冷静下来并得到心理上的满足，然后再婉言陈述自己的意见，这样可以取得较好的诱导效果。例如，当消费者抱怨某服装价格高时，要先肯定该服装确实价格高，再陈述价格高的理由，如名牌、质地好、做工精细、款式新颖等，以引发其心理性购买动机。

询问法是指找出顾客不同意见的原因，再以询问的方式，转化对方的意见。例如，顾客提出："产品虽然不错，可是太贵了，不值这个价。"销售人员紧接着可以问顾客："那您说这样的产品应该卖什么价格？"特别注意，询问时态度要和气，切忌用质问的口气，伤了顾客的自尊。有些销售人员在面对顾客提出的不同意见时，会本能地想去"战胜"顾客，他们会抓住顾客的问题反过来攻击顾客，为了一些无关紧要的事情甚至和顾客吵得不可开交，这种做法是非常无礼的表现。因为赢得一场"战争"的同时，失去的可能不仅是一位顾客。

转移法是指把顾客不同意见的要点，直接联结到其所购商品的特点上去，使顾客心理通过思维的桥梁，集中到所购商品的特点上。

拖延法是指遇到顾客所提意见难以回答时，不能急于用不充分的理由去诉说、争辩，可以故意拖延一段时间，以便借此进一步明确顾客异议的实质，使自己有短暂的时间考虑有说服力的回答。用这种方法需要销售人员掌握较高的控制技巧，如果运用不当反而容易引起顾客的怀疑和不满，因此特别要注意这种方法的使用环境。

### 四、动机理论

探寻医药产品消费者的动机是医药营销者思考的重要问题，有些理论有助于探求和研究消费者的动机。

**1. 内驱力理论**　这种理论认为，人对现在行为的决策大部分以过去行为的结果或报酬进行考虑，即人现在的行为动机要以过去的效益为依据。在客观上，许多人的确如此行事，如果从以往的某个行为得到良好的结果，人们就有反复进行这种行为的趋向。例如，消费者往往喜欢购买以往使用后有较好疗效的药品。

**2. 认知理论**　这种理论与上述内驱力理论不同，认为人行为的主要决定因素是关于信念、期望和未来变故的预测。认知理论认为人的行为都是有目的性的，以有意识的意图为基础。例如，消费者为货币保值而去购买价值较高的商品，如果他坚定地认为购买的结果能得到经济上的好处，那么购物保值动机会很强烈，会做出种种努力去购买。反之，预期得不到好处，购物保值的动机就会减弱，也无需再作购买的努力。

**3. 期望理论**　这个理论是弗鲁姆提出的，他用诱发力、期望和努力的概念来描述人类动机作用模式。其核心意义是人的努力是由诱发力和期望相结合所决定的。

扫码“学一学”

## 第二节　消费者的购买决策心理

### 一、消费者购买决策的含义

决策就是作出决定的过程，是为了达到某一目标，在两种或两种以上备选方案中选择最优方案的过程。购买决策是指人们为了合理地支配有限的财力和精力以达到最佳消费效益，搜集、筛选消费方案，并实施选定方案，评估消费效益的过程。

消费者购买决策的过程，其实质就是消费者为寻求相对自身的最大购买价值而不断行动与放弃的过程，即为了满足自身的某种需求而寻求最合适产品、服务或解决方案的心理和行动过程。

### 二、消费者购买决策的类型

常见的类型包括常规型决策和非常规型决策两大类。

**（一）常规型决策**

是指消费者经常或例行的购买决策。这种类型的决策具有重复性的特征，是一种习惯性购买行为。消费者购买日常用药多属于此种类型。

**（二）非常规型决策**

是指偶然发生或首次出现的非重复性的购买决策。这种决策对消费者来说发生的次数较少。

### （三）药品消费者购买决策过程

药品消费者的购买决策包含着一系列连续的步骤：消费需求的认知→信息搜集→比较评价→实施购买→药效评价。消费需求的认知是起因，收集信息和比较是决策过程的深化，实际购买是决策的结果，药效评价则是对决策的总结和下一次决策的重要依据。

**1. 消费需求的认知** 药品消费者首先要意识到自身的需要。医药营销者针对消费者的不同需要而采取对应的营销策略，会促进药品消费者的购买决策。

（1）突发性需要 很多疾病的发作存在不可预见性。疾病发作后，就会产生购买药品的需要。医药营销者作为社会责任的承担者，应根据情况随时为药品消费者提供高质量的服务，有助于这类消费者尽快地作出购买决策。

（2）经常性需要 这种需要多由慢性病引起，需要长期购买相应的药品。因此，这类药品消费者对其使用的药品品牌、效能、价格都非常熟悉，一般不需花费时间考虑。针对这种需要，医药营销者能够保证产品的高质量、合理价格、稳定供货，就会赢得消费者的满意。医药营销者应加强与此类消费者的沟通，为他们提供更完美的满足需求的方案，提高消费者满意度。

（3）无意识需要 这是一种药品消费者并未意识到的潜在需要。消费者身体处于亚健康状况或潜在疾病，但其本人并没有发现，因此消费者也就没有用药的需要。针对这类情况，医药营销者可以通过提高药品消费者的健康意识，免费为消费者体检，帮助消费者发现自己对药品的需要。同时，加强对医药产品的广告宣传，通过公关、促销等营销手段提高产品知名度、美誉度，使消费者对药品的需求上升。

**2. 收集信息** 相当一部分消费者平时会通过医药类报刊、网络收集信息以备急用，所收集的信息一般有用药方向、药品功效、药品品牌、价格等资料。大部分药品消费者因突发性需求而产生购买药品的愿望时，希望通过咨询医生、专业药师获得指导信息。

**3. 比较评价** 药品消费者需要对已经获得的药品信息进行比较、评价、判断和选择后，才能作出买什么（品牌）、买多少（数量）的决定。比较评价是一个复杂的过程，在 OTC 药品市场上，除了药品消费者本身的因素外（如病情、经济条件、文化认同等），影响消费者比较评价的因素还有：①药品方面。影响药品消费者判断和选择的因素有药品质量、品牌形象、适应证、药品疗效、价格、毒副作用、广告宣传等；对药品选择主要看其是否能快速解除痛苦，是否疗效可靠、副作用小等。②服务方面。药品零售网点的数量、所处位置，零售医药营销者的形象、服务项目、知名度、药品陈列、广告、服务态度和质量等，都会影响药品消费者对药品的选择。③政策制度方面。主要指药品消费者在医院看病时除由医生影响用药的品种和数量外，国家或地区的医药保险目录也会影响（限制）药品消费者用药的品种和数量。

**4. 实际购买** 药品消费者需要经过多方面的权衡和比较，最后作出购买决定并发生购买行为。

**5. 药效评价** 药品消费者作出购买决策、实施购买行为后，总希望有一个好的结果。药效评价就是对决策和行为的总结，也是对消费者决策和行为的肯定与否定。总结对消费者购买经验的积累具有重要意义。

知识链接

**消费者购买决策的内容**

消费者购买决策的内容因人和环境的不同而存在明显的差异，使得消费者市场呈现多姿多彩，但不同的消费者购买决策具有一些共性的特点，这也是各行业研究消费者心理的主要原因。不同的消费者在购买决策过程中都具有以下几方面的内容。

**1. 为什么买** 即购买原因或购买动机。购买动机是多种多样的，在有限的支付能力下，消费者要确定必须首先满足哪些需要，导致自己最终购买行为的动机是哪种商品。对同一种商品，不同的人会产生不同的购买动机。

**2. 买什么** 即确定购买对象和购买目标。确定购买对象不只是确定要购买的产品的类别，还要决定要购买产品的品牌、型号、价格、款式、颜色、包装、售后服务等因素。

**3. 在哪里买** 即确定购买地点。消费者购买地点的选择受很多因素的影响，如以往的购买经验、购买习惯、购买力、个人偏好以及购买动机等因素的影响；也会因为购买产品的不同类型而选择不同的购买地点。

**4. 什么时候买** 即确定购买时间。购买时间的确定一般同消费者的职业和生活习惯密切相关，如消费者的闲暇时间、消费者的购买力、商家的促销活动、消费者需要的迫切性等。此外，与商品的季节性、时令性密切相关。

**5. 由谁购买** 即确定购买主体。消费者使用的商品并非都是自己亲自购买，同样，消费者购买的商品并非都是自己使用。因此，作出购买某种商品的决定以后，很自然要考虑有谁来购买的问题。如某些健身器械、保健产品、养生产品等。

**6. 怎样买** 即确定购买方式。随着现代媒体网络的普及以及商家服务力度的增强，消费者的购买方式也呈现出了多样化。

消费者购买决策过程是特定动机驱使下发生的一个完整的心理活动过程，心理学家对这个过程勾勒出了一个包括五个阶段的完整的消费者购买决策模式。

扫码“学一学”

# 第三节　消费者的购买行为心理

## 一、消费者购买行为的类型

根据购买者的经济收入、专业知识、受教育程度、个性、地点、时间等因素的影响，药品消费者购买行为一般可分为6种类型。

**1. 习惯型购买** 这类药品消费者往往有选择固定厂家、品牌药品的习惯，而对新药不会贸然尝试购买。

**2. 理智型购买** 这类药品消费者一般具备相应的医学和药学专业知识，所以他们的购买目标明确，显得特别理智。

**3. 经济型购买** 这类药品消费者由于经济条件的限制，对药品价格非常敏感。效果差别不大的情况下，价格相对较低的药品对于他们更具吸引力。

**4. 导购型购买** 这类药品消费者一般具有明确的购买目的，但又不能轻率选择，需要医药营销人员的帮助，并给予一定的帮助。

**5. 躲闪型购买**　这类药品消费者由于患有一些难以启齿或隐私型疾病，在购买药品时有躲闪、说话吞吞吐吐等不自在行为。

**6. 浏览型购买**　这类药品消费者由于被医药营销活动所吸引，或由其他原因进入了医药营销场所，因随意浏览而临时产生购买某种药品的愿望。

扫码“看一看”

## 二、消费者购买行为的影响因素

**1. 他人态度**　影响药品消费者实施购买行为的诸多因素中，他人（家庭成员、相关群体、医生和医药营销人员等）态度的影响是不容忽视的。与药品消费者关系较密切的人的态度往往左右着药品消费者的购买决定和购买行为。这些人的一句话，有时能够抵消医药营销人员的很多努力。

**2. 风险因素**　风险因素也称未知因素，是指药品消费者的预期与实际之间可能存在的有害差异。如财务风险、功能风险、生理风险、社会风险等，这些因素是药品消费者在购买前竭力想得到证实或解决的，购买行为的发生往往是购买意向与风险因素相互作用的结果。医药营销人员应了解那些有可能使消费者改变购买决定与行为的因素，并提供降低风险的资料和进行购买帮助的尝试。

# 实训5　需求欲望测试

**【实训目的】**通过心理游戏，提高学生的学习兴趣，了解自己的潜在心理需求。

**【实训内容】**

请在纸上随意画一条蛇，将画好的蛇分为以下类型：

a. 像棒子一样的蛇

b. 卷成圆盘状的蛇

c. 缠在树上或其他东西上的蛇

d. 波状蛇

**【答案解释】**

a. 把蛇画成像棒子一样僵直的人，满足于现状，是个淡泊的人，并不做超出自身能力范围之外的妄想。

b. 卷缩成盘状的蛇，表示得不到满足的欲望即将爆发。不过，如果只是卷成盘状的蛇，虽然表达出某种程度的不满足，但也仅仅是在静静地储存力量。相反地，如果是扬起脖子的蛇，则是不满的程度很强烈，若蛇伸出“嘶嘶——”叫的舌头，则表示即将爆发。

c. 这是不满足程度最高的情况，已经不满到想拖人下水的境地。

d. 画波状蛇的人，预示着要向某处移动。需求与供给均衡运转，正处在妥善处理不满情绪的状态。

**【注意事项】**

1. 要求每个同学仔细阅读后，进行选择。

2. 真实地回答自己的选项。

**【实训报告】**汇总全班每个同学的文字选项答案，分析同学们的需求欲望。

## 实训6 模拟购物

**【实训目的】**通过模拟购物过程，使学生了解到购买动机—购买决策—购买行为的整个活动转化过程，以及三者之间的关系和影响因素。

全员参与，提高学生的组织能力和协调能力，充分发挥每个学生个体的特点，把课本的理论知识活学活用起来。

**【实训内容】**

1. 把学生分为若干组，每组5~8人，每组里分工有队长、副队长、会计、组员。
2. 活动模拟三天的生活过程，即：每天早中晚餐，还有文化生活。
3. 教师负责所有商品的销售，包括：高档餐饮、路边小吃、菜市场、电影院、KTV练歌厅、服装店、国内一日游（以卡片的形式表示）。
4. 每组第一天都发300元作为基金。然后再抽取一张意外资金卡，意外资金卡的内容包括：彩票获奖、交学费、医药费、发工资、交房租、发奖金。
5. 开始第一天的购物生活。第二天先抽取意外资金，然后开始购物生活。第三天再抽取意外资金，开始购物生活。
6. “三天生活”结束后，由每个小组选派出代表，上台讲解各自的“日子”是怎么过的，费用的支出情况和剩余情况。
7. 根据不同的结果，老师讲评各组购买动机、购买决策和购买行为的形成，强化实践的结果，加深学生对理论的理解。

**【注意事项】**

〈教师〉

1. 教师事前准备好销售品种的代表卡片，还要根据小组的数量进行金额的设定，尽量满足不同的消费需求。
2. 教师还要准备好意外资金卡片，卡片金额根据分组情况进行设定。
3. 给每组发一张大纸，让学生把每天的每项收入支出细则书写清晰，便于讲解。

〈学生〉

1. 小组的划分可以自愿，也可以老师指定，小组形成后，讨论选举出队长、副队长、会计。
2. 小组的每项支出要集思广益，队长不能一言堂一人说了算，队长、副队长注意综合大家的意见和想法，少数服从多数，团结第一。
3. 每项支出在讲解时，要说出原因。

**【实训报告】**总结整个活动过程，根据各自小组的购物过程，要求每个同学写出实训报告。

**【实训评价】**

1. 能够翔实写出整个购买活动过程（30分）。
2. 根据购买活动能引申出购买动机的形成（30分）。
3. 能分析出影响购买决策的因素（30分）。
4. 根据实训5的结果，在此次模拟活动中，能分析一下自己的队友的购买动机特点（10分）。

## 目标检测

1. 简述动机、购买动机的概念。
2. 简述购买动机的类型。
3. 购买决策包含哪5个步骤？
4. 药品消费者购买行为一般分为哪些类型？其具体内容是什么？
5. 如何运用诱导方式强化消费者的购买动机？

扫码“学一学”

# 第四章

# 消费心理的社会影响因素

## 学习目标

**1. 知识目标** 掌握消费者群体类型和行为特征，不同年龄、性别消费者的消费心理和行为；了解文化与亚文化的内涵及其对营销的影响，消费习俗、消费流行对消费者心理的影响。

**2. 能力目标** 能够针对不同消费者群体特征运用相应的营销策略；在不同消费习俗和消费流行下，开展合理的营销活动。

**3. 素质目标** 培养学生善于总结学习经验的态度，增强学生的职业适应能力；培养学生自主学习新知识、自主探究新问题和综合运用知识的意识。

## 考点

1. 消费群体、参照群体的概念。
2. 群体规范的含义。
3. 家庭的概念与特征。
4. 不同年龄消费者的消费心理和行为。
5. 家庭生命周期与决策类型。
6. 社会阶层对消费行为的影响。

## 案例导入

王丽是一名退休的教师，老伴是一名公务员，也已退休，有一个独生子，现已结婚生子。老两口现在的任务主要是照顾2岁的孙子，也承担衣食住行等费用。王丽患有高血压，需要常年服用降压药；老伴血糖高、血脂稠，也离不开药物。她经常去小区门口的连锁药店买药，主要购买已经服用多年的药。王丽办了个会员卡，价格实惠，还常常有会员日、积分赠送、回馈老顾客等活动，让她非常满意。王丽的很多邻居也经常光顾这家药店，这里成为邻里交流的场所。

王丽的儿子大强、儿媳小文忙于工作，上班时间紧张，作息、饮食不规律，儿子常胃痛，儿媳则经常出现口腔溃疡。小两口常去买药的地方是大超市内的医药专柜，在购物的时候顺便买药。小文在淘宝上注册了账户，网购历史有7~8年了，家庭装饰、日用品、服装、宝宝用品大多从网上购买，有时也从网上买点玫瑰花、菊花等中药泡水喝。小文自己还建立了一个QQ群，把单位年轻的爸爸妈妈们加入进来，经常在群里讨论宝宝用品买什么样的，孩子不舒服或者生病该吃什么药、如何护理。小文因为网购经验丰富，也乐于将自己的体会分享给群里的好友，所以大家在网购时都愿意听听小文的意见。

自从断奶后，宝宝偶尔会有感冒发烧。此时，全家人就会带着孩子去本地最好的医院，挂专家门诊，然后从医院的药房购买医生开的药。宝宝平时最喜欢看图画书，也喜欢听音乐，最近看到电视里的广告就会跟着又蹦又跳，还会唱好几首广告歌曲。

【问题】

1. 案例中王丽一家三代，他们都有什么样的心理和行为特点？

2. 王丽夫妻与儿子、儿媳在消费需求上有什么不同？在满足消费需求的形式上有什么差异？

3. 以上客户的需求，对医药营销人员有什么启示？

消费心理是一种复杂的社会心理现象，不仅受消费者自身的需要、动机等心理因素的影响，也受消费者活动的外界社会环境（如社会经济，政治环境，文化背景，消费者家庭环境，消费者群体，消费时尚、习俗、流行等）的影响。

## 第一节 文化与亚文化对消费者心理的影响

扫码“学一学”

### 一、文化

#### （一）文化的定义

文化是一个非常广泛的概念，给它下一个严格和精确的定义是一件非常困难的事情。不少哲学家、社会学家、人类学家、历史学家和语言学家一直努力试图从各自学科的角度来界定文化的概念。然而，迄今为止仍没有获得一个公认的、令人满意的定义。一般人们认为：广义的文化指人类在社会历史发展过程中所创造的物质财富和精神财富的总和，包括文字、语言、建筑、饮食、工具、技能、知识、习俗、艺术等；狭义的文化是指人们普遍的社会习惯，如衣食住行、风俗习惯、生活方式、行为规范等。

文化包括四个层次。一是物质文化层，由物化的知识力量构成，是人的物质生产活动及其产品的总和，是可感知的、具有物质实体的文化事物，包括建筑、交通工具、服饰、日常用品等，是一种可见的显性文化；二是制度文化层，由人类在社会实践中建立的各种社会规范构成，包括社会经济制度、婚姻制度、家族制度、政治法律制度、家族、民族、国家、经济、政治、宗教社团、教育、科技、艺术组织等；三是行为文化层，以民风民俗形态出现，见之于日常起居动作之中，具有鲜明的民族、地域特色；四是心态文化层，由人类社会实践和意识活动中经过长期蕴育而形成的价值观念、审美情趣、思维方式等构成，是文化的核心部分。制度、行为、心态这三种文化层次属于不可见的隐性文化。

从心理学意义上讲，文化是社会的个性，是组织或社会成员间共有的意义、仪式、规范和传统的集合。文化塑造了成员作为个人的身份。

互联网成熟的发展使原先相对疏离的个人或组织可以很容易经由社群网站，建立许多新的基于价值观、理想、观念、商业、友谊、血缘等非常错综复杂的联系，由此发展出特定社群意识的网络文化。这种网络文化联系具有瞬间的爆发力，对特定事件所造成的影响已经是新兴的、不可忽视的力量。

**（二）文化的基本特征**

**1. 超生理性和超个人性** 超生理性是指任何文化都是人们后天习得的和创造的，文化不能通过生理遗传。生理的满足方式是由文化决定的，每种文化决定这些需求如何得到满足。从这一角度看，非人的灵长目动物也有一些文化行为的能力，但是这些文化行为和人类社会中庞大复杂的文化象征体系相比较又显得有些微不足道。超个人性是指个人虽然有接受文化和创造文化的能力，但是形成文化的力量却不在于个人。个人只有在与他人的互动中才需要文化，才能接受文化，才能影响文化。

**2. 复合性** 任何一种文化现象都不是孤立的，而是由多种文化要素复合在一起。

**3. 象征性** 文化的基础是象征。这些象征中最重要的是语言和文字，但也包含其他表现方式，如图像（如图腾旗帜）、肢体动作（如握手、碰鼻或吐舌）、行为解读（送礼）等。几乎可以说，整个文化体系是透过庞大无比的象征体系，深植在人类的思维之中，而人们也透过这套象征符号体系解读呈现在眼前的种种事物。文化现象总是具有广泛的意义，文化的意义要远远超出文化现象所直接表现的那个窄小的范围。因此，如何解读各种象征在该文化的实质意义，便成为人类学和语言学等社会学科诠释人类心智的重要方式之一。

**4. 传递性** 文化一经产生就要被他人模仿、效法、利用，包括纵向传递（代代相传）和横向传递（地域、民族、阶层之间）两方面。人类生息繁衍，向前发展，文化也连绵不断，世代相传。传递性是文化的基础，如果没有传递性，也就没有文化可言。在文化的历史发展进程中，每一个新的阶段在否定前一个阶段的同时，必须吸收它的所有进步内容，以及人类此前所取得的全部优秀成果。同时，文化在不同的地域、民族中传递，如东西方文化的交流、不同民族文化的交流等，开拓了人们的视野，也使人们学习了不同文化的先进经验，促进了整个文化发展的进程。

**5. 变迁性与滞后性** 变迁性是指文化不是静止不动的，是处于变化中的。一般认为大规模的文化变迁由三种因素引发。第一，自然条件的变化，如自然灾害、人口变迁；第二，不同文化之间的接触，如不同国家、民族、生活方式、价值观念等的交流；第三，发明与发现，各种发明、创造导致人类社会文化的巨大变迁。滞后性是指文化的各部分在变迁时的速度不一样，导致各部分之间的不平衡、差距、错位。

**（三）文化对消费者心理的影响**

每个消费者都是在一定的文化环境中成长，并在一定的文化环境中生活。其价值观念、生活方式、消费心理、购买行为等，必然受到文化环境的影响。离开了特定的文化背景，就很难理解消费者的行为。社会文化对个人的影响主要表现在以下两方面。

**1. 文化为人们提供了认识事物、解决问题的基本观点、标准和方法** 文化像一面“透镜”一样，消费者透过它来审视产品。消费文化决定了消费者对不同活动和产品的总体偏好，也决定了具体产品和服务的对象。如果产品所提供的利益与文化成员某个时期的需求一致，那么这样的产品就更可能为消费者所接受。

**2. 文化使人们建立起是非标准和行为规范**　在现代社会中，由于社会结构的高度复杂化，文化对个人的约束趋向松散，间接成为一种潜移默化的影响。文化对行为的这种约束称为规范，一个人如果遵守了社会文化的各种规范，就会受到社会的赞赏和鼓励；如果违背了文化规范，就会受到否定和惩罚，包括温和的社会非难、歧视、谴责，到极端的惩治手段。

消费者行为和文化间的关系是双向的。一方面，某一时期与当时文化的优先选择相一致的产品和服务更有可能让消费者接受。近年来，养生、美容、养颜、增强免疫力、提高抵抗力的药品、保健品等的热销证明了这一点。另一方面，新产品的问世，又为人们了解当前的主流文化提供了一个窗口。如以纯天然草本植物、中药材等为原材料的化妆品占据了一多半的货架位置，反映了当前人们回归自然、重视环保、反对污染等文化的特点。

**知识链接**

**中国人的消费行为特点**

**1. 朴素的民风和节欲的消费观**　反对超前消费，节制个人欲望。这一点，在老年消费群体中更为常见。

**2. 重视人情和从众求同的消费动机**　以社会上大多数人的一般消费观念来规范自己的消费行为。

**3. 含蓄的民族性格和审美情趣**　以内敛、柔和、淡雅、朴素、庄重、和谐作为判断标准。

**4. 以家庭为主、重直觉判断的购买准则**　个体消费更顾及整个家庭需求，购买决策重视模糊思维和直觉判断。

## 二、亚文化

### （一）亚文化概述

亚文化是指某一文化群体所属次级群体的成员所共有的，区别于其他次级群体成员的信念、价值观和生活习惯。亚文化是一个相对的概念，是总体文化的次属文化。一个文化区的文化对于全民族文化来说是亚文化，而对于文化区内的各社区和群体文化来说则是总体文化，而后者又是亚文化。亚文化一经形成便是一个相对独立的功能单位，对所属的全体成员都有约束力。由于亚文化是直接作用或影响人们生存的社会心理环境，其影响力往往比主文化更大，能赋予人一种可以辨别的身份和属于某一群体或集体的特殊精神风貌和气质。研究亚文化对于深入了解社会结构和社会生活具有重要意义。

### （二）亚文化的分类

亚文化有各种分类方法。罗伯逊将亚文化分为人种的亚文化、年龄的亚文化、生态学的亚文化等。如年龄的亚文化可分为青年文化、老年文化；生态学的亚文化可分为城市文化、郊区文化和乡村文化等。常见的亚文化有以下几种。

**1. 民族亚文化**　大多数国家都不是由单一民族构成的。各民族在长期的生存和繁衍过程中形成了各自独特的、稳定的亚文化，并在生活习俗、消费习惯、宗教信仰、民族禁忌等方面得到强烈体现。这些民族亚文化对消费者有着巨大的影响。我国拥有 56 个民族，每个民族都有自己的社会政治和经济发展历史，都有自己的民俗民风、语言等，由此形成了各民族独具特色的消费行为。民族亚文化对营销的影响有以下两个特点。

（1）广泛性　民族文化的影响是无处不在的。它影响人们的价值观念、生活方式和消费习惯，进而对企业的国际及区域营销活动提出相应的要求。因此，从前期投入、产品设计到分销、促销每一个营销环节都要充分考虑目标国家或民族的文化因素。

（2）深刻性　各民族文化的特点是根深蒂固的。营销中要充分了解目标国家或民族的文化特点，尊重文化差异，努力适应以减少损失，赢得消费者的认可。

**知识链接**

### 不同民族的文化

文化总是根植于民族之中，与民族的发展相伴相生。一个民族有一个民族的文化，不同民族有不同的民族文化。民族文化就其内涵而言是极其丰富的，就其形式而言是多姿多彩的。常常是民族的社会生产力水平愈高，历史愈长，其文化内涵就愈丰富，文化精神就愈强烈，因而其民族性也就愈突出、愈鲜明。

例如，美国十分强调个人的重要性，是一个高度个人主义的国家。同时，美国也是一个高度实用主义的国家，强调利润、组织效率和生产效率。它重视民主领导方式，倾向于集体决策与参与。它对风险具有高度的承受性，具有低程度的不确定性的规避倾向。日本文化则具有深厚的东方文化色彩，具有群体至上和整体献身的忘我精神。它注重人际关系，有强烈的家庭意识和等级观念。日本文化还具有对优秀文化兼收并蓄的包容能力和强烈的理性精神。英国文化的典型特征是经验的、现实主义的，法国文化则是崇尚理性的，由此导致英国人重视经验，保持传统，讲求实际，法国人喜欢能够象征人的个性、风格和反映人精神意念上的东西。中国人的特点有以下五个方面。

**1. 讲中庸**　“不偏之谓中，不易之谓庸”。凡事讲求一个度，反对超越常规，强调持续和稳定，强调与社会大众保持一致性。

**2. 重人伦**　三纲五常，着眼伦理本位。仁义礼智信，家族主义。

**3. 现实感**　天下兴亡，匹夫有责的社会心理和责任感。

**4. 整体性**　天人合一，人与天地万物为一体。

**5. 人缘观**　重视人际关系，已欲立而立人，已欲达而达人；己所不欲，勿施于人。

**知识链接**

### 跨文化营销的心理策略

不同的文化主宰着不同的消费行为。随着我国社会的不断发展，经济全球化和市场一体化的趋势越来越强，跨文化的营销成为医药企业面临的一个共同问题。我国有一批优秀企业在走出国门，进入国际市场方面取得了令人瞩目的成就，但也有许多公司为此付出了沉重的代价，甚至在陌生的异国他乡折戟沉沙。跨文化营销，是医药企业开拓国际市场必须重视的内容。

**1. 产品结构与性能策略**　产品的结构、功能必须具备对目标市场的适应性。由于文化之间存在明显的差异，从事国际市场营销时必须注意产品结构和性能应与目标市场的文化习俗相适应。比如食品，不同地区、不同民族的消费者在文化心理和饮食习惯上就存在差别。

**2. 产品包装及商标设计策略**　在包装、颜色及其使用的图案上，应符合目标市场消费者的审美习惯。由于颜色在不同文化中的象征意义差异很大，而且对消费者的购买心理会产生重大影响，所以在国际市场上，产品的颜色和外包装是一个制约营销绩效的重要因素。同时尤其要注意，商标设计与花卉图案不能冒犯禁忌。

**3. 产品定价与分销策略**　在欧美市场上大包装、高定价产品比较畅销，在发展中国家小包装和价格便宜的产品更易于为消费者所接受。另外，产品的分销渠道也存在跨文化的差异，例如，瑞士人很喜欢到超市去购物，因而在瑞士通过超市销售产品很有前途；然而有趣的是，刚刚一过瑞士边界进入法国，这里的消费者就变得更喜欢到规模较小、更富有人情味的杂货店购物，所以，在法国走超市销售也许不如小杂货店更有优势。因此，在国际市场上，必须不断地调整分销渠道策略以适应各个国家或地区消费者的购买习惯。

**2. 地域亚文化**　地域亚文化一般是指特定区域源远流长、独具特色、传承至今仍发挥作用的文化传统，是特定区域的生态、民俗、传统、习惯等文明表现。各地自然条件千差万别，经济社会发展程度不同。受历史、地理等因素的影响，各地区的文化带有明显的区域特征。地域亚文化对人们的衣、食、住、行方面的习俗影响明显，使得生活在不同地理环境中的不同国家、地区和民族的消费习俗具有约束和决定作用。在埃及东部撒哈拉地区的人，洗澡不用水而是用细沙，甚至牲畜的内脏也只用沙擦洗一下就食用。严重缺水的自然环境，造成了以沙代水的生活习俗。地域亚文化主要表现在方言、饮食文化、民间信仰、建筑等方面。

## 知识链接

### 中国的地域亚文化

中国人南腔北调，十里不同音，百里不同俗。四大方言，八大菜系，各是各的风格。方言能增加人与人之间的感情，部分意思只有方言才能表达清楚。中国的文字虽然是统一的，但是方言一直是不统一的。方言成为媒介交流的在文字外的补充。中国人所谓的“同乡”有大同乡与小同乡之分。小同乡通常一定是同一方言的，在政治活动中，往往会走到一起，利益往往比较容易一致。

在饮食方面，南甜北咸，南米北面，这与南北方人的口味、农业生产结构不同有关。山珍海味可以运输，而民间的日常饮食则主要是取材于当地，或是运输到当地。当地的老百姓吃得起经常吃的，如西藏的酥油茶、新疆的手抓饭、四川的火锅等。不同的地方，饮食的方式也是不同的，比如胶东、东北等某些地方是坐在炕上吃的。在就餐次数上，大多数民族日食三餐，傣族大多有日食两餐的习惯，山西北部居民一向遵循“夏秋日食三餐，冬春日食两餐”的传统习惯。有的地方在 20 世纪 70 年代前为日食两餐，早餐不普遍。改革开放后，人民生活水平和经济收入逐步提高，生活稳定，饮食安排多已成规律，普遍日食三餐。

宗教意识比较淡薄是中国人的习惯，自古以来都是这样。但是各地都有很强烈的民间信仰。除了一般的大宗教外，一般人的信仰有很强的地域性。如山东信奉泰山圣母碧霞元君（泰山娘娘）、四川信奉二郎神、江南信蚕桑娘娘、福建信妈祖。民间信仰有地方性，离开这个地方，就不再有存在的意义了。

民间建筑方面，地域亚文化主要体现在民居上。因为民居的建造必须要符合当地的实际（建筑材料等），一些地方住窑洞，是地理条件决定的，也是因为当地缺乏木材、石料；福建的土楼，苗族、壮族等族传统民居的吊脚楼，东北坐北面南的土坯房等也是适合当地特点的。外地引进的建筑，要么是富人的奢侈品，要么是一时流行。不过，若是外来建筑能适应地方特点，则也可能成为地方建筑特色。如上海的石库门房子，就是殖民地时期英国人引入的外来建筑风格，不过已经做了一点改变而被上海人所接纳，成为了上海的地方特色。

**3. 宗教亚文化** 不同的宗教有不同的文化倾向、习俗和禁忌，影响着教徒的价值观念、生活方式和消费习惯，从而形成宗教亚文化消费者群体。我国是一个多宗教的国家。到新中国成立前，逐步形成了以佛教、道教、伊斯兰教、天主教、基督教等五大宗教为主体，兼有少数其他宗教和多种民间信仰的基本格局。中国有多种宗教并存，每种宗教都拥有相当多的信教群众。对于大多数群众信仰某一种宗教的民族来说，随着民族人口增加，信教群众人数也将相应增加。宗教是由共同的信仰、宗教感情、宗教道德、宗教仪式、宗教组织等诸多要素构成的，其本身就是一个复杂的社会现象。不同的宗教，其教规、戒律都是不同的，从而对商品的偏好和禁忌也会有所不同，在购买行为和购买种类上也表现出各自特征。医药企业应考虑不同宗教信仰对消费方式的影响，在产品设计和营销中注意特定宗教信徒的消费禁忌。如印度教中把牛看成是“圣牛”，老死不能宰杀；伊斯兰教国家禁酒，忌食猪肉，不用猪制品；佛教教义中严禁宰杀生灵，主张吃素。凡此种种形成的习俗，都与宗教的信仰和教规有关。

**4. 人种亚文化** 亦称种族亚文化。如白种人、黄种人、黑种人、红种人和棕种人。人种是同一起源并在体质形态上具有某些共同遗传特征的人群。由于各色人种有发色、肤色、眼色的不同，有体形、眼、鼻、唇的结构上的差异，这都会对消费行为产生影响。如对某些商品颜色的选择就不同，一般黑种人爱穿浅颜色的衣服，白种人爱穿花衣服，黄种人爱穿深色的衣服。

**5. 职业亚文化** 由于人们在社会中所从事的作为主要生活来源的工作，其性质、劳动环境和要求的知识技能等不同，形成了消费行为的差异。如同样是购买上班穿的服装，演员选择的标准可能是新颖美观，突出个性；从事体力劳动的消费者，倾向选择结实耐穿、物美价廉；办公室工作人员则可能考虑大方庄重、舒适方便。

此外，还有性别亚文化、年龄亚文化等，医药营销人员都应该适当了解，并有机融入到营销活动中。

## 第二节　群体与消费心理

现实生活中，每个消费者都生活在一定的群体之中，作为社会群体的一员，人们的消费行为不可避免地受到这些群体的直接或间接的影响。本章将对消费者的消费心理进行宏观与微观分析。前者主要研究社会对整个市场需求规律的影响，如社会文化传统、风俗习惯、参照群体等因素对营销过程都会产生明显影响；后者主要研究消费者的年龄、性别、家庭等因素与消费行为之间的联系。这些内容将是进行市场细分与市场定位的主要理论依据，而市场细分与市场定位又是整个市场营销活动的基础。

扫码“学一学”

## 一、群体概述

**（一）群体的概念**

群体或社会群体是指两人或两人以上通过一定的社会关系结合起来进行共同活动，并有着共同利益的集合体。

群体是社会合作的产物，也是一种极为普遍的社会现象，涉及人类生活的各个方面，如家庭、工作、政治、娱乐等。群体规模可以比较大，如几十人组成的班级、拥有上万名员工的企业；也可以比较小，如经常一起逛街购物的两个好朋友。

群体形成的目的，最初是为了在生存活动中相互合作，群体的合作能够增加一个物种的生存机会。人的社会性正是表现在这一点上。有研究表明：被社会所隔离的人的死亡率比完全融入群体的人的死亡率高30%～50%。所以大多数人选择去适应群体，这可以通过人们注重社交礼貌和不愿意被排斥于群体之外的现象看出来。在行为和态度方面，人们倾向于采纳群体的常规观点。特别是在和朋友们在一起的时候，人们在大多数问题上总是会采纳大家的观点。

**（二）群体的条件和特征**

社会成员构成的群体，一般具备以下基本条件和特征。

**1. 群体成员以一定纽带联系起来**　如以血缘为纽带组成了家庭，以业缘为纽带组成了职业群体。

**2. 群体成员之间有共同目标和持续的相互交往**　群体成员往往具有一定的共同目标或心理需求。群体的成员之间相互依赖，经常进行多种多样的互动与交流。长期存在的群体往往还发展起了自己特定的亚文化，有自己的价值观、态度倾向与行为方式。没有共同目标和持续的相互交往的一群人不能称为群体，如电影院里的观众、在十字路口等待绿灯的行人、在银行排队办理业务的顾客等，他们是偶然和临时性地聚集在一起的。

**3. 群体成员有共同的意识和规范**　这种意识和规范是群体在自身的活动过程中自然形成的，要求每个成员必须遵守，否则将受到谴责。群体内的每一个成员都在群体中占据一定的位置，并执行着一定的角色，有一定的权利和义务。

**（三）群体的分类**

社会群体的种类众多，可以按照不同的标准对群体进行分类。

**1. 以群体是否存在为标准**　可以把群体分为假设群体和实际群体。假设群体是根据研究、统计、市场区分的需要而划分的群体，如儿童群体、老年群体、知识分子群体等。实际群体则是客观存在的群体，如家庭、学校、机关、企业等。

**2. 按群体的组织程度**　可以把群体分为正式群体和非正式群体。

正式群体有明确的特定目标，有固定的组织形式，从事经常的活动，如学校、企业、部队等。通常，这个群体的制度和机构是以书面的形式规定的，成员的行为要受到统一的规则的制约，这些群体的成员可以享受特殊的权利，比如工作的报酬、福利待遇和职务的晋升等。

非正式群体的结构比较松散，自由参加的群体都是非正式群体，如各种协会、俱乐部等。非正式群体又可分为主要的非正式群体和次要的非正式群体。主要的非正式群体是指像家庭、朋友、亲戚等那样经常接触，并且是以亲切感来影响消费行为的群体。尽管这些群体是非正式的，但他们之间的互动性较强。次要的正式群体是指其成员之间并不经常接触，但有一定组织形式的群体。例如，大学的同学会或者其他的一些自发组织的学会、俱乐部等就属于这种群体范畴。次要的非正式群体是指那些虽然没有强烈的凝聚力，但是可以直接影响购买行为的群体，如购物群体、消费群体等。有研究表明，在与其他消费者共同购物或者消费时，消费者一般都会比原计划购买更多的商品。

某些研究表明，频繁接触的群体成员购买相同品牌产品的可能性更大。换言之，有社会关系的人比没有相互关系的人具有更高的品牌一致度。另一项研究表明，在消费生活中非正式群体比正式群体起到更大的作用，也就是说，非正式群体会员对品牌选择一致性的影响更大，其影响程度取决于群体的凝聚力。

**3. 按个人卷入的程度** 可把群体分为初级群体和次级群体。初级群体是成员彼此直接接触，关系比较密切，如家庭、邻里、亲朋、班级、部门等。成员间不直接接触，关系不十分密切的群体是次级群体，如工厂、学校、工会等。

初级群体可以是面对面的接触，而且具有一种内聚力和相互参与性，因为人们总是倾向于选择思考方式相似、兴趣爱好相同的人做朋友，因此，初级群体是非常具有凝聚力并很持久的。初级群体具有规模较小、面对面交往、认同感强烈等特性。最强有力的初级群体是家庭。某些社会联系比其他的更有力，如配偶的影响比朋友更大，朋友比兄弟姐妹更有影响力。在我国城市居民的生活中，由于高层住宅和公寓普遍取代了传统的平房住宅，再加上邻里彼此之间互动很少，因此邻居的影响力越来越小。相反，同事之间的影响力却越来越大，因为除了节假日之外，人们几乎每天都花费八小时左右的时间和同事相处和互动，所以，同事变成一种非常密切的参照群体。在购买养生产品、保健食品、药品等方面，同事的影响力甚至远胜于家人。

次级群体又称作次属群体，是用来表示与初级群体相对应的各种群体，如学校、职业群体、社团、学会、协会、研究会、俱乐部等。次级群体是人们为了达到一定的社会目的而建立起来的，是由我们偶尔看见的人们组成，或由具有某些共同兴趣的人们组成。一般说来，次级群体规模比初级群体要大，成员较多，有些成员之间不一定有直接的个人接触，群体内人们的联系往往通过一些中间环节来建立。这些群体在已形成的态度和控制行为上影响力较小，但在共同兴趣方面的态度上表现出一定的影响力。在次级群体中有时又会形成初级群体，其由一些比其他次级群体成员享有更多共同兴趣的特殊朋友所组成。次级群体既是个人步人社会所必须加入的群体，也是个人社会活动领域拓展和活动能力增强的标志。

**4. 根据群体发展的水平和层次** 还可以把群体分为松散群体、联合群体和集体。

**5. 按照个人是否为一个群体的成员** 可把群体分为所属群体和参照群体。

## 二、参照群体与消费心理

**（一）参照群体的概念**

群体的含义有一个逐渐变化完善的过程，起初是指家庭、朋友等个体之间与之具有相关互动的群体，现在不仅包含了具有互动基础的群体，也涵盖了个体没有直接接触但对个体行为有一定程度影响的个人和群体，人们称之为参照群体或者参考群体。参照群体是指与个人的评价、追求或行为有重大相关性的个人或群体，这些个人或群体可以是真实的，也可以是虚构的。诸如明星、政治领袖和其他公共人物的行为举止都有可能影响消费者的行为。

**（二）参照群体的类型**

通过成员的身份归属来划分，参照群体可分为成员参照群体与象征型参照群体。

**1. 成员参照群体**　指参照群体与被影响的消费者都是具有同样身份的人。例如，相对于同学这个参考群体，我们也是他们的同学。成员群体又可以进一步分为初级群体和次级群体。

**2. 象征参照群体**　指和自身不具有同样的身份，却会影响自己消费行为的群体。象征参照群体包括向往参照群体和回避参照群体。

（1）向往参照群体　也叫向往群体，是消费者所想要加入的群体，例如歌迷与影迷相对于歌星与影星的关系便扮演着向往群体的角色。这个群体可以非常有力地影响个体的行为，因为个体希望被群体所接受，所以总是主动地去适应渴望群体的行为，渴望加入这类群体的个人常常被认为是有理想和追求的，因而是积极和上进的表现。由于对向往群体的仰慕，消费者的消费行为便会受到向往群体所表现出的行为的影响，例如，歌迷会模仿歌星的穿着或消费行为，偶像也会强烈地影响其追随者的偏好。渴望群体，指个体希望加入的群体。广告一般采用渴望群体的形象，意味着使用特定的产品会使个体在感觉上更接近成为一名渴望群体的成员。在医药产品的广告中，有的是利用名人来产生名人效应，就是属于这种情况。不同的消费者，其向往群体不同。

（2）回避参照群体　指个体不希望与之发生联系的群体。个体尽量与其保持距离、力图避免受其行为影响，例如黑社会成员、吸毒者等便扮演着回避群体的角色。由于不希望被视为避免群体的一员，因此，会去回避表现出与之相同的行为，例如会回避该群体的穿着打扮与出入的场所等。与渴望群体类似，回避群体的定义仅仅是主观的，每个人的定义都是不同的。有的人会觉得“书呆子”“土包子”“乡巴佬”等形象是自己所不喜欢的、回避的。他们会避免相关的打扮、言谈举止，并且不希望别人将自己视为这类人。

通常，大部分消费者更容易在肯定的动机下产生信念或态度，因此，在为自己的产品做广告时，企业就应该更多地利用向往参照群体（如受到人们欢迎的正面人物）的正面效应来打动消费者，而较少地让回避群体（如受到人们憎恨的反面人物）在广告中单独出现。

另外，还有一个日渐兴起的参照群体，可称之为虚拟群体，是指基于网络的发展而产生的新型参照群体。例如，消费者通过聊天网站、贴吧、论坛、QQ 群、微信群、泡泡堂、博客之类的网络交流工具进行交流，很多人从网络上熟悉了很多原本不认识的朋友，同时也彼此相互影响。虚拟群体打破了传统真实群体互动的一个必要条件，即在空间距离上的相近性。传统上，参照群体大多数是日常生活周围的人，而虚拟群体打破了地域限制，大大提高了个人的交友范围，也延展了参照群体可能存在的空间疆界。虚拟群体在营销中的作用越来越大，尤其是年轻的消费者已经习惯于在购物之前先征求网友们的意见，或者参与专业讨论群，登陆专业的论坛、贴吧等，与网友讨论、交流购物心得与经验，其中，群主、吧主、版主等的影响力越来越大。

当然，参照群体不只有一种分类的方式，也可以根据群体本身的正式性程度把它分为正式参照群体和非正式参照群体；还可以依据参照群体的影响内容把它分为规范性群体和比较性群体。

**（三）参照群体对消费心理的影响**

**1. 信息影响** 指参照群体成员的行为、观念、意见被个体作为有用的信息予以参考，由此在其行为上产生影响。当消费者对所购产品缺乏了解，凭眼看手摸又难以对产品品质作出判断时，别人的使用和推荐将被视为非常有用的证据。群体在这一方面对个体的影响，取决于被影响者与群体成员的相似性，以及施加影响的群体成员的专长性。例如，某人发现好几位朋友都在使用某种品牌的养生产品、中药茶饮，于是也决定试用一下，因为这么多朋友使用它，意味着该品牌一定有其优点和特色。这种影响的产生，有以下途径可以达到：相关专业协会或者专家群体提供相关信息；专业生产或者销售该商品的人提供信息；拥有相关知识经验的朋友、邻居、亲戚或者同事提供的相关知识和经验；网络或者专业杂志查询权威人士的观点，或者该行业专家买商品时所选的店铺、品牌等。

**2. 社会期许影响** 消费者为了满足他人的某种期许而采用参照群体的意见。在群体中，消费者为了获得赞赏和避免惩罚，会按群体的期待行事。有广告商声称，如果使用某种商品，就能得到社会的接受和赞许，利用的就是群体对个体的社会期许影响。同样，宣称不使用某种产品就得不到群体的认可，也是运用该影响。如在购买补钙产品时，消费者为了迎合同事的希望而购买了符合同事偏好的品牌；或者受到熟人、家人偏好的影响，或者为了满足别人对自己的期望、取悦别人，而作出购买决策。

**3. 价值表达影响** 指消费者自觉遵循或内化参照群体所具有的信念和价值观，从而在行为上与之保持一致。消费者认为某商品代表了参照群体的特定品质，是某一价值表达的象征，因此购买该产品。消费者之所以在无需外在奖惩的情况下自觉依群体的规范和信念行事，主要是基于两方面力量的驱动。一方面，个体可能利用参照群体来表现自我，来提升自我形象；另一方面，个体可能特别喜欢该参照群体，或对该群体非常忠诚，并希望与之建立和保持长期的关系，从而视群体价值观为自身的价值观。

**（四）参照群体影响消费者心理和行为的因素**

参照群体对消费者购买行为的影响力在很大程度上取决于以下几个因素。

**1. 消费者个人的知识经验** 在制约参照群体影响力的所有因素中，消费者所具有商品信息和经验是一个首要因素，消费者本人如果具有商品或服务的亲身经历，或者如果能够容易地获得相关的商品或服务的全部信息，那么消费者购物几乎不可能受其他人或者群体的影响，与此相反，消费者将去主动寻求参照群体的支持，以减少购买风险。

**2. 参照群体本身所具有的可靠性、吸引力和实力** 该因素是影响消费者的购买行为的一个重要因素，如果消费者急于想获得某种商品的有关信息，而参照群体的信誉和实力也是值得信赖的，那么消费者将会接受该群体的劝告和建议。如果消费者很想被自己向往的、将给自己带来某些好处的群体所接受或认可，那么他就会主动采用该群体所使用的商品或服务，同时在其他行为方面尽力与该群体保持一致。

**3. 商品本身的特点**　面对不同的商品，消费者受到参照群体的影响程度不同。在可见层面上，一般而言，产品或品牌的使用可见性越高，群体影响力越大，反之则越小。相关研究发现，商品的“炫耀性”是决定群体影响强度的一个重要因素。而在需要层面上，比如对于生活必需品，消费者受参照群体的影响小；而对于奢侈品，消费者会以参照群体为参考。

产品或品牌被别人认知的程度越高，参照群体的影响力越大。商品所具有的显著性特点也会对参照群体所引起的作用产生影响。一般来说，商品如果在视觉上具有显著性特点（因为形状或色彩等使商品容易被他人注意到），或者言语上具有显著性特点（口头上容易进行生动有趣的描述），那么由消费者依赖或向往的参照群体推荐这种商品，将会对消费者的购买决策等产生较大的影响。

从产品的生命周期来看，亨顿认为，当产品处于导入期时，消费者的产品购买决策受群体影响很大，但品牌决策受群体影响较小；在产品成长期，参照群体对产品及品牌选择的影响都很大；在产品成熟期，群体影响在品牌选择上大而在产品选择上小；在产品的衰退期，群体影响在产品和品牌选择上都比较小。

从产品与群体的相关性上看，某种活动与群体功能的实现关系越密切，个体在该活动中遵守群体规范的压力就越大。例如，对于经常出入豪华餐厅和星级宾馆等高级场所的群体成员来说，着装是非常重要的；而对于只是在一般酒吧喝喝啤酒的群体成员来说，其重要性就小得多。

**4. 消费者本人的个性特征**　一般情况下，自信心强、善于独立思考、分析判断能力强的消费者受参照群体的影响较小；缺乏主见、依赖性强、选择商品时犹豫不决的消费者容易受参照群体的影响。

个体在购买中的自信程度不同，受参照群体的影响也不同。研究表明，个人在购买彩电、汽车、家用空调、保险、冰箱、媒体服务、杂志书籍、衣服和家具时，最易受参照群体影响。这些产品，如保险和媒体服务的消费，既非可见又同群体功能没有太大关系，但是它们对于个人很重要，而大多数人对它们又只拥有有限的知识与信息。这样，群体的影响力就由于个人在购买这些产品时信心不足而强大起来。除了购买中的自信心，有证据表明，不同个体受群体影响的程度也是不同的。

自信程度并不一定与产品知识成正比。研究发现，知识丰富的汽车购买者比那些购买新手，更容易在信息层面受到群体的影响，并喜欢和同样有知识的伙伴交换信息和意见。新手则对汽车没有太大兴趣，也不喜欢收集产品信息，他们更容易受到广告和推销人员的影响。

**5. 消费者的自我形象**　当某个参照群体与消费者的自我形象相符合时，消费者会对该群体产生认同感，从而以参照群体为榜样，模仿群体成员的行为；反之，如果某个参照群体与消费者的自我形象相悖时，消费者会对该群体持否定态度，甚至回避该群体。

**6. 个体对群体的忠诚程度**　个人对群体越忠诚，就越可能遵守群体规范。当参加一个渴望群体的晚宴时，在衣服选择上，可能更多地考虑群体的期望，而参加无关紧要的群体晚宴时，这种考虑可能就少得多。最近的一项研究对此提供了佐证，该研究发现，那些强烈认同西班牙文化的拉美裔美国人，比那些只微弱地认同该文化的消费者，更多地从规范和价值表现两个层面受到来自西班牙文化的影响。

**（五）参考群体的预测**

“物以类聚，人以群分”，人们往往寻找那些与自己相似的人，也倾向于将自己与类似的人进行比较。所以，目前很多营销中的主角都采用了“普通人”，如妈妈们、奶奶们、普通的一家人等。他们的消费活动提供了信息性的社会影响。

**1. 相近性** 随着物理距离的拉近、见面次数的增多、交往机会的增加，更容易形成人际关系，也更容易成为参照群体的成员。“远亲不如近邻，近邻不如对门”说的就是这个道理。有研究证明，隔壁邻居比相隔两户的邻居成为好朋友的可能性更大，住在楼梯附近的人比住在走廊尽头的人有更多的朋友。

**2. 单纯曝光** 人们会因为一个人或者事物出现的次数较多而对其产生好感，这称为单纯曝光现象。即使是无意中发生的较高频率的接触，也有利于成为参照群体的成员。新产品投入市场时高频率的投放广告、频繁参加某类活动以“混个脸熟”等，都属于单纯曝光现象。

**3. 群体凝聚力** 是指群体对成员的吸引力和成员对群体的向心力以及成员之间人际关系的紧密程度综合形成的，使群体成员固守在群体内的内聚力量。群体对其成员的吸引力，包括群体成员之间的相互吸引力，以及群体成员对群体的满意程度。群体对成员的意义越大，群体引导消费决策的可能性也越大。对于群体规模而言，越小的群体往往凝聚力越强。所以，很多商家会限制会员入会资格，或者按照贡献等级划分会员层次，从而控制会员人数、增加会员资格的价值。

## 三、医药消费者群体的心理

医药消费者群体是指个人或家庭为满足其防病、治病、强身健体等生活需求而购买药品或接受相关服务的人所组成的群体。

医药消费者市场人数众多，范围广泛，消费者的心理由于受到各种因素的影响而千变万化，但从总体上分析还是存在着一定的趋向性和规律性。药品消费者群体的心理特征主要表现在以下几个方面。

**1. 感染性消费心理** “感染”是群体性的影响，即群体中一部分成员的消费心理或消费行为激起另一部分成员产生同样的反应。由于对医药产品知识的缺乏，部分消费者在购买心理上受广告、医生建议、亲朋好友的推荐和其他外部因素的影响，会产生一种相互感染、相互影响的消费心理现象。医药营销者可以通过成功而有效的市场营销活动，引导和感染消费者的消费心理，使其潜在的消费需求变为现实的消费需求，潜在的购买欲望变为现实的购买行为。

**2. 从众性消费心理** 研究表明，很多人都有从众心理。部分医药消费者在购买药品前往往会进行调查询问，了解其他使用者用药情况以验证疗效如何。其他使用者对药品的疗效和品质所持态度，会直接影响该消费者的购买决定和购买行为。

**3. 参照性消费心理** 参照群体是个体在购买或者消费决定中的参照框架，其作用是促使个体形成一般的或者特殊的消费态度、消费心理或消费行为导向。如追求时髦、追赶消费新潮的“追星族”等消费现象，就是参照群体对消费心理影响的典型表现。由于消费者对参照群体有效仿的愿望，因此，参照性消费群体也会影响到消费者对某些事物的看法或对某些产品的态度，并促使消费者的行为趋于某种一致化，从而影响消费者对某些产品和品牌的选择。

**4. 多样性消费心理** 消费者的消费心理各有特点，并有不同的类型，如追求经济实惠药品的消费心理、追求名牌药品的消费心理、追求药品时尚和新颖的消费心理等。同时，因各药品消费者所患疾病的种类、收入水平、文化程度、年龄、职业、性格、生活习惯等的不同，对各类药品甚至是同种药品的需求和关注程度也存在差异，这就决定了消费者的消费心理呈多样性与复杂性。因而，要求医药销售必须符合消费者的心理特点和变化，营销方式要灵活多样，品种供应要齐全。

**5. 发展性消费心理** 随着社会经济的发展和人们生活水平地不断提高，消费者对医药产品和医药市场服务的需求也在不断地发展和变化。医药市场总的发展趋势也是由低级向高级、由简单向复杂、由被动消费向主动消费过渡，许多潜在的消费需求正不断地变成现实的购买行为。例如，消费者对营养滋补品和防衰老药品的需求增加，这就要求新医药产品的研发与消费者市场需求的发展相适应。

## 四、家庭与消费心理

扫码“看一看”

家庭是社会生活组织形式和社会构成的基本单位，是消费者参与的第一个社会群体，又是现代社会生活的细胞，与消费活动有着极为密切的关系。据统计，大约80%的消费行为是由家庭控制和实施的。家庭不仅对其成员的消费观念、生活方式、消费习惯有重要影响，而且直接制约着消费支出的投向、购买决策的制定与实施。尤其在我国，人们受传统的家庭观念影响很深，人们的收入一般是以家庭为中心相对统一地支配，家庭是进行绝大多数消费行为的基本单位。家庭周期的变化所反映出的各自不同的心理特征、消费特点和规律，家庭消费活动的阶段性、稳定性、遗传性，以及家庭结构、家庭角色都是消费者心理的影响因素。父母、子女是家庭的基本成员，对个人的影响是广泛的、直接的、深刻的和长期的。家庭成员之间，消费心理和行为相互影响；未成年消费者需要成年消费者给予消费行为方面的帮助、引导和教育；不同家庭成员之间，还存在着消费角色的合作与分工。可以说，家庭对消费者心理和行为的影响比其他因素要深刻得多，影响的时间也要长得多。

### （一）家庭的概念与基本特征

**1. 家庭的概念** 家庭是以婚姻、血缘或有收养关系的成员为基础组成的一种社会生活组织形式或社会单位。父母、子女是家庭的基本成员。家庭与家户并不完全相同，家户是由所有居住在一个生活单元里的人们组成，如一家三口、三代同堂、一个公寓里的室友、共同租住一套房间的几个陌生人等。

**2. 家庭消费的基本特征** 家庭消费的类型有很多种，但基本上都有如下特征。

（1）家庭消费的广泛性 作为社会生活的细胞，人的生命中的大部分时间是在家庭中度过的，因此家庭消费就成了人们日常消费的主体。在人们购买的商品中，绝大多数都与家庭生活有关，家庭消费几乎涉及生活消费品的各个方面，医药产品也不例外。

（2）家庭消费的阶段性 现代家庭呈现着明显的发展阶段性。处于不同发展阶段的家庭在消费活动方面存在明显的差异，并且表现出一定的规律性。

（3）家庭消费的差异性 家庭结构、家庭规模、家庭关系、家庭收入水平等方面的不同，使不同家庭消费行为具有很大的差异性。

（4）家庭消费的相对稳定性　排除家庭剧变的特殊影响，大多数家庭的消费行为具有相对稳定性。这主要是由于家庭日常消费支出存在着相对稳定的比例关系，而且大多数家庭都能维持融洽而紧密的关系，具有各自特色的家庭消费观念与习惯，具有很强的遗传性功能。

特定的内外环境对家庭消费的稳定性具有重要的维系作用。并且，这种稳定性会随着社会经济的不断发展而呈现稳步上升的趋势。

（5）家庭消费的遗传性　是指由于每一个家庭都归属于某一民族、社会阶层或宗教信仰，并受一定的经济条件、职业性质及教育程度的制约，由此形成自身的家庭消费特色、消费习惯和消费观念等。而这些具有家庭特色的习惯及观念，会在日常消费行为中由老一代或父母潜移默化地传给后代子女。当青年一代脱离原有家庭、组建自己的家庭时，必然带有原有家庭的消费特征的烙印。

**（二）影响消费行为的家庭因素**

影响消费行为的家庭因素主要有家庭结构（类型、人口、受教育程度）、家庭收入、家庭消费计划、家庭生命周期及家庭决策类型等。

**1. 家庭结构**　包括家庭类型，人口结构，家庭成员的教育结构、年龄结构等，极少数家庭内部还有不同宗教信仰的家庭成员。

（1）家庭类型　国内的家庭结构虽然稳定，但从统计学的角度来看，整个社会的家庭结构又具有动态性特点。统计表明，国内家庭结构仍以三口之家为主，具有现代社会特色的丁克家庭（双份收入，无子女）、单亲家庭、独身家庭等所占的比例在逐渐提高。

传统的三口之家，实际上相当于家庭生命周期中的“生育期”至“满巢期”之间，一般夫妇二人的年龄在25~45岁之间，孩子的年龄在1~20岁之间。夫妇二人的消费具有典型的中、青年人消费特点。孩子日常消费与教育支出在我国家庭中占据了较大的比重。

（2）家庭人口数量　第五次全国人口普查显示，我国家庭平均每户人口为3.44人。家庭人口数主要从以下四个方面影响家庭消费：一是影响商品的消费数量；二是影响以家庭为购买单位的商品消费数量；三是影响消费行为的决策过程。家庭人口多，一般来说商品信息的来源比较广，相互之间可以参考消费经验；四是影响家庭生活水平和消费质量。

（3）受教育程度　受教育程度影响家庭成员获取商品信息的方式。受教育程度不同，在理解广告、公关宣传、商品功能说明、商品使用说明、商品包装说明时，都会产生差异。受教育程度越高，消费者的理解能力通常就越强，收集商品信息的能力越强，购买决策受周围环境的影响越少，愿意相对独立地作出购买的决定；而受教育程度越低，通常理解能力就越低，尤其是对专业性较强的商品说明。而当消费者面对难以理解的商品信息时，会转而求助于易于理解的替代形式，如购买其他品牌或中止消费。

经研究发现，受教育程度影响消费者对媒体的选择，受教育程度高的消费者，容易受文字水平较高的报纸媒体、杂志媒体的影响，从那些严肃性的栏目或节目中获得更多的科学知识和生活信息。而受教育程度越低的消费者，越多选择电视媒体，受电视媒体的影响越大。

受教育程度影响商品种类的选择和消费技能。受教育程度越高，消费技能会相应地提升，特别是一些需要一定专业知识才能使用的商品，对家庭成员的受教育程度要求较高。在文化消费方面，这种现象表现得十分明显。受教育程度越高，人们选择文化消费的倾向越强烈，而有些文化艺术形式的欣赏，本身也需要欣赏者具备必要的文化素养和艺术训练。

**2. 家庭收入**　家庭收入与家庭成员的职业、受教育程度，以及家庭成员中具有劳动能力的人数等有直接关系。家庭成员的消费行为必然受到家庭收入水平的影响。可以说，家庭收入是家庭消费中的决定性因素。总体来说，家庭收入水平越高，表现为整个家庭的购买能力越强，家庭成员的消费愿望越容易得到满足，购买前的积蓄与准备时间越短，消费需要很快就可以转变为消费行为；家庭收入越低，现实购买力越弱，即使他们的购买力达到了购买大量、高价位医药产品的水平，转变为现实购买力的比例也不高。市场调查和预测的首要指标就是家庭收入，可以直接将家庭收入与购买力按常数换算。

高收入人群在消费行为方面存在严重的两极分化现象，受教育程度低的高收入者，以满足自尊的需要为主，冲动性的购买行为较多；而受教育程度较高的高收入者，以享受性需要为主，理智性的消费行为较多。低收入的家庭，主要表现为对价格变化比较敏感，愿意购买物美价廉的商品，购买决策比较慎重。

**3. 家庭消费计划**　是指一个家庭在较长的时间内，统一管理家庭收入，并对日常消费和长期性消费支出作出具体的计划安排。家庭消费计划是消费技能的反映，影响家庭消费质量。家庭消费计划具体反映在三个方面：一是对家庭收入作出相应的支出计划；二是对消费商品作出购买计划；三是对家庭成员的消费需求作出安排。总的来说，善于制定家庭消费计划的家庭，虽然会限制一些成员的消费行为，但整个家庭的消费质量会比较高；如果整个家庭没有消费计划，在收入一定的情况下消费质量肯定会降低。

**（三）家庭生命周期与消费心理**

家庭生命周期是指一个家庭从建立、发展到最后解体所经历的整个过程。它是由婚姻状况、家庭成员年龄、家庭规模、子女状况，以及主人的工作状况等因素综合而成的，在国外常划分为单身期、新婚期、满巢一期、满巢二期、满巢三期、空巢期、孤独期等七个阶段。与此对应，在我国一个家庭一般来说要经历以下六个阶段，即单身期、新婚期、生育期、满员期、减员期和鳏寡期。在不同阶段，家庭的收入水平、生活方式不同，家庭成员的消费心理和消费行为也不尽相同。但对于每一个发展阶段来说，几乎所有的家庭都存在着许多共同的、非常明显的消费行为特点。

（1）单身期　主要是指能够独立生活但尚未组织家庭的阶段，一般在35岁以下。在国外，很多青年人有了独立生活的能力以后，就离开父母独自闯天下。在我国，随着大学生和进城务工者人数的增多，这部分人也在逐渐增多。

这一时期的消费者通常收入不高，但由于没有经济负担，因此对其消费支出具有高度的自主性，消费心理多以自我为中心。收入的大部分被用于支付房租、日常生活支出、购买个人用品与基本的家用器具，以及用于交通、娱乐和约会交友的支出。这一群体比较关心时尚，崇尚娱乐和休闲，消费内容有着明显的娱乐导向。

（2）新婚期　是指男女双方结婚登记成为合法夫妻并建立家庭，到生育第一个子女这段时期。随着人们工作、生活节奏的加快以及观念的改变，这个时期在整个家庭生命周期中所占的比例有增大的趋势。

一般来说，家庭在组建之初会有大规模突击性消费，如购置商品房，室内装修，购买成套家具、家用电器、室内用品以及婚礼时的高档服装、大量食品。新婚期往往是一个家庭消费品，尤其是耐用消费品的购买高潮期。在家庭建成之后，夫妇二人无其他生活负担，一般仍习惯于追求类似单身生活的物质享受，追求时尚、流行，讲究品味。

（3）生育期　指第一个孩子出生到最后一个孩子长大成人这一阶段。对于只生一个孩子的大多数家庭来说，生育期近20年；有些家庭的子女较多，家庭的生育期便相应延长。

在生育期中，家庭支出的相当大一部分用于后代的培养和教育，消费品包括儿童食品、文化娱乐品、教育、服装等。在我国家庭中，子女独立较晚，所以这一时期父母收入是消费的主要来源，子女基本上还没有进入决策角色。因此，父母是这一时期家庭购买的决策者，子女只是被动的消费者。

我国一些青年夫妇在刚刚结婚时，受收入水平的限制，有些消费需要不能得到满足，进入生育期之后，收入状况有一定程度的改善，在满足孩子消费需要的同时，一部分收入将用于补偿性消费。

（4）满员期　从子女长大成人到结婚分居这一阶段，属于满员期。子女长大成人，就要开始为他们的恋爱结婚作准备。这一阶段的家庭人口数最多，家庭成员基本上全部生活在一起，可以说是一个家庭的鼎盛时期。在多子女的家庭中，生育期尚未结束，满员期即已到来。

在满员期，子女已经长大成人，并且开始有一定的经济收入，已届中年的父母也基本上事业有成、收入颇丰，家庭的总收入处于最高峰，总体消费水平很高，有能力共同购置大件的商品，子女的消费经验也开始成熟，能够共同参与商品的评价、选择和购买活动，有些家庭中子女已成为购买商品的主要决策者。

满员期家庭的收入主要用在以下两个方面：一是满足整个家庭成员的消费需要；二是为子女结婚分居而进行的家庭储蓄。前者能够直接影响当前的商品消费市场；后者对房地产行业、大型家电行业等市场构成重大影响。受家庭消费观念的影响，储蓄型家庭的储蓄比重大，省吃俭用现象比较常见。

（5）减员期　子女成家立业，陆续组织新的家庭或消费单位，家庭人口逐渐减少的阶段称为减员期。在减员期内，父母的总收入可能达到最高水平，因为家庭人口数的减少，人均消费水平会达到很高的水平。在这一阶段，父母的收入支出主要用于以下三个方面：一是子女结婚时所需要的各项支出，这一支出所占的比例较大，通常转变为新婚期的消费支出；二是用于家庭的储蓄，以应付意外事故和养老储备等；三是用于第三代的消费补充，这方面受传统家庭观念的影响很深，对第三代的关心越多，消费补充越大。调查发现，我国中小学生的“零花钱”有相当一部分是爷爷和奶奶给的。

（6）鳏寡期　夫妻一人去世之后的时期，称为鳏寡期。夫妻一人去世，将会使家庭产生巨大的心理和行为变化，家庭经济状况也会发生变化，原来的经济收入可能锐减。

随着社会观念的变革，老人与子女共同生活的比例在下降。不与子女一起生活的老人，消费行为受习惯、个人兴趣以及收入水平等因素的影响较多，其消费经验非常丰富，消费决策慎重。总体来说，由于收入来源的减少以及老年人自身活动能力的减弱，其消费能力也相应下降，会形成一种较为节俭的生活方式。这时的消费基本上以饮食和保健为主。如果身体多病的话，医药方面的费用也不小。

## 五、不同年龄消费者群体与消费心理

研究消费者的角色心理特征，首先要考虑的是年龄特征。在按此标准形成的消费者群体中，尤以儿童、青少年、青年、中年、老年的消费者群体具有代表性。

**（一）儿童期**

儿童消费者群体是指 0~11 岁的消费者群体。这部分消费者在人口总数中所占比例较大。他们一般由父母养育和监护，自我意识尚未完全成熟，缺乏自我控制力，没有独立的经济能力。

**1. 儿童消费者群体的消费心理特征**　儿童的心理发展过程可分为婴儿期、幼儿期和童年期三个阶段。表现在消费活动中有以下几种情况。

（1）消费需求逐渐由本能的生理性发展为有自我意识的社会性的消费　儿童在婴幼儿时期，消费需要主要表现为生理性的，且纯粹由他人帮助完成。随着年龄的增长，儿童的消费需求逐渐由本能发展为有自我意识加入的社会性需要。例如，虽然儿童的东西大都是父母代为购买，但随着年龄的增长他们也有了一定的购买意识，并对父母的购买决策产生一定的影响，并且学会了比较，如“因为其他的小朋友都有，我也要”成为了购买的理由，有的还可以单独购买某些简单商品。

（2）从模仿型消费逐渐发展为带有个性特点的消费　儿童的模仿性很强，消费行为也是如此。但随着年龄的增长，这种模仿性的消费逐渐被带有个性的消费所替代。儿童有了对所接触到商品的评价意识，也开始强调与众不同，要有比其他的小朋友更好的玩具。

（3）消费心理从感性逐渐发展为理性消费　儿童的消费心理多处于感情支配阶段，消费情绪极不稳定，以至于见什么要什么，父母不给买就大哭大闹，且多喜新厌旧。但随着年龄的增长，接触社会环境的机会增多，儿童有了集体生活的锻炼，意志得到了增强，消费情绪逐渐趋于稳定，消费心理也趋于理性。

**2. 儿童消费者群体的营销策略**　儿童象征着未来，所以无论在哪个国家，儿童在家庭和父母的心目中都有着突出的地位，形成了一支庞大的消费大军。各种儿童服装、食品、智力玩具及其相关服务琳琅满目，且越来越精致、高档。厂商针对儿童的广告也是铺天盖地，儿童消费品市场被许多的厂商所看好，这是个不可忽视的、潜力巨大的市场。研究与掌握儿童的消费心理特征，对于开拓这方面的市场潜力，提高企业营销效益非常重要。作为营销者，可以从以下几个方面开展医药营销活动。

（1）以儿童父母为工作对象，从父母对子女的关爱、呵护等心理出发，以安全、舒适、强身健体等需要为出发点，进行产品的宣传。

（2）以儿童为工作对象，从小培养品牌意识，在产品的包装、广告设计、味道、色泽等方面遵从儿童的偏好，并开展儿童喜欢的游戏、竞赛、产品包装收集等活动。

（3）在环境设置方面，可以把儿童产品摆在低层货架上，提供儿童用或者乘坐的购物车，设计硬币入口低的自动售卖机等。

**（二）青少年时期**

青少年消费者群体是指年龄在 11~17 岁左右的群体。

**1. 青少年消费者群体的消费心理特征**　与儿童期相比，青少年消费者群体的生理和心理都有了较大的变化，生理上呈现第二个发育高峰，心理上有了自尊与被尊重的要求。总之，青少年期是依赖与独立、成熟与幼稚、自觉与被动性交织在一起的时期。在消费心理方面具有以下特征。

（1）与成人比拟，独立性增强　有成人感，这是青少年消费者自我意识发展的显著心理特征。他们在主观上认为自己已经长大成人，就应该有成人的权利与地位，反映在消费心理方面，则是不愿受父母过多干涉，希望按自己的意愿行事，要求自主独立地购买所喜欢的商品，喜欢在消费品的选择方面与成年人相比拟。

（2）购买行为的倾向性开始确立，购买行为趋于稳定　青少年时期对社会环境的认识不断加深，知识不断丰富，兴趣趋向稳定，鉴别能力提高。随着购买活动次数的增加，购买行为趋于习惯化、稳定化，购买的倾向性也开始确立。

（3）消费观念开始受社会群体的影响　青少年消费者由于参与集体学习、集体活动，接触社会的机会增多，受社会环境的影响逐渐增加，其消费观念和消费爱好由主要受家庭影响逐渐转变为受同学、朋友、老师、明星、书籍及大众传媒等社会因素的影响。

（4）独特的心理需要　该年龄段的消费者比较重要的需要有体验、归属、独立、责任、被认可等。使用某些产品是青少年表达这些需要的最重要的途径。并且，古今中外，青少年总是需要应对不安全感、父母专制、同辈压力、家庭责任等问题。他们通常要面对四种基本冲突：独立和归属、反叛和服从、理想主义和实用主义、自恋和亲昵。这些需求彼此之间存在冲突，青少年通过叛逆和顺从来达成自己需要的满足。

**2. 青少年消费者群体的营销策略**　针对青少年心理特点，主要的营销策略如下。

（1）注意突出产品会让青少年消费者“感觉良好”。

（2）注重口碑传播。与其他年龄阶段比，口头传播的力量在青少年群体更加明显。

（3）满足青少年消费者自我成长的需要。青春期的变化带来许多对于自我的不确定性，归属需要和找到自己独特个性的需要变得非常重要。在这一时期，活动、朋友、服饰等的选择对于是否被社会认同至关重要。青少年从他们的同伴和广告中积极寻找“正确”的表现和行为方式。所以，针对该群体的广告通常是行为导向的，往往通过描绘一群使用其产品的时尚年轻人。

（4）多利用电视、网络等媒体进行宣传。宣传内容要注意传达的信息要真实；少用或者不用说服的态度；注重娱乐性，可采用简短的、交互式的广告；表现出知道他们的经历，但不要过分渲染自己是“过来人”；重视在行动中表达本产品、本企业是值得信任的。

（5）注重品牌建设。品牌忠诚往往是在青春期建立的，青少年对一个品牌的好感可能会使其在未来很长一段时间里持续购买该品牌的产品。

**（三）青年期**

在我国，青年一般指18~35岁的人，是指由少年向中年过渡时期的人群。青年消费者群体人数多，是一支庞大的消费队伍。

**1. 青年消费者群体的消费心理特征**

（1）追求时尚，表现个性　青年人思维活跃，富于幻想，勇于创新，渴求新知，追求新潮，积极向上。这些心理特征反映在消费心理方面，就是追求新颖与时尚，力图站在时代前列，领导消费新潮流，体现时代特征。他们总是对新产品有极大的兴趣，喜欢更换品牌体验不同的感受。青年往往是新商品或新的消费方式的尝试者、追求者和推广者。

（2）突出个性，表现自我　处于青年时期的消费者自我意识迅速增强。他们追求个性独立，希望形成完善的自我形象。这些心理特征反映在消费心理上就是愿意表现自我个性与追求，非常喜欢个性化的商品，有时还往往把所购买的商品同自己的理想、职业、爱好和时代特征，甚至自己所崇拜的明星和名人等联系在一起，并力求在消费活动中充分表现自我。

（3）追求实用，表现成熟　青年消费者的消费倾向从不稳定向稳定过渡，因而在追求时尚、表现个性的同时，也注重商品的实用性和科学性，要求商品经济实用，货真价实。由于青年人大多具有较高的文化水准，接触信息较多，因而在选择与购买过程中盲目性较少，购买动机及购买行为表现出一定的成熟性。

（4）注重情感，冲动性强　青年消费者处于少年到成年的过渡阶段，思想倾向、志趣爱好等还不完全稳定，行动易受感情支配。上述特征反映在消费活动中，表现为青年消费者易受客观环境的影响，感情变化剧烈，经常发生冲动性购买行为。同时，直观选择商品的习惯使他们往往忽略了综合选择的必要，款式、颜色、形状和价格等因素都能单独成为青年消费者的购买理由，这也是冲动购买的一种表现。

（5）青年消费群体具有很强的购买潜力　青年消费者已具备独立购买商品的能力，具有较强的自主意识。尤其是参加工作以后有了经济收入的青年消费者，由于没有过多的负担，独立性更强，购买力也较高。

（6）青年消费者群体的购买行为具有扩散性　对其他各类消费者都会产生深刻的影响。他们的购买意愿大多为家庭所尊重，年轻的父母以独特的消费观念和消费方式影响下一代的消费行为，且对他们的长辈也会产生极大的影响。

**2. 青年消费者群体的营销策略**　作为营销者，可以从以下几个方面开展医药营销活动。

（1）使用青年群体的语言与他们沟通。随着年龄的增长，为了与同龄人保持一致，消费者的需要和偏好会相应发生变化。要针对青年群体的心理特点，在营销过程中减少“代沟”的不良影响，以免在消费行动和目标方面发生冲突。

（2）恰当使用怀旧策略。同一年龄群体的消费者会大致同时面临重大的人生转变，吸引他们的价值观和象征物可以唤起他们的怀旧情感。研究发现，30 岁以上的成年人对这一现象特别敏感，对往事的描述也会影响年轻人。

（3）注意突出产品的科技信息，重视知识营销，提供专业化的服务。

（4）体现人文底蕴及文化内涵。青年消费者群体更加关注商品的无形价值，药品的文化内涵与价值往往是打动他们的有力手段。

（5）药品的宣传要注意体现艺术性和渲染力。

**（四）中年期**

中年消费者群体一般指 35 岁至退休年龄阶段（55~60 岁）的群体。中年消费者群体人数众多，掌握着大量的社会财富，大多处于购买决策者的位置，不管在家里还是在单位，都是担负重任的“中流砥柱”。同时，“上有老下有小”，经济压力和心理压力大，负担重。此外，许多中年人的身体健康开始出现问题，有的开始靠药物维持生命。了解、把握中年消费者群体的心理特征，对企业进行正确营销决策有重要意义。

**1. 中年消费者群体的消费心理特征**

（1）理智性强，冲动性小　中年消费者阅历广，购买经验丰富，情绪反应一般比较平稳，多以理智支配自己的行动，感情用事现象不多见。注重商品的实际效用、价格和外观的统一，从购买欲望形成到实施购买往往是经过多次分析、比较后才作出判断，随意性小。

（2）计划性强，盲目性小　中年消费者大都是家庭经济的主要承担者。尽管他们的收入不低，但肩负着养老育幼的重任，因此，生活经济负担重。经济条件的限制，使其养成了勤俭持家、精打细算的消费习惯，以量入为出作为消费原则，消费支出计划性强，很少计划外开支和即兴购买。

（3）注重传统，创新性小　中年消费者正处于“不惑”和“知天命”的成熟阶段，青年消费者身上的一些特点在他们身上逐渐淡化。他们内心既留有青年时代的美好岁月，又要做青年的表率。因此，希望以稳重、老练、自尊和富有涵养的风度有别于青年。反映在消费方面，就是不再完全按照自己的兴趣爱好选择商品或消费方式，而是更多地考虑他人的看法，以维护自己的形象，与众人保持一致。

（4）注重质量，讲求实效　中年消费者对过于花哨的包装和复杂的功能不感兴趣，对款式和造型没有太多的要求，关注的是产品的质量、功效和便利性。购买时注重品牌，对已经习惯了的消费品牌很难轻易改变，尤其是对老字号以及青少年时代偏爱的品牌和商标记忆犹新。

（5）注重人际关系　中年消费者为了交流感情，加强与他人的联系，愿意花钱为子女、父母等购买高昂的礼品和保健品。

（6）注重品味，讲究细节　中年群体虽然对款式没有太大的讲究，但是他们很注重品味，对细节很关注。如果商品的宣传页简陋、包装粗劣、字迹标志不清晰等，就会使其觉得该商品质量一定不好，用了会有损自身的身份和形象。

**2. 中年消费者群体的营销策略**

（1）强化药品的品质，突出药品的功效　在宣传、营销中，突出强调药品的质量与使用功能，不人为夸大药效。

（2）注意产品的包装和设计　中年顾客对包装的在意程度集中在便于认知、注重实用上。包装不要很花哨，但是对包装的整体感觉要端庄、大方、有品位，要求第一眼就让人知道这是个大品牌、信得过的商品，让他们的商品能得到亲朋好友的认同，体现他们的品味。

（3）利用价格的心理策略巧妙定价　中年消费者购物时讲求经济实惠，所以一般药品要有合理的性价比，价格公道。针对不同的社会地位和角色的消费者，可以采取平价销售、优惠、折扣等策略。通常情况下，消费者认为商品价格越高、其价值越高，质量越好、功效越强。价格作为一种重要的质量信号，成为他们衡量商品质量的好坏和价值高低的尺度。所以某些药品、保健品等商品可以采取声望定价法，对于质量上乘的产品制定高价策略，用质量好、品牌价值高来体现中年消费者的身份和地位。

（4）优化购买环境，提供优质服务　经过调查研究发现，中年消费者对卖场的购物环境非常在意，如是否拥有停车场、是否窗明几净、是否标价清晰明了、是否有专门的服务人员等，这些都是影响他们选择卖场的重要因素。因此，要注重装修设计，培养专业的营销人员，形成良好的购物环境。此外，中年消费者十分重视销售服务和售后服务，营销人员要提供优质的销售服务，让消费者放心购买。

**（五）老年期**

老年消费者群体一般指退休以后（55~60 岁）的消费者组成的群体。老年人作为社会的特殊群体，就其自然属性来说，意味着衰老和脆弱，但就其心理、社会属性来讲，却意味着经验与智慧，是社会的宝贵财富。

老年人是一个特殊的消费群体，老年消费市场是一个全世界都在关注的市场。随着世界人口出现老龄化的趋势，老年人在社会总人口中所占的比例不断增加。尤其是我国，老龄化趋势明显，到2050年，每4个中国人中就将有一位老年人。老年人口多、收入稳定增长、需求层次多，庞大的“空巢家庭”、丧偶老人和独居老人群体对社会服务的需求与日俱增，购买力强、购买欲望强。计划生育政策导致人口生育水平下降，生活水平提高、医疗卫生保健改善带来人口预期寿命不断提高，是老年市场需求快速增长的两个主要原因。与青年消费者、中年消费者相比，老年消费者在生理和心理上发生了明显的变化。

**1. 老年消费者群体的消费心理特征**

（1）消费习惯稳定，消费行为理智　老年消费者在几十年的生活实践中，不仅形成了自身的生活习惯，而且形成了一定的购买习惯。这类习惯一旦形成就较难改变，并且会在很大程度上影响老年消费者的购买行为。反过来看，这会使老年型医药市场变得相对稳定。消费者往往会忠诚于旧品牌，钟情于老字号并倍感亲切，对新的产品品牌不会主动接受，且容易忘记。由于年龄和心理的因素，与年轻人相比，老年人的消费观较为成熟，消费行为理智，冲动型热情消费和目的不明的盲目消费相对要少。老年人有比较多的消费经验，所以在消费的过程中往往善于观察、比较和分析某种商品，显得比较理性。在购买医药商品前，老年人常常多方搜寻所需医药商品的信息，了解市场行情，先对医药商品有一个全面的认识，经过相互比较，深思熟虑之后才作出购买决定，对不熟悉、不了解的医药产品一般不轻易购买。他们往往对广告宣传和他人建议会作出谨慎的考虑，但不会轻易地相信，在挑选过程中往往比较仔细并且有耐心。他们在消费的整个过程中，由理智来支配行动，很少发生冲动的购买行为，对消费新潮的反应显得较为迟钝，不赶时髦，而是讲究实惠。

（2）商品追求实用性　老年消费者一般退休后，收入有所下降，他们心理稳定性高，过日子精打细算，其消费已不像青年人那样富于幻想、重视感情。购买医药商品常常把产品的实用性放在第一位，强调质量可靠、方便实用、经济合理和舒适安全。至于医药产品的品牌、款式、颜色和包装是其次需要考虑的。

（3）消费追求便利，要求得到良好的售后服务　随着年龄的增长，老年人的听力、视力、体力，以及运动的平衡性、灵活性都明显减弱，其体质也不断下降，他们也更希望得到全面的服务以弱化自身生理上的不足。老年消费者对商品的要求着重于其易学易用、方便操作，总希望购买场所交通方便些，标价和说明清楚些，陈列位置和高度适当，便于挑选，购买手续简便，服务热情、耐心、周到。购物时希望获得更多的特殊帮助和照顾，在商场和其他消费场所，最怕别人说他们动作缓慢，购物挑三捡四。营业员态度的好坏、购物环境的好坏、商品陈列是否醒目、使用说明是否详细、产品操作是否简便易懂、售后服务是否有保证等都直接影响老年人购买欲望和数量。

（4）消费需求结构发生变化　人到了老年，对死亡的恐惧与日俱增，对生的渴望非常强烈。他们渴望有个好身体，渴望延年益寿，与年轻的消费群体相比，其消费结构也发生了很大的变化，保健食品和医疗保健用品的支出增加。便利性强、有益于身心健康、能够在一定程度上弥补老年人生理上和心理上的某些缺陷和不足的商品，更受老年消费者的欢迎。他们对各类老年服务的需求也大大增加，在穿着和其他奢侈品方面的消费之处大量减少，而对满足老年人兴趣爱好的商品需求量明显增加。这些特点还存在城乡差别、年龄差别、兴趣爱好差别和收入差别。

（5）较强的补偿性消费心理　在子女成家立业，没有过多的经济负担后，部分老年消费者产生了较强的补偿性消费心理，对养生、保健、美容、衣着打扮、营养食品、健身娱乐和旅游观光等方面，有着与青年人类似的强烈消费兴趣，以补偿那些过去未能实现的消费愿望。

（6）喜欢群体性交往　老年人孤独感重，为了排解这种感受，往往喜欢和社区邻里、老同事、老朋友等在一起活动，相互交流生活琐事、使用各种商品的经验及心得体会。老年人年龄较大，反应不太灵活，出门购物喜欢结伴而行，找伴陪购，心里踏实。这一方面让购物变得不再枯燥，多一个伴多一份照应；另一方面，在购买商品时也可以互相参考、出谋划策，同伴的意见能起很大的作用。因此，老年人的口碑是影响老年消费者购买行为的重要因素。

（7）图小利、重服务的消费心理　尽管老年人购物比较理性，但是，勤俭节约的思想会影响中国老年群体的消费行为，只要是需要的东西，即使目前不急需，如果有降价、折扣、赠送等促销活动，老年人也会形成消费行为。另外，服务是老年人特别看重的消费内容，包括销售过程中的热情导购、适度的介绍、周到的服务和无微不至的关心、送货上门、免费安装调试，详细的使用解说，手把手的使用示范等售后服务。

（8）价值观念、生活方式日益更新　随着社会的进步和经济的发展，中国老年人的价值观与生活方式在不断更新。许多老年人不再像老一辈那样只管填饱肚子，而是更多地按照营养要求、自身身体情况安排饮食；不再穿着灰暗肥大、多年不变的衣服，而是追求款式新颖、舒适保健的服装；不再被繁重的家务所拖累，而是期望参加各种社会活动、文化娱乐、体育健身活动，老有所乐、老有所为。老年人的消费观念也不断现代化。一些经济条件较好的老年人对时尚产品和新潮消费同样感兴趣，出手也日渐大方，尤其是在保健品、卫生用品、医疗服务、生活照顾等延年益寿、增进健康的支出上，老年人更舍得花钱。养生保健、营养膳食、健身器材、旅游、整容手术、皮肤治疗、老年大学、家政服务、保险业等，都潜藏着巨大的利益空间。

（9）对年幼家庭成员支出明显　据调查，有老年人的家庭中，生活费人均支出要明显超过其他家庭。老年人在很多产品类别上的支出都比其他年龄群体更多，如家庭日用品、服装等。经济收入好的老年人，会从经济上支持子女。如果其刚刚成为爷爷奶奶，那么他们有可能购买更多的玩具和婴幼儿用品。尤其是我国在传统观念的影响之下导致“隔代亲”情结，以及计划生育政策导致“421”家庭（4个祖父母、外祖父母，2个父母，1个孩子）的增多，祖父母、外祖父母心甘情愿为家中的“小皇帝”提供“钱袋子”。但随着我国计划生育政策的改革与实施，这一现象可能会有所变化。

**2. 老年消费者群体的营销策略**

（1）体现尊重　由于老年人有着比别人更多的经历，见多识广、经验丰富，往往表现出较强的自信和自尊。营销者要重视售前、售后服务，做到积极主动，热情细心地为老年消费者介绍商品。在服务过程中，服务态度要积极、温和，体现对老年人的尊重。

（2）产品质量可靠安全　注重实用性、方便性、保健性。

（3）提高服务水平　老年人对企业的第一印象是很重要的，企业应对老年人提供良好的售前、售中和售后服务，如热情接待、耐心咨询、简化手续、送货上门、免费安装调试、免费上门维修等，最大限度地为老年人提供方便。

(4) 广告媒体宣传要体现情感特点　老年人活动范围相对缩小，一般局限于家庭和社区，因此媒体的选择应适应这个特点，以家庭和社区为主要目标，运用广播、电视、报纸等媒体开展宣传。广告媒体宣传一定要针对老年人的实际需求和所思所想，抓住他们怀旧和重感情的特点，体现尊老、敬老、爱老的主题，既不胡夸乱造、又能体现产品的实际特点，还要包含对老年人的不尽关怀。广告还应该抓住社会关心、尊重老年人以及老年人渴望与人接触、渴望人间温暖、渴望得到社会和家人的尊重与关注的情感心理，将“情”字贯穿于广告宣传的始终，处处为老年人着想，做到动之以情，使广告更能体现对老年人的关怀，更具人情味，以真情博得老年消费者的好感。

(5) 销售渠道的设计要合理　老年人随着年龄的增大，身体状况下降，活动的范围有限，企业在销售渠道方面要设计方便，以方便购买为指导思想。销售渠道尽可能选择老年商场、老年专卖店、老年便利店、老年专柜等销售老年产品，使其尽量接近老年人生活的地方，以便为老年人提供更多便利条件。此外，企业还需加大销售渠道的终端建设与管理、商品的摆放合理、店铺的服务设施完善、服务项目的设置，使其符合老年人的生理和心理特点。

(6) 开展人员推销　老年人由于角色转换，一般会有孤寂失落感。而有孤寂失落感的人心理防线脆弱，易接受直接的人员推销。因此，在费用允许的情况下，企业应多采用人员推销，如电话推销、上门直销等，通过口头交谈，交流感情，帮助说服老年人购买产品或接纳某种想法，做到诚信待人、以礼待人。同时，根据老年人生理和心理需求，在各个购物场所尽量提供能够满足老年人休息和娱乐的地方。

(7) 合理的价格定位　老年人往往对价格具有较高的敏感性。价格的高低，直接影响着老年消费者的消费决策，物美价廉的商品往往是老年人的首选。经济实惠是多数老年人购买商品的基本准则。这不仅是由老年人的消费心理决定的，更是由老年人的经济状况和经济承受能力决定的。企业在制定价格时，要进行合理的价格定位，尽量降低产品的成本，以便为维持较低的价格打下基础。同时，企业也应该注意到随着老年人的生活水平的提高和生活方式的多元化发展，部分老年人，尤其是收入过高的那部分老年人对高档老年产品及服务已表现出较强的需求欲望。企业也可适当地增加一些高档次的优质优价产品，以满足部分高收入老年人的需求欲望。同时，可以通过这种以高养低的方式来提高企业的盈利水平。

## 六、不同性别消费者群体的心理特征

### （一）女性消费者群体

据人口统计的结果，女性占总人口的48.7%，其中对市场消费起主导作用的中青年女性（即18岁到55岁的女性）约占人口的25%。作为女性，她们扮演着母亲、女儿、妻子、主妇等多种角色，不仅主宰自己的消费需求，而且在家庭中对其他的消费者群体起决定性的影响作用。据有关资料表明，在家庭用品购买中，女性完全占支配权的占51.6%，与家庭协商做联合决策的占44.5%，合计达96.1%。因此，在市场营销活动中，女性成为绝大多数儿童用品、老年用品和家庭用品的购买者。

**1. 女性消费者的心理特征**

（1）态度细腻，选择性强　女性消费者的态度细腻认真，对产品的挑剔程度较男性要强；同时，女性的表达力、感染力、传播力和影响力都很强，企业如果争取到一位女性消费者就可能会争取到一个消费者群体。

（2）注重外观，感性消费　女性天生浪漫多情，所以消费行为更倾向于感性化。爱美心理是女性消费者普遍存在的一种心理状态。这种心理反映在消费活动中，就是无论是青年女性还是中年妇女，都希望通过消费活动既能保持自己的青春美，又能增加修饰美。因此，在挑选商品时，格外重视商品的外观和形象，并往往以此作为是否购买的依据。她们即使购买日常生活用品，对其外观、形象、情感特征也很重视。吸引女性消费者的因素不一定是产品的质量和功能，而是产品名称、款式、包装，甚至是广告或者营业场所的氛围等。女性消费者被商品引起的情感程度与其本身的联想力密切相关。例如，品牌的寓意，款式、色彩产生的联想，商品形状带来的美感及环境气氛形成的温馨感觉等，都可以使女性萌发购买欲望，甚至产生冲动性购买行为。在给丈夫或男友、子女、父母购买商品时，她们的这种心理特征表现得更加强烈。

（3）有较强的自我意识和自尊心　女性消费者对外界事物反应敏感，有较强的自我意识和自尊心，往往以挑剔的眼光来对待产品和商家，希望自己购买的产品是最有价值的，自己的选择是最明智的。即使作为旁观者也愿意发表意见，并希望被别人所采纳。在购买活动中，营业员的表情、言语，广告宣传及评论，都会对女性消费者的自我意识和自尊心产生影响，进而影响到消费行为的实现。购买活动中，营业员的表情、语调介绍及评价等，都会影响女性消费者的自尊心，进而影响其购买行为，她们一般不能容忍营业员怀疑自己的常识和能力。一些女性消费者希望比别人富有或有地位，因此，除了满足自己的基本生活消费需求或使自己更美、更时髦之外，还可能通过追求高档次、高质量和高价格的名牌或在外观上具有奇异、超俗、典雅和洒脱等与众不同的特点，来显示自己的优越地位和超人之处。

（4）注重实用性和具体利益　由于女性消费者在家庭中所扮演的特殊角色，以及她们日常处理家务劳动的实际经验，使她们对商品关注的角度与男性消费者大不一样。在涉及家庭用品的购买行为时，她们会不厌其烦地反复询问，对商品在生活中的实际效用和具体利益表现出更强烈的要求，所以，大部分的促销活动对女性消费者是很有用的。

（5）购物过程中反复比较，善于沟通　很多女性消费者视购物为自己的本分和专长，并以此为乐趣。由于所购买的商品种类繁多，选择性强，竞争激烈，加之女性特有的认真及细腻等特点，使她们在购买商品时往往千挑百选，“货比三家”，直到找不出什么“毛病”了，感觉最合适了，才会下决心购买。另外，女性消费者通常具有较强的表达能力、感染能力和传播能力，善于通过说服、劝告和传话等方式对周围其他消费者的购买决策发生影响。

**2. 针对女性消费者群体的营销策略**

（1）体贴入微、多方位地情感导入　针对女性消费者群体的营销要素，更多地在于其所蕴含的气氛、情感、趣味和理解。因此，厂商要在经营中引入情感方式，商品的设计、包装要诉诸情感诱导，利用明亮的色彩、精美的包装、流畅的造型、巧妙的构思，以迎合广大女性消费者的心理，激发女性消费者的感情。因此，在强化品质、培养潜在女性客户的同时，关注女性的生活质量与精神状态是进行情感导入的最佳视角。如今，不仅要关注女性会买什么，更要关心女性在想什么、做什么。要关心女性在购买产品后，如何提高生活质量，创造美好的人生景观。在导购现场，营销人员富有感情色彩的描绘可以使顾客将这种场景和自己的亲身经历结合起来。营造的情景可以强化品牌商品的美好形象，满足购买期望。而女性的购买行为主要是由感情力量引起，如果终端销售人员所描绘的情景，正好吻合购买者原有的想法，则这种带有感情色彩的推荐最容易起到效果。

（2）采用情景营销策略，开展形象营销　女性为了彰显自己独特的生活方式，展示个人的能力与品位等，比较看重依附在商品使用价值之外的“符号象征”。情景营销的策略就是在销售的过程中，运用生动形象的语言给女性顾客描绘一幅使用产品后带来的美好图像，激起顾客对这幅图景的向往，刺激顾客消费的欲望。

（3）良好的沟通交流，有效的广告宣传　①针对女性群体的广告宣传，内容上应避免简单的商品信息传递，必须尽量表现以人为主题，而非以产品为主题。广告可以采用以感性诉求为主题，把诸如爱情、友谊、尊严、家庭等因素融入广告诉求的主题中，赋予商品一种情感，把情感融入商品之中，让消费者产生美的享受，真正把信息与情感传递到她们心中，把握女性消费者深层次的心理需求，让广告与女性消费者购物时的情绪相吻合。②提高广告的权威性。女性消费者更相信权威与偶像，信任朋友。让名人做代言或广告可提高商品的权威性，基于女性消费者较为信任朋友，信任身边的人，不让商品的使用效果遥不可及。③选准媒体。在女性消费者经常接触的媒体上，如女性频道，时尚杂志，娱乐节目，一些影响力较大的女性网络社区、女性网络论坛等，投放与时尚、美容、健康、家庭等主题相关的广告，较能精准地把商品信息传播给女性消费者。

（4）不断创新营销手段　①巧妙利用传播渠道，迎合女性“情绪化”心理，开展多种形式的促销活动，例如打折、赠送礼品，以及在“妇女节”“母亲节”等节假日，推出一系列以关爱女性为主题的节日促销，赋予产品以感情，赢得女性信赖。②利用女性消费者的心理特点，灵活运用价格心理策略，比如，对一般日常生活用品采取低价策略，即在广泛市场调查的基础上，产品价格取市场最低价，这样才能保证女性消费者在货比三家时，选中本企业的产品。而对新产品、儿童消费品、化妆品、女性品牌服装、保健品、金银珠宝首饰等采用高价策略，利用“一分钱一分货”“好货不便宜”的价格心理准则，使其感到所购产品物有所值。

（5）温馨和谐的服务与环境　营销人员在为女性消费者服务的过程中，要注重经营方式和服务艺术。营销人员要注意语言的规范化，要有礼貌，讲究语言表达的艺术性，尊重女性消费者的自尊心，赞美女性消费者的选择，博得消费者的心理满足感。商品的销售环境要符合女性消费者心理，要创造条件，营造一个相对安静、舒适的购物场所。清晰明了的橱窗陈列、诱人的气味，以及优美的音乐、明亮的灯光、舒适高雅的环境，都能成为一种吸引力，使女性消费者产生先入为主的好感，诱发其积极情感，从而产生购买欲望，直至发展为购买行为。

（6）开展网络营销　网络营销是企业整体营销战略的一个组成部分，是建立在互联网基础之上，借助于互联网特性来实现营销目标的一种营销手段。女性由于怀孕行动不便、照顾孩子、做家务、照顾老人等因素，不方便出门购物，网购成为解决这一问题的有效方法，受到广大女性的青睐。有关调查数据显示，我国6城市职场女性生活方式中，87.7%

的被调查者有上网习惯，每周平均上网时间为25.5个小时。将来，会有更多的女性消费者接触网络，网络也成为女性消费者集购物、娱乐等生活的重要组成部分。基于此，结合女性消费者的心理特点，首先，针对女性消费者较为注重个性化的心理特点，可以开展一对一定制服务，让女性消费者感到“这是为我所设计的”，同时也满足其精神需求。其次，开辟专门的女性网络论坛或社区，形成网络女性消费群体，把电子商务深入到网络社区之中，实现全面多方位的交流，形成良好的网络互动。建立女性论坛，使之成为女性消费者相互沟通消费信息和消费体验的平台，同时也扩大了产品在女性消费群体中的影响力。再次，如何提升企业网站的客户体验是营销型企业网站必须考虑的重要问题，利用诸如产品试用或免费在线体验等形式，让女性消费者能直观形象地了解产品，从而产生购买行为。

（7）口碑营销　口碑营销是一种比较传统且非常有效的营销手段。口碑营销主要有三个重要过程：选择适当产品，选择口碑信息制造者，策划口碑的营销推广。女性消费者乐于与他人分享，喜爱交流购物经验，易接受朋友的购买意见。口碑营销的可信度高，营销人员可利用口碑营销来满足女性消费者的需求、赢得女性消费者的满意和顾客忠诚、与女性消费者建立起良好的关系，以提高企业和品牌形象。① 选择女性消费者比较感兴趣的商品；② 选择女性消费者中赶潮流、追求时尚者，其是产品消费的主流人群，是最先体验产品的可靠性、优越性的受众；③ 把口碑效应扩大化，以拉动消费，使产品扩大影响力，传递产品的价值，让其他的女性消费者接受并购买产品，进而顺利、快速地将产品或服务理念推广到市场。

（8）与女性消费者保持沟通和联系　女性消费者注重人际关系与沟通。企业营销人员要与女性消费者保持沟通和联系，维持和增强企业与消费者之间的感情纽带。企业还应特别注意消费者的反馈信息的分类与研究，尤其是消费者的问题和抱怨。“商机往往存于问题之中”，这就要求企业正确看待和处理来自消费者的问题，用更好的服务提高顾客的满意度和忠诚度。另外，运用储存的消费记录来推测未来女性消费者行为具有相当的精确性，从而使企业能更好地满足女性消费者的需求，建立起长期的稳定的客户关系，实现双赢。

**（二）男性消费者群体**

**1. 男性消费者群体的消费心理特征**　与女性相比，我国男性就业率和经济收入相对较高。在城镇，男性平均消费水平低于女性，而在农村却明显高于女性。在购买活动中，男性对产品的结构与功能的了解能力优于女性，这往往使他们成为结构较为复杂的产品及高档耐用消费品（如健身器械）的选购者。男性购买决策的信息较多通过广告获取。对某种产品的购买动机一旦形成，他们就会迅速果断地付诸实施，实现购买决策。而且，男性在购买产品时很少挑剔，也不愿意在同类产品不同品种之间反复地比较权衡。因此，他们选购产品的范围较窄。在新产品的接受方面，男性比女性更为积极主动，这是男性成就感和控制欲的表现。男性消费者群体的消费特征有以下几个方面。

（1）动机形成迅速、果断，自信心强　男性的个性特点与女性的主要区别之一就是具有较强理智性、自信性。他们善于控制自己的情绪，处理问题时能够冷静地权衡各种利弊因素，能够从大局着想。有的男性则把自己看作是能力、力量的化身，具有较强的独立性和自尊心。这些个性特点也直接影响他们在购买过程中的心理活动，因此，动机形成要比女性果断迅速，并能立即导致购买行为，即使是处在比较复杂的情况下，如当几种购买动机发生矛盾冲突时，也能够果断处理，迅速作出决策。特别是许多男性不愿“斤斤计较”，购买商品也只是询问大概情况，对某些细节不予追究，也不喜欢花较多的时间去比较、挑选，即使买到稍有瑕疵的商品，只要无关大局，多数不愿去计较。同时，男性善于独立思考，自己下定决心，一般不会轻易受外界环境或他人的影响。

（2）购买动机被动　就普遍意义讲，男性消费者不如女性消费者经常料理家务，照顾老人、小孩，因此，购买活动远远不如女性频繁，购买动机也不如女性强烈，比较被动。在许多情况下，购买动机的形成往往是由于外界因素的作用，如家里人的嘱咐、同事朋友的委托、工作的需要等，动机的主动性、灵活性都比较差。常常可以看到这样的情况，许多男性顾客在购买商品时，事先记好所要购买的商品品名、样式、规格等，如果商品符合自己的要求，则采取购买行动，否则，就放弃购买动机。

（3）购买动机感情色彩淡　男性消费者在购买活动中心境的变化不如女性快，不喜欢联想。相应的，感情色彩也比较淡。所以，当动机形成后，稳定性较好，其购买行为也比较有规律。即使出现冲动性购买，也往往自信决策准确，很少反悔退货。需要指出的是，男性消费者的审美观同女性相比有明显的差别，这对他们动机的形成也有很大影响。

（4）求新、求异、好胜心理　相对女性而言，男性具有更强的攻击性和支配性。这种心理在消费上表现为求新、求异和开拓精神，男性消费者往往对新产品有较高要求，敢于尝试新生事物。

（5）消费力求方便、快捷　男性消费者注重自己的事业发展，对家庭日常消费关心较少，购物过程缺乏耐心，遇到目标商品，会迅速购买。

**2. 针对男性消费者群体的营销策略**

（1）提高产品质量，改进产品工艺，提高产品科技含量。

（2）在服务过程中热情服务，表达尊重。男性消费者自尊心、好胜心强，爱要面子，愿意选购高档气派的商品，忌讳别人说自己小气、买的商品“不上档次”。

（3）服务过程中要行动迅速，简化流程。男性消费者怕“麻烦”，繁琐的手续会让他们退却。

（4）购物环境优雅，讲究品位、文化与档次，尽量“高大上”。

（5）注重理性诉求，在产品工艺、品质、科技等方面多加宣传，为男性消费者提供确定的信息参考。

## 七、不同社会阶层与消费心理

### （一）社会阶层的含义和特征

社会阶层是指某一社会中根据社会地位或受尊重程度的不同而划分的社会等级。社会从最低的地位到最高的地位，形成了一个地位连续体。社会中的每位成员，不管愿意与否，实际上都处于这一连续体的某个位置上，由此形成有序的社会等级结构。社会阶层具有以下特征。

**1. 等级分布**　社会阶层从地位低到地位高呈纵向连续分布。人们不一定清楚划分这些等级的相关依据，但都知道这种等级的存在，并确定自己处于哪个社会等级。

**2. 多维性**　一个人处于哪个阶层是由多个因素决定的。这些因素包括受教育程度、职业、经济收入、家庭背景、社会技能甚至住房档次以及居住的地理位置等，其中，受教育程度、职业和经济收入最为重要。

**3. 对成员行为的约束性** 在同一阶层内，人们在价值观、态度和行为模式等方面存在着一致性，而在不同的社会阶层之间则有着明显的差异。因此，在现实生活中，社会交往较多发生在同一阶层之内，而不是不同阶层之间。

**4. 同质性** 同一阶层的社会成员在价值观和行为模式上具有共同点和相似性。这种同质性在很大程度上是由成员共同的社会经济地位所决定，同时也和他们彼此之间的频繁互动有关。

**5. 动态性** 个体所处的社会阶层是会发生变化的。随着时间的推移，同一个人可能从原来所处的阶层跃升到更高的阶层，也可能跌入更低的阶层。社会越开放，社会阶层的动态性表现得越明显；反之，则个体从一个阶层进入另一个阶层的机会就越小。个人的努力程度和社会条件的变化是促使社会成员在不同阶层之间流动的主要原因。

**6. 相对稳定性** 通常，在一个较长的时间段内，社会阶层不会有太大的改变，具有相对稳定性。

**（二）社会阶层的划分**

**1. 社会阶层的划分依据**

（1）教育 教育是提高社会地位的主要途径，自然也是评价社会地位的一项重要指标。在大多数国家，一个人所受的教育程度越高，他的社会地位就越高。凡是稍好一点的职位，对能力和素质都有很高的要求。要达到这种要求，通常需要接受更高的教育。不仅如此，教育还影响个人的品位、价值观、获取信息和作决策的方式。总之，教育影响到个体消费模式和生活方式的各个方面，与职业一起构成衡量社会阶层最常用的两项指标。

（2）职业 在市场调研中，职业是应用最广的单项指标。事实上，人们初次见面，总是以职业来评价和界定对方。职业与教育、收入紧密地联系在一起，在很大程度上反映一个人的社会地位。在现代社会，存在着成百上千种职业。人们常用不同的方法给职业评分或对职业声誉排序，最常用的职业分层是社会经济指数法。它是以不同职业的人的受教育水平和收入为基础的一种评价方法。社会经济指数的每个组成部分都被赋予一定的权重，以使每个职业所得分数与公众对这个职业的地位评价标准相类似。一旦合适的权重被确定，那么任何职业的等级就可评定出来。

（3）收入 传统上，收入是划分社会地位和社会阶层的常用指标。因为，一方面，收入高低与个体所处社会阶层有着较密切的联系；另一方面，收入是维持一定生活方式的前提条件。收入不仅制约着人们的购买能力，而且影响着人们对工作、休闲和购物等活动的看法。当然，收入作为衡量社会阶层的基本指标也存在着问题和局限。首先，被调查者也许不愿意公开自己的收入，或不能确切地按研究人员所界定的收入概念确定自己的收入；其次，收入本身并不能完全有效地解释由于社会阶层所形成的行为差异。一位大学教授的收入或许与一位卡车司机的收入不相上下，然而他们的观念、意识和偏好则会有相当大的差别。

**2. 社会阶层的划分方法** 目前，国际上比较流行的划分方法是把一个社会分为三大阶层，即上层、中层和下层；再细分，还可以再分为上上层、上下层、中上层、中下层、下上层和下下层。

（1）上上层 上上层人群约占人口总数的1%。这是社会中规模最小的一个阶层。他们处于社会的最高层，在居住、交友和社会关系等方面都具有国际视野，对其他阶层的消费者具有示范和引领作用。

（2）上下层　上下层约占人口总数的2%。他们往往具有强烈的显示自我的愿望，渴望在社会上显示其身份、地位和财富。他们是私人别墅、游艇、游泳池及名牌高档商品的主要消费者，是购买力最强的一部分消费群体。

（3）中上层　中上层约占人口总数的12%。这一阶层消费者具有较高的收入，非常重视教育的作用，注重家庭的智力投资，偏爱高品质、高品位的商品，注重商品与自己的身份地位相匹配。

（4）中下层　中下层约占人口总数的30%。他们通常尊重传统，生活保守，喜欢购买大众化、普及性的商品，不喜欢时尚的、标新立异的商品，对价格较为敏感，努力保持家庭的整洁和舒适。

（5）下上层　下上层约占人口总数的35%。他们为维持生计，整日忙碌于工作与生活中，与外界联系较少，在消费上多属于习惯性购买者，喜欢购买实用廉价的商品。

（6）下下层　下下层约占人口总数的20%。他们生活贫困，可支配的收入少，在消费上多属于经济型购买者，喜欢购买低价或者特价处理的商品。

**（三）社会阶层对消费者行为的影响**

由于每位消费者都归属于一定的社会阶层，他们的消费观念、生活方式都会受到所属阶层的制约与影响，因而同一阶层的消费者在消费心理与行为上会有许多相似之处，而不同阶层的消费者则表现出明显的差异。这种心理差异会直接影响到消费者的行为选择，具体表现在以下几个方面。

**1. 社会阶层对支出模式的影响**　消费者在选择和使用产品时，尤其是在住宅、服装和家具等能显示地位与身份的商品的购买上，不同阶层消费者的差别非常明显。例如，在美国，上层消费者的住宅区环境优雅，室内装修豪华，配有高档的家具和服装。中层消费者一般存款较多，住宅也相当不错，但他们对内部装修则不是特别讲究，高档的服装、家具数量不多。下层消费者的住宅周围环境较差，服装与家具上投资较少。此外，下层消费者的支出行为在某种意义上带有“补偿”性质。一方面，由于缺乏自信和对未来并不乐观，他们十分看重眼前的消费；另一方面，教育水平普遍较低使他们容易产生冲动性购买。

**2. 社会阶层对休闲活动的影响**　一个人所接受或偏爱的休闲活动通常是同一阶层或临近阶层的其他个体所从事的某类活动。例如，基于希望被同一阶层成员接受的“认同心理”，一些自认为是“上等阶层”的人，不管是否真心喜欢，都倾向于以打高尔夫球、钓鱼等为主要的休闲活动，以配合其上层身份。虽然在不同阶层之间，用于休闲的开支占家庭总支出的比重相差不大，但休闲活动的类型却差别很大。

**3. 社会阶层对信息接收和处理的影响**　低层的消费者在购买过程中可能更多地依赖亲友提供的信息，中层消费者则比较多地从媒体上获取信息。不仅如此，特定媒体和信息对不同阶层消费者的吸引力和影响力也有很大的不同，电视媒体对越高层的消费者影响越小，网络媒体则正好相反。

**4. 社会阶层对购物方式的影响**　研究结果表明，消费者所处的社会阶层与某商店的社会阶层定位相差越远，光顾该商店的可能性就越小。高社会阶层的消费者喜欢到高档、豪华的商店去购物，从而产生优越感，得到心理上的满足；而低社会阶层的消费者在高档、豪华的商店则会产生自卑、不自在的感觉。

当然，尽管同一阶层的消费者，在价值观念、生活方式以及消费习惯等方面都表现出基本的相似性，但因各个消费者在经济收入、兴趣偏好和文化程度上存在具体差别，因而在消费活动中也会表现出一定程度的差异。就企业而言，区分同一阶层消费者的差异，可以使企业的市场细分更加细致有效，从而使营销策略更有针对性。

扫码“学一学”

## 第三节　消费习俗与消费流行

消费习俗与消费流行，在影响消费者心理的各种环境因素中，具有强制性和排他性，是社会潮流与社会传统在消费者心理活动及消费行动中的特定反映。

### 一、消费习俗的特点与分类

消费习俗是指客户受共同的审美心理支配，一个地区或一个民族的客户共同参加的人类群体消费行为。它是人们在长期的消费活动中相沿而成的一种消费习惯。在习俗消费活动中，人们具有特殊的消费模式。它主要包括人们的饮食、婚丧、节日、服饰、娱乐消遣等物质与精神产品的消费。

一种消费习惯如果适合大多数人的心理和条件，那就会迅速在更大的范围里普及，成为大多数人的消费习惯。消费习俗一经形成，便具有历史继承性及相对稳定性，不易消失。消费习惯所引起的消费需求具有一定的周期性。这里所指的是消费心理和消费行为的统一，如人们对某一消费品引起注意，产生兴趣，于是购买，通过消费，感到满意，逐步形成习惯性的兴趣、购买和消费。反复的消费行为加强了对某种消费品的好感，而经常的好感、购买，必然促使某种消费行为成为习俗。所以，消费习俗就是基于习惯心理的经常性消费行为。消费风气不是消费习俗，是以商品为中心，以该商品生命周期完结为结束。而消费习俗是以社会活动为中心，习俗一旦出现，就会在相当长的时期内不断重复出现。如“过年”是一个全民辞旧迎新的活动，端午节是一个全民性的祭奠屈原的活动。

消费习俗的这种特定内涵对于消费品市场有着重要影响。不同的消费习俗造就不同的顾客。它要求企业及营销人员去研究不同习俗的各自含义和对应的不同消费需求。

**（一）消费习俗的特点**

**1. 长期性**　一切消费习俗都是人们在长期的生活实践中逐渐形成和发展起来的。一种习俗的产生、形成与发展，需要经过若干年乃至更长的时间。在社会生活的各个方面，已经形成的消费习俗又会对人们的消费心理与消费行为产生长期的、潜移默化的影响。

**2. 社会性**　消费习俗是人们在共同的消费生活中相互影响而产生的。它的产生、发展离不开社会环境。它是社会生活的有机组成部分，带有浓厚的社会色彩。也就是说，只有那些具有较强社会性的消费活动，在社会成员的共同参与下，随着社会的发展，才能发展成为消费习俗。

**3. 区域性**　消费习俗是特定区域范围内的产物，因而带有强烈的地方色彩。例如，在四川等阴冷潮湿地区，当地人素有吃辣椒的嗜好；在西藏，以青稞、酥油、牛羊肉为主的食物结构，使人们喜喝砖茶；而我国北方较寒冷地区的居民喜饮烈酒。消费习俗的区域性，使我国各地区形成了不同的地域风情和消费特点。

**4. 非强制性**　消费习俗的产生和流行往往不是强制推行的，而是通过一种消费心理的社会约束力量来影响消费者。这种社会约束具有无形的、强大的影响力，使置身其中的消费者自觉或不自觉地遵守这些习俗，并以此规范自己的消费行为。

**5. 敏感性**　对于不同民族来说，风俗习惯就是民族特有的标志，任何民族的风俗习惯都有其自身的历史合理性，任何民族都对自己的风俗习惯是否得到尊重非常敏感。尊重不同民族的风俗习惯体现了民族平等，对民族关系有重要的影响。《中华人民共和国消费者权益保护法》明确规定：“消费者在购买、使用商品和接受服务时，享有其人格尊严、民族风俗习惯得到尊重的权利。”

**（二）消费习俗的分类**

消费习俗的形成与沿袭，既有经济、政治、文化的原因，又有消费心理的影响，因此，不同国家、地区和民族的人们，在长期的经济活动与社会活动中形成了多种多样的消费习俗。

**1. 物质类消费习俗**　物质类消费习俗主要是由自然、地理及气候等因素影响而形成的习俗，而且主要涉及有关物质生活的范畴。物质消费习俗与社会发展水平之间具有反向关系，即经济发展水平越高，物质消费习俗的影响力越弱，这类消费习俗主要包括以下三个方面。

（1）饮食消费习俗　在我国，除了各地人们的口味习惯外，还有北方人以面食为主，南方人以大米为主的饮食习惯；沿海居民喜欢海鲜食品，内地居民喜欢肉类食品。这些饮食习惯基本上是受供应条件限制而形成的。近年来，随着经济发展、科技进步以及运输业的发达，这种地域限制造成的习俗差异越来越小。

（2）服饰消费习俗　我国地域广阔，大多数少数民族按地域不同而聚居，因此也形成了各具特色的服饰消费习惯。东南地区与西北地区的服饰就有很大的不同，如西北地区的人们包头、束腰的习惯其他地区就没有；各少数民族的盛装打扮也是汉族所没有的。

（3）住宿消费习俗　受不同地区生活环境及经济发展水平的影响，人们住房建造与住宿方式也有很大的不同。例如，西北牧业地区的人们习惯于住蒙古包，陕北地区的人们习惯于把住房建成窑洞式，南方地区的居民大多不安窗户，东北地区的居民喜欢使用玻璃等。

**2. 社会文化类消费习俗**　社会文化消费习俗指受社会、经济及文化影响而形成的非物质消费方面的习俗，这类消费习俗较物质消费习俗具有更强的稳定性。

（1）喜庆性的消费习俗　它往往是人们为了表达各种美好愿望而引起的各种消费需求，如我国的春节、西方的圣诞节等，是消费习俗中最重要的一种形式。

（2）纪念性的消费习俗　它是人们为了纪念某人、某事而形成的某种消费习俗，如清明节人们以扫墓祭祀祖先或烈士，正月十五闹元宵，中秋吃月饼等都属于纪念性的消费习俗。

（3）宗教信仰性的消费习俗　它是由于某种宗教信仰而引起的消费风俗习惯。这类消费习俗的形成都与宗教教义和教规有关，因此，有极其浓厚的宗教色彩，并且具有很强的约束力。

（4）社会文化性的消费习俗　这类消费习俗是社会文化发展到一定水平而形成的，具有深刻的文化内涵。能够流传至今的文化习俗一般与现代文化具有较强的相容性。在我国较有影响的文化消费习俗主要是各种地方戏以及各具特色的文化活动，如山东潍坊的放风筝习俗等。

### （三）消费习俗对消费者心理的影响

消费习俗涉及的内容非常广泛，包括饮食菜肴、生活方式、衣着服饰、传统观念等。由于消费习俗是人们在长期社会生活中逐步形成的心理沉淀，因此，它对消费者的心理和行为产生着巨大的影响，多数消费者对消费习俗有着顽固性的偏爱。虽然社会的进步与消费方式的变化给消费习俗带来了冲击，但消费习俗对消费者心理的影响仍能随时为人们所感觉到。

风俗习惯的产生和形成，与各民族的社会生产力发展水平、经济特点、自然环境、历史、宗教、文化等因素有关。

总之，消费习俗对消费者心理的影响是十分明显的。这就要求医药企业在生产经营活动中，要充分考虑不同国家、不同地区、不同民族消费习俗的差异，尊重目标市场消费者的消费习俗，以便更好地满足不同市场的需求，使企业得以更好地发展。

## 二、消费流行

### （一）消费流行概述

**1. 消费流行的含义** “流行”与“时尚”“时髦”等含义接近，是指社会上相当多的消费者在较短时间内，同时模仿和追求某种消费行为方式，使这种消费行为方式在整个社会中随处可见，从而使消费者之间相互发生连锁性感染并将此发展成为一种风气。

消费流行作为社会流行的一个重要组成部分，是指在一定时期和范围内，大部分消费者呈现出相似或相同行为的一种消费现象。具体表现为大多数消费者对某种产品或消费时尚同时产生兴趣，从而使该产品或消费时尚在短时间内成为众多消费者狂热追求的对象，消费者通过对所崇尚事物的追求，获得一种心理上的满足。当消费流行盛行于世时，到处都有正在流行的产品出售，众多不同年龄、不同阶层的消费者津津乐道于流行产品，各种各样的宣传媒介对此大肆渲染、推波助澜。总之，在消费活动中，没有什么比消费流行更能引起消费者的兴趣。此时，这种产品即成为流行产品，这种消费趋势也就成为消费流行。消费流行的关键是某种消费行为方式具有新奇性，许多人竞相模仿和学习，从而使这种消费行为方式在整个社会随处可见，成为一种社会风气。

**2. 消费流行的内容** 消费流行的内容十分广泛，可以分为物质流行和精神流行。两者可同时进行，也可各自单独进行。从一般社会因素分析，消费流行的内容可以归纳为以下三个方面。

（1）物质的流行　指某种产品或服务的流行，涉及消费生活中衣、食、住、行的各个方面。例如，保健食品、时装、饰品、化妆品、烟酒、鞋帽、汽车、发型、家具和住宅等。在物质流行中，广告宣传起着特别重要的作用。

（2）行为的流行　表现为人们行为活动方面的流行，如广场舞、健美操、快闪等的流行。行为的流行受社会行为观念、文明程度等环境因素的影响较大。例如，各种快节奏舞曲的流行，就与人们开始逐步习惯于高频率、快节奏的生活观相适应。

（3）精神的流行　是指由某种共同心理取向所反映出的思想、观念、风气等的流行。流行歌曲、畅销书等就属于这一类。《富爸爸，穷爸爸》一书出版当年就创下 300 万册的销售奇迹，这与国人对财富的认同和渴求心理密切相关。近年来兴起的吉祥数字热也是消费者观念的一大转变。过去分文不值的电话号码，由不同数字组成了所谓吉祥号码后，现在竟可卖出几万元的高价。用吉利谐音直译出的“可口可乐”“金利来”等商品的大量出现，也正是因为它们迎合了消费者的心理意识。

上述几方面的流行相互之间并不是独立存在的，而是互相影响、互相制约的。思想观念方面的精神流行，往往是物质流行和行为流行的基础，而物质流行与行为流行又是精神流行的直接表现。就消费者心理而言，物质流行更为重要，因为它是影响消费者心理的直接因素。

消费流行作为一种市场现象，在整个社会中随处可见。我国改革开放以来，在保健品市场上曾经出现过几次大的消费流行。九十年代初期，全国出现了“四维口服液”的热销；几年过后又流行起了“三株口服液”的抢购；一段时间后，又出现了“牦牛壮骨粉”的流行消费；前些来又流行“脑白金”等。市场上的流行风潮越来越多，流行变化的节奏也越来越快，加上宣传媒介的推动作用，消费流行已成为经常性的消费现象，并对消费者的心理与行为产生越来越大的影响。进入21世纪以来，随着我国与国际市场的全面接轨以及外来文化的大量涌入，消费流行呈现出与国际潮流同步、流行模式多元化、流行追求个性化、流行消费主体低龄化等新动向。

**3. 消费流行产生的原因**　一是由于某种新产品的性能特点适合大多数消费者的需求、欲望，所以形成了流行；二是由所谓“时髦领袖”带头，而引发许多人的效仿，如影视明星、体育明星、政界要人的榜样作用；三是由产品的宣传所引起的。

**4. 消费流行的分类**　从现象上看，消费流行的变化十分复杂，流行的商品品种、流行的时间、流行的速度都不一样；但从市场的角度考察，消费流行仍有一定的规律性。

（1）按流行商品分类　①食用类商品引起的消费流行。这类商品的消费流行是由于商品的某种特殊性质所引起的，如中药因副作用小而受到越来越多的病人认可，绿色食品因其具备的天然、无污染等特性而成为当今社会人们强烈追求的对象。②家园类商品引起的消费流行。这类流行大体可反映在两个方面，其一是新产品的消费流行；其二是产品功能改进而引起的消费流行。这两种流行产生的原因都是产品所带来的生活便利和满足。如中药剂型的改进，使更多的病人服用和储存更方便。③穿着类商品引起的消费流行。这类商品引起的消费流行，除了商品本身价值带来的消费满足外，往往是由于商品的附带性而引起的。如羽绒服、保暖内衣的流行，以及时装在色彩、款式和面料上的变化而形成的流行。

（2）按消费流行的速度分类　①迅速流行。有些商品的市场生命周期短，顾客为了追赶流行趋势，立即采取购买行为，形成迅速流行。②缓慢流行。有的商品的生命周期较长，顾客即使暂缓购买，也不会错过流行周期，从而形成缓慢流行。③一般流行。有的商品的生命周期没有严格的界限，流行速度介于上述两者之间，形成一般流行。

（3）按消费流行的地域范围分类　①世界性的消费流行。世界性的消费流行是指那些流行范围广，受世界上多数国家顾客所关注的商品的流行，如世界范围的“中医热”就是源于中医的特点而受到世界范围的青睐。②全国性的消费流行。这类消费流行从范围上来讲覆盖一国的大多数地区，影响面较为广泛。从总体上看，该类商品的流行速度慢、时间长，受经济发展水平以及消费习惯的影响较大。③地区性的消费流行。从现象上看，这种消费流行是最普遍、最常见的；从实质上看，这种流行来源于全国性的消费流行，又带有一定的地域色彩。

**5. 消费时尚的流行方式**

（1）自上而下的流行　由社会上有地位、有身份、有经济实力的上层人士率先倡导或者实行，然后逐渐向下传播，最终形成流行的时尚。这就是通常所说的“上行下效”，如明星时装、发型等。

（2）自下而上的流行　由社会下层消费者最先使用，逐渐扩散为社会各个阶层所接受，最终演变成一种时尚，如牛仔服等。

（3）横向传播的流行　由某一阶层、某一地区率先推出，引起其他阶层和地区的响应而形成流行时尚，如意大利皮装等。

**（二）消费流行的原则**

**1. 循环原则**　今天正在流行被视为时尚的事物，明天可能过时，变得陈旧，而后天又可能“死灰复燃”再度成为时尚。克鲁伯在研究妇女时装变化规律时得出结论：时装的变迁大概以 5~25 年为一个循环周期，而且是作“极端运动”，即宽到极端又回到紧，紧到极端又回到宽。

**2. 从众原则**　由于流行的时尚总是由那些影视明星及引领潮流的公众人物发起的，作为消费者群体来说，他们常常是一般大众的参考群体甚至是渴望群体，所以时尚的追随者往往在无形中体验到一种殊荣和优越感。人们认为，凡是合乎时尚的就是好的和美的，反之，就是落伍的和不合时宜的。这就为众人对时尚的模仿和追求制造了一种无形的压力，迫使人们参与对时尚和潮流的追逐。

**3. 求新原则**　从某种意义上来说，时尚是标新立异、追新猎奇的同义语。时尚的领导者为了表现自己独特的个性和领先众人的审美情趣，总是力求做得与众不同，求新就成为时尚最重要的元素，没有新颖性，时尚也就失去了存在的理由。

**4. 价值原则**　由于流行的制造者们大都具有较高的社会地位和声望，因此，时尚总是表现出某种特定的珍贵性。人们习惯于认为，消费时尚中流行的商品就是高档、有价值的，值得推崇与羡慕，这与人们崇尚时尚的心理有关。所以，流行与时尚的产品在款式、造型、色彩等方面比较讲究的同时，一般都可以通过高价格获得超额利润。

**5. 常态曲线原则**　消费时尚的流行遵从统计学上的“常态曲线原则”，即是一个由上升、高峰和下降三个阶段组成的常态曲线展开的过程。就人数的变化而言，首先是极少数时尚的倡导者发动消费观念的变革，然后是少数追逐者开始推波助澜，最后，大多数人随着消费潮流的演变而转移，只有极少数保守的消费者熟视无睹。就时间过程而言，先是缓慢地兴起，逐渐积累能量，然后发展到顶峰；势头逐渐减弱，直到彻底消失。从消费者群体来讲，时尚在年轻人中比在老年人中更容易流行，在妇女中比在男性中更容易流行。

**6. 样式差异化原则**　时尚在广泛流行的过程中，会因为群体与地区的差异而最终导致样式的变异。消费时尚存在一种位势的差异，即流行总是从经济发达的地区向经济较落后的地区转移，在这个过程中逐渐形成流行样式的差异。① 品质和功能的差异，即在发达地区流行的质地优良、功能完善的产品，在落后地区则演变成外型类似、功能较少的产品；② 时间的差异，即先在发达地区流行并基本普及，再过渡到一般发达地区，最后才转移到落后地区；③ 价格差异，即在发达地区，时尚产品发端于高端市场，属于昂贵商品，而在较落后的地区则以低廉价格出现，仿冒产品流行。

**（三）消费流行的阶段**

消费流行的阶段与产品生命周期相互联系但又有所区别。时尚的周期性循环是以产品的生命周期为基础的。每一个产品都要经过“导入—成长—成熟—衰退”这样四个阶段，流行则要经过“兴起—热潮—衰退”三个阶段。

**1. 第一阶段：兴起期**　在产品的导入期，流行商品由于其鲜明特色和优越性能吸引有名望、有社会地位的顾客和具有创新消费心理的消费者，其对商品的使用产生强烈的社会示范效应。

**2. 第二阶段：热潮期**　流行商品的一个重要特点是能很快形成消费热潮。由于有明星人物的示范作用，产品能在极短的时间内流行起来。许多热衷时尚的消费者纷纷模仿，甚至形成抢购风，市场销售增长率呈直线增长趋势，对市场形成巨大冲击。

**3. 第三阶段：衰退期**　流行商品与一般商品的最大不同是市场成熟期十分短暂，当新产品在市场大量普及之时，流行的势头已经开始减弱，随即市场进入衰退期。所以，产品成熟的同时即意味着衰退期的到来，成熟期与衰退期是交织在一起的。

**（四）消费流行的影响**

**1. 消费流行对企业有重大的影响。**企业推出的一种新产品能不能成为流行产品，具有一定的风险。一种产品成为流行产品之后，由于市场广阔，销量增长迅速，销售时间集中，能够在短期内给企业带来巨大的利润。但是，如果对消费需求估计有误，产品大量积压，则会给企业带来很大的损失。因此，企业在研制和开发新产品，希望它成为流行产品之前，需要对市场进行认真的调查和反复测试，掌握消费心理变化，切忌盲目生产。

**2. 消费流行能够给市场带来巨大的活力。**消费流行的产品是市场的重点和骨干产品，销售迅速，购买活跃，产销双方都能获得较高的利润。在流行产品的带动下，与此有连带消费关系的产品，以及其他许多类似产品也会得以大量销售，使市场购销活跃、繁荣。但消费流行也会给市场带来巨大的压力，如果生产不能及时满足市场需求，或者由于流通环节阻塞，消费流行就会受到抑制。在紧俏心理的作用下，越是短缺的流行产品，人们越是急于购买，因此，巨大的产品购买能力会给市场带来极大的压力和冲击。

消费流行是一种重要的经济现象，研究消费流行的目的是要因势利导，促进经济的发展和生产水平的提高，同时追踪消费心理的变化轨迹，为市场营销和经济建设服务。

**知识链接**

**消费流行“自讨苦吃”**

现在越来越多的中国人喜欢吃苦瓜、喝苦丁茶等。花钱买“苦”吃，正悄悄成为流行消费时尚。

现如今，人们吃惯了大鱼大肉，吃够了甜酸咸辣，追求饮食质量和营养搭配药膳的百姓纷纷热衷素食、野菜和绿色食品，不知不觉间，不少中国人开始了对苦味的求索。

以往无人问津的瓜菜中的“苦味之冠”——苦瓜，近年来身价日高，一些原先吃不惯苦味的人竟然吃上了“瘾”，过去在乡村才看得见的野菜更是大受城市市场的欢迎。同样，苦丁茶、乌龙茶、橄榄汁等苦味饮料也让大家偏爱有加，为降低脂肪也好，为清热解毒也好，或者仅仅为品味“苦”的滋味，难抵其苦味诱惑的大有人在。

**（五）消费流行引起的消费者心理变化**

在一般情况下，消费者购买商品的心理活动过程存在着某种规律性。例如，在购物的收集信息阶段，心理倾向是尽可能地多收集有关商品的信息，在比较中进行决策。在购物后，通过对商品的初步使用，产生对购买行为的购后心理评价。这些心理活动有一种正常的发展过程，即循序渐进。但是，在消费流行的冲击下，消费心理发生了许多微妙的变化，考察这些具体变化，也就成为研究消费心理、搞好市场营销的重要内容。

**1. 认知态度的变化** 按正常的消费心理，顾客对一种新商品，往往在开始时持怀疑态度。按照一般的学习模式，消费者对这个事物有一个学习认识的过程。有的是通过经验，有的是通过亲友的介绍，还有的是通过大众传播媒介传送的信息来学习。当然，这种消费心理意义上的学习过程，不同于正规的知识学习，只是对自己有兴趣的商品知识予以接受。但由于消费流行的出现，大部分消费者的认知态度会发生变化，首先是怀疑态度取消，肯定倾向增加；其次是学习时间缩短，接受新商品时间提前。在日常生活中，许多消费者唯恐落后于消费潮流，一出现消费流行，就密切注视着它的变化。一旦购买条件成熟，马上积极购买，争取走入消费潮流之中，这样，消费心理就从认知态度上发生了变化。我们可以看到，这是消费流行强化了消费者的购物心理。

**2. 驱动力的变化** 人们购买商品，有时是由于生活需要，有时是因为人们为维护社会交往而产生的消费需求，这两种需求产生了购买商品的心理驱动力，这些驱动力使人们在购物时产生了生理动机和心理动机。按一般消费心理，这些购买动机是比较稳定的。当然，有些心理动机也具有冲动性，如情绪动机。这种情绪变化是与个人消费心理相一致的。但是，在消费流行中，购买商品的驱动力会发生新的变化。如有时明明没有消费需要，但看到时尚商品，也加入了购买的行列，产生了一种盲目的购买驱动力。这种新的购买驱动力可以划入具体的购买心理动机之中，如求新、求美、求名、从众。但有时购买者在购买流行商品时，并不能达到上述心理要求，因此，只能说是消费流行使人产生了一种新的购买心理驱动力。研究这种驱动力，对于认识消费流行的意义，具有重要的作用。

**3. 在消费流行中，会使原有的一些消费心理发生反方向变化** 在正常的生活消费中，消费者往往要对商品比值比价，心理上作出评价和比较后，再去购买物美价廉、经济合算的商品。但是，在消费流行的冲击下，这种传统的消费心理受到冲击。一些流行商品明明因供求关系而抬高了价格，但是，消费者却常常不予计较而踊跃购买；相反，原有的正常商品的消费行为有所减少。如为了购买最时尚的健身器械，对其他健身器械产生了等一等或迟一些时候再购买的消费心理。

在正常的消费活动中，消费者购买商品，是某种具体的购买心理动机起主导作用，如购买商品注重实用性和便利性的求实心理动机，其在消费流行中就会发生变化，对实用、便利产生了新的理解。因为一些流行商品从总体上比较，比原有老产品有新功能，当然会给生活带来新的便利。这些消费者加入消费流行，是心理作用强化的直接结果。

**4. 有些顾客原有的偏好心理受到冲击** 有些消费者由于对某种商品的长期使用，产生了信任感，购物时非此不买，形成了购买习惯，或者对印象好的厂家、药店经常光顾。在消费流行的冲击下，这种具体的消费心理发生了新的变化，虽然这些人对老产品、老品牌仍有信任感，但整天不断耳濡目染的都是流行商品，不断地受到家人、亲友使用流行商品时的那种炫耀心理的感染，也会逐渐失去对老产品、老品牌的偏好心理。这时，如果老产品、老品牌不能改变商品结构、品种、形象，不能适应消费流行的需求，就会有相当一部分顾客转向流行商品，如果这些企业赶不上流行浪潮，就会失去老顾客。

个人购物偏好心理是消费生活中较长时间的习惯养成的，这种习惯心理的养成是建立在个人生活习惯、兴趣爱好之上的。在消费流行中，这种偏好心理也会发生微妙的变化。有时，是消费者个人认识到原有习惯应该改变，有时是社会风尚的无形压力使之动摇、改变。

尽管这些常见的消费心理在消费流行中或多或少地发生了变异，但综合来看，其变化的基础仍然是原有的心理动机，形成强化或转移的形式并未从根本上脱离消费心理动机。

**知识链接**

**郁金香热**

在1636年到1637年间，荷兰出现了一股争相求购郁金香的热潮，导致郁金香价格急速上升，当时很多人变卖家财，参与到投机郁金香上。到1637年后期，郁金香泡沫爆破，很多人蒙受巨大损失，引发起历史上第一次金融危机，也就是第一次金融泡沫的诞生。

这段历史要从1562年讲起，不知是谁从地中海东岸的康斯坦丁运了一箱郁金香到安特卫普。那独特、艳丽的色彩和奇妙的花型逐渐吸引了荷兰贵族，成为贵族们喜爱的鲜花，成为金钱与地位的象征。一些聪明的商人从中看到了赚钱的机会，他们囤积居奇，使花价飞涨。无论贫富，无论老少，荷兰人几乎全都被卷入了这场疯狂的郁金香交易热潮中，有的人甚至典了房子、土地去买郁金香。

到了17世纪30年代，一朵郁金香价值一两万荷兰盾，最贵的可以达到相当于现在数万美元的价格，而当时洗衣妇、护士的年收入却只有几美元。有记载说，一朵郁金香花根的价值可以跟以下任何一样物品同价：4吨小麦、4头牛、8只猪或12只羊。

郁金香供不应求，中间人便不断出现。坏就坏在商业传统悠久的荷兰人彼此十分信任。所以，许多交易便演变成了合同的买卖。合同从你的手里转到他的手里，价格不停地翻上去。买者付的不是钱，是一张纸（信贷），而卖者得到的也是一张纸，花在哪里？谁也不去多管，反正都是买空卖空。更有甚者，有的股市还推出了选择权，为降低买卖的门槛，把一朵郁金香分为几分之一，使交易者可以买卖几分之一的郁金香。选择权一出现，郁金香的价格又往上涨了几番。

1636年，这场投机热达到了高潮。合同的买卖便登堂入室，进了阿姆斯特丹的证券交易所，成了类似于股票、期货的买卖。荷兰全国各地也都同时出现了郁金香交易市场。有的地方干脆就在酒会上交易，参加者通常有数百人之多，大家一边饮酒一边喊价，热闹非常。1637年2月，谁也说不清是什么原因，使这场热病急剧降温，花价狂泻不已。有的一夜之间倾家荡产；有的签了合同不愿照价付钱，东躲西藏。随后，便是一场经济衰退袭来，谁也逃脱不了。

## 第四节　消费者群体规范与内部沟通

消费者群体作为一种特殊的社会群体类型，有其自身的活动规律和活动方式。其中，尤以群体的内部规范和内部信息沟通状况，对成员及其群体的消费行为具有重要影响。

扫码“学一学”

## 一、消费者群体的内部规范对消费行为的影响

规范是约定俗成或明文规定的标准，通常有成文的和不成文的两种表现形式。在消费者群体内部，可以有成文的规范，如某些规章制度，或以法律形式规定的行为准则。但更多的规范是以不成文的形式对内部成员加以约束，比如，一个地区的风俗习惯，一个民族的传统习俗等，即属于不成文的规范形式。

### （一）内部规范对消费者行为的影响

消费者群体内部的规范，不论成文与否，对于该群体成员都有不同程度的约束力，但二者的作用形式又有所区别。

成文的规范通常通过组织、行政、政策乃至法律的手段和方式，明确规定人们可以做什么，不可以做什么，以及应当怎样做，从而强制性地影响和调节消费者行为。例如，中小学校规定，中小学生在校内不许穿戴首饰和奇装异服，课堂内不准随意吃零食等，这些规定都强制性地对学生的消费行为进行了限制。在新加坡，国家法律明文规定，不允许在公开场合食用口香糖，以减少口香糖造成的环境污染；我国也有许多以法规条例形式制定的消费行为规范，例如，《野生动物保护法》规定禁止捕杀、食用、消费那些濒于灭绝的野生动物。

不成文的规范表现为通过群体压力迫使消费者调整自身行为，以适应、顺从群体的要求。例如，我国在20世纪80年代以前，穿西服或其他非传统服装被大多数人视为不合常规的特殊行为，穿着者会受到他人的注意、质问甚至非难。迫于这种不成文的规范压力，偏爱西服的消费者只有望洋兴叹。

在各种成文与不成文的群体规范中，有些规范限制甚至禁止人们进行某种形式的消费，有些规范则鼓励人们进行某种形式的消费。例如，西欧一些国家为加强环境保护，一般不提倡家庭使用煤、汽油类燃料，而鼓励消费者多使用电能等清洁能源，因而规定高污染类燃料的消费量越大，需要支付的费用越高；而清洁能源的消费量越大，支付的费用越低，受到的奖励也越多。这一国家政策就限制了前一类商品的消费，而鼓励了后一类商品的消费。

**知识链接**

**处方的烦恼**

“健康说法”热线曾接到一位女士的电话，她说曾在一家规模较大的平价药房买ABC胃炎胶囊，当她付款时，收银员告诉她，凭医保卡买这种药的话必须要用医生的处方，但如果支付现金的话就可以不需要处方。这下这位女士纳闷了，既然是处方药为何用医保卡就要处方，自己掏钱就不用，这是什么标准，这位女士怎么也想不明白，于是给“健康说法”热线打电话询问。

记者经调查答复，我国于2000年开始实行非处方药与处方药分类管理制度。而处方药在目前零售药业中存在着单轨制管理和双轨制管理。如针剂、二类精神药品等国家专门规定的药品属于单轨制管理，必须要有医生处方才可以购买。像这位女士所买的ABC胃炎胶囊的确为处方药，而且还属于双轨制管理的处方药，也就是说病人购买时既可以使用医保卡，也可以用现金，只是在使用医保卡时必须出示处方。

### （二）群体规范对消费者消费行为影响的方式

群体规范可以通过以下方式影响个体消费者的消费行为。

**1. 群体压力**　任何社会群体都会对与之有关或所属的消费者心理产生一定的影响，这种影响往往通过集体的信念、价值观和群体规范对消费者形成一种无形的压力，这种压力称为群体压力。消费心理学的研究表明，信念和价值观对消费者个体的压力不带有强制性因素，而群体规范对消费者个体形成的压力有趋于强制性的倾向。这是因为在一般情况下，消费者个体的信念、价值观与所属群体相似。同时，群体成员之间的相互接触与交流有增强群体共同信念及价值观的作用。而群体规范作为所有群体成员必须遵守的行为标准，具有某种强制性倾向，只要群体的成员产生不遵从群体标准的行为，就可能受到嘲讽、讥笑、议论等心理压力或心理处罚。

**2. 服从心理**　服从心理即消费者顺从群体的行为规范的一系列心理活动。

（1）对群体的信任感，使消费者产生服从心理　在多数情况下，消费者个人的心理活动总是与所属群体的规范是同向运动或一致的，这是群体压力与群体成员对群体的信任而共同作用的结果。当群体某一成员最初在独立的情况下采取某种立场，但后来发现群体成员采取与之相反的立场，如果这个群体是他最信任的，那么由于服从心理的支配，他就会改变原有的立场，与群体采取同一立场。例如，医药消费者一般都是通过医生开具的医疗处方到药店去买药，或积极地去购买病友、专家推荐的药品。

（2）对偏离群体的恐惧，也使消费者产生服从心理　无论在什么环境中，大多数人都希望自己能与群体保持一致。在群体中，如果一个成员的行为与群体规范不一致，他的选择只有两个：或者脱离这个群体；或者改变自己原有的行为。对一般人而言，往往更倾向于选择后者，因为多数人是不愿意脱离或偏离群体的，总是希望自己能成为群体中受欢迎、受优待者；而不希望自己成为群体的叛逆，成为群体厌恶的对象。为了避免这种后果，个体往往是趋于服从。

**3. 从众心理**　从众心理指迫于群体现实或自己想象中的群体压力，导致个人放弃自己异于别人的信念、态度或行为，而采取在意见或行为上趋于与大多数人一致的现象，也就是人们常说的“随大流”。

从众心理有以下两种表现。一种是从心里彻底改变以前的观点，即“心服口服”。例如人们到一个不熟悉的地方购买药品时，一般都喜欢到顾客比较多的药店购买。因为人们会觉得这里人多，肯定是因为它的药品质量有保证、品种全、价格规范等。另一种是表面上采取同大家一样的行为和观点，但心里并不认同，即“口服心不服”。例如，周围的大多数人都在使用某种保健产品，虽然自己对这种产品并不认同，但还是在从众的压力下购买使用了这种保健品。

从众心理是一种常见的社会生活现象，是由于人们在寻求社会认同感和安全感的结果。在社会生活中，人们往往希望自己归属一个群体，为其他人所接受，得到群体的保护、帮助和支持等。同时，对自己缺乏信心也是产生从众行为的一个重要原因。此外，在消费活动比较复杂时，有些消费者表现为犹豫不决，无所适从，从众便成为他们感到安全、可靠的选择。从众行为可以引导消费时尚的形成或改变，促使大规模购买行为的发生，但是也可能扼杀消费者的创新意识，使新的消费观念、消费方式遇到阻力。

**知识链接**

**从众效应**

从众效应也称乐队花车效应，是指个体在真实的或臆想的群体压力下，在认知上或行动上以多数人或权威人物的行为为准则，进而在行为上努力与之趋向一致的现象。通俗地讲就是“人云亦云”“随大流”。

在研究从众现象的实验中，最为经典的莫过于“阿希实验”。1952年，美国心理学家所罗门·阿希请大学生们自愿做他的被试者，告诉他们这个实验的目的是研究人的视觉情况的。当某个来参加实验的大学生走进实验室的时候，他发现已经有5个人先坐在那里了，他只能坐在第6个位置上。其实他不知道，这5个人是跟阿希串通好了的假被试者（即所谓的“托儿”）。过一会又来了一个人坐在第7个位置上（此人也是假被试者）。

阿希拿出一张画有一条竖线的卡片，然后让大家比较这条线和另一张卡片上的3条线中的哪一条线等长（图4-1）。判断共进行了18次，事实上这些线条的长短差异很明显，正常人是很容易作出正确判断的。

然而，在两次正常判断之后，5个假被试者故意异口同声地说出一个错误答案。于是许多真被试者开始迷惑了，他是坚定地相信自己的眼力呢，还是说出一个和其他人一样、但自己心里认为不正确的答案呢？

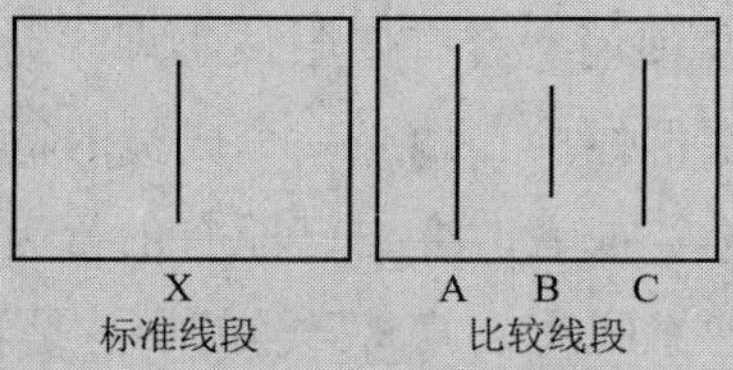

图4-1　从众实验材料

从总体结果看，平均有33%的人判断是从众的，有76%的人至少作了一次从众的判断，而在正常的情况下，人们判断错的可能性还不到1%。当然，还有24%的人一直没有从众，他们按照自己的正确判断来回答。

造成人产生从众心理的原因，是多方面的。在群体中，个体不愿标新立异、与众不同而感到被孤立，当他的行为、态度与意见同别人一致时，会觉得“根据大家走准没错”而产生安全感。从众源于一种群体对自己的无形压力，迫使一些成员违心地产生与自己意愿相反的行为。不同类型的人，从众行为的程度也不一样。一般来说，女性从众多于男性；性格内向、自卑感的人多于外向、自信的人；文化程度低的人多于文化程度高的人；年龄小的人多于年龄大的人；社会阅历浅的人多于社会阅历丰富的人。

商业中常有人专门利用从众效应来达到某种目的，某些商业广告就是利用人们的从众心理，把自己的医药产品炒热，从而达到盈利的目的。

在特定的条件下，由于没有足够的信息或者搜集不到准确的信息，从众行为是很难避免的。通过模仿他人的行为来选择策略并无大碍，有时模仿策略还可以有效地避免风险和取得进步。不顾是非曲直的一概服从多数，随大流走，则是不可取的，是消极的“从众效应”。

**4. 模仿心理**　模仿是指仿照一定榜样做出类似动作和行为的过程。社会心理学家和社会学家的研究表明，人类在社会上有模仿的本能。这一本能同样存在于人们的消费活动中。

消费活动中的模仿是指当消费者对他人的消费行为认可并羡慕、向往时，便会产生仿效和重复他人行为的倾向，从而形成消费模仿。

对生活资料的消费是人们生活的重要方面。随着社会生产力的发展，人们的消费在内容和形式上一直都充实着新事物。而要理解和接受这些新事物，人们就必须不断地进行学习。但消费领域的学习一般不易采取正规的方式，所以，模仿就成为消费学习中最主要的方式。消费行为中模仿的作用就是引发流行，如各类保健品、医疗器械的消费流行等。模仿可以分为有意模仿和无意模仿。

（1）有意模仿　这种模仿行为是人们有意识的活动。当某个模仿参照物出现时，强烈地刺激了模仿者，导致模仿者产生模仿欲望而实施模仿或购买。

（2）无意模仿　这种模仿行为不是人们深思熟虑的结果，更多地是在某种心理暗示作用下产生的无意识的活动。但无意识模仿并非是无条件存在和产生的，它需要在一定的群体条件下才能发生。

## 二、消费者群体的内部沟通

### （一）内部沟通的类型

消费者群体的内部沟通可以分为积极的沟通和消极的沟通两种方式。

**1. 积极的沟通**　是指消费者在购买、使用、消费某种商品后获得了满意体验，心理上得到极大满足时，会出现传话效应，把自身良好的心理感受和经验转告他人。

积极的沟通不仅使客户获得满意的消费体验，还会为本企业的生产、经营活动带来正性的后期效应。

摩根斯坦利公司的一位分析家认为，沃尔玛就是“靠口头传播建立声誉的公司”。在出名之前，沃尔玛以“天天低价”提供丰富的品种，完美的货架和一流的服务使它的顾客感到满意，而这些顾客又将这座商店的情况告诉他们的朋友。由此，沃尔玛成为美国最大的零售连锁店，而它的广告费只占销售额的0.5%（科玛特为2.5%，西尔斯为3.8%）。这意味着每年它能够比西尔斯多赚1亿美元的利润。显然，良好的口碑对企业来说价值不菲。

**2. 消极的沟通**　消极的沟通是消费者购买商品过程中，由于各种原因而产生不满的心理体验时，通过抱怨、传话、投诉等方式，将负性的信息传递给其他消费者或经营企业，以求得到同情、补偿。

当消费者的利益受到损害时，必然产生不满意的心理体验，从而形成消极的情绪反应，并且由此引发把不满情绪加以宣泄的强烈愿望和冲动。其结果既阻碍了消费者本人的下一次消费行为，还势必会对其他消费者的行为造成严重影响。

消费者如果出现上述消极沟通，经营单位应该及时指定专人负责解决问题，消除不满情绪，以便使传话人的传话行为尽快得到终止，并通过媒介宣传在广大消费者中澄清事实、转变态度、消除影响，从而使消极沟通产生的不良后果减少到最低限度。

消费者将获取的商品信息，以及购买、使用商品后的评价及心理感受，向群体内的其他消费者转告、传播、倾诉，以求得其他消费者的了解、理解和认同，这一过程就是消费者群体的内部沟通与交流。它是消费者群体内部之间互动的基本形式。

### （二）内部沟通和交流方式的三种主要理论

**1. 滴流理论**　滴流理论认为较低阶层的人们往往试图模仿较高阶层人们的行为方式。

生活较低阶层的人们往往期待自己的生活得到改善，不断上升。因此，上层社会人们的生活方式便是他们模仿的对象，影响着他们自身的生活方式。这种沟通的方式是单向的，即生活在较高阶层的人们是信息的发出者，而生活在较低阶层的人们只是信息的接受者。

**2. 两步流程理论**　信息是媒体用以影响消费者行为的基本工具。虽然信息最终是由消费者个人经过处理完成的，但在大多数情况下，群体内会有人为他人过滤、解释或提供信息，完成这种工作的人被称为意见领袖。假设某消费者打算购买一种他不太熟悉的健身产品，并且这种产品对其十分重要，他会怎样作出购买决定呢？在多种可能的行动中，他可能会向一个其认为对这种产品十分了解的人去咨询，这个人就成了其意见领袖。两步流程理论认为信息往往先从媒体流向群体内的意见领袖，再从意见领袖传向群体内其他消费者。意见领袖是媒体和大众消费群体的中间人，是能施加影响于其他消费者行为的人。其他消费者能够接收到意见领袖传达过来的消费信息，从而使自己对某种商品或服务采取积极或消极的态度。

**3. 复合阶段理论**　复合阶段理论认为一些人比另一些人更具影响力，但媒体能够同时影响到意见领袖和其他消费者。信息不再是单向流动而是多向互动。在新产品或服务被接受之前，在营销人员、意见领袖和其他消费群体之间持续作用。媒体向意见领袖和其他消费者提供信息，其他消费者向媒体和意见领袖寻求信息，同时受到两者的影响。

# 实训 7　消费者群体消费特征调查

**【实训目的】**

1. 了解某一常见消费者群体消费特征。

2. 分析消费者群体消费特征对消费行为的影响，探讨影响消费者购买的因素，并完成实训报告。

**【实训内容】**

4~5 人组成团队进行训练，具体内容包括以下四个方面。

1. 设计某一年龄阶段或性别的消费者群体消费特征调查问卷，可包含收入、性别、年龄、职业、居住地、消费爱好、品牌忠诚度、动机等内容。

2. 根据学校所在地理位置、成员的兴趣与生活经验，寻找 2~3 家药店，对选定的消费者群体进行调查、记录、分析。

3. 根据设计的调查问卷，寻找药店负责人、店员、消费者进行访谈。

4. 对调查结果进行分析，撰写实训报告。

**【实训注意事项】**

1. 调查、访谈对象的选择，要注意是否符合所选群体的标准。

2. 在实训过程中要注意自己的言行举止要得体，讲究文明礼貌，用通俗易懂、言简意赅的语言向调查对象介绍调查目的与要求，并对调查者表示感谢。

**【实训报告】**

根据调查结果进行数据分析，并撰写实训报告。

**【实训评价】**

1. 根据要求完成实训过程，计 40 分。

2. 将调查结果进行分析，并形成实训报告，计 40 分。

3. 实训报告条理清晰、文字流畅、字迹工整，计 10 分。

4. 对调查结果进行深入分析并从中提取出可借鉴、可操作的经验、心得体会，计 10 分。

扫码“练一练”

## 目标检测

1. 简述消费群体、参照群体的概念。
2. 简述家庭生命周期的概念与特征。
3. 家庭生命周期对消费行为的影响有哪些？
4. 社会阶层的概念和特点及对消费行为的影响有哪些？
5. 试述女性消费者的心理特点和消费行为。
6. 案例分析题

### “火爆”的板蓝根

2003 年的大年初八，刚从老家回广州上班的詹先生，看到不少药店门前都大排长龙。他一问才知道，原来广州城内最近流行起一种“怪病”，据说喝板蓝根可防治、熏醋可杀菌，因此很多市民纷纷走上街头购买“镇宅双宝”。

“最高峰时，一间店门口有 100 多人在排队，一天可以卖几万包板蓝根”，广东金康大药房总经理郑浩涛回忆说，由于金康旗下药店的板蓝根没涨价，仍卖 5 元一包，因此每间药店门前都是大排长龙，最少时也有三四十人在排队。而在其他销售渠道，板蓝根的“身价”则一路飙升，20 元、25 元，一直涨到 40 元一包。白醋最低价为每瓶 20 元，最高则涨到 100 元。

2 月 12 日，广州迎来第二波的抢购风潮，抢购的范围由板蓝根、醋等扩大到米、油、盐等生活日用物资。

2003 年 4 月 16 日，WHO 宣布，一种新型冠状病毒是 SARS 的病原，并将其命名为 SARS 冠状病毒。该病毒很可能来源于动物，由于外界环境的改变和病毒适应性的增加而跨越种系屏障传染给人类，并实现了人与人之间的传播。首发病例，也是全球首例，于 2002 年 11 月出现在广东佛山，并迅速形成流行态势。2002 年 11 月～2003 年 8 月 5 日，29 个国家和地区报告临床诊断病例 8422 例，死亡 916 例，报告病例的平均死亡率为 9. 3%。

请问：是什么原因造成板蓝根等商品价格的暴涨？

# 模块三

# 心理营销技能

面对快速发展的社会经济形势，医药营销行业的竞争表现出了新的特点和趋势，传统的营销模式也因难以适应当今环境，发展受到限制。此时，心理营销因其与社会需求的共频而受到青睐。

心理营销技能，作为一门独立的学科，如朝阳般受到医药行业和各医药企业的广泛重视。它丰富了医药营销领域的内涵，也成为应用心理学的重要分支，对满足消费者和客户的心理需求、提高营销业绩、推动医药产业的进步和发展，起到了重要的作用。同时，医药营销工作面临的新的任务和挑战，对医药营销人员的专业技能和自身素质也提出了新的要求。

医药营销心理学在医药营销实践中已形成了比较完整的框架体系，包括咨询、沟通、营销人员心理品质的提升和营销团队的心理训练等，已成为广大营销人员不可或缺的重要的知识基础和专业技能，被医药企业和医药营销人员高度重视。

# 第五章

# 医药咨询与沟通策略

## 学习目标

**1. 知识目标** 掌握咨询、沟通的概念；熟悉咨询技术以及咨询技术在医药营销中的应用；了解沟通的分类及沟通在咨询中的作用。

**2. 能力目标** 熟练应用咨询技术在营销活动中常用的表达方式；学会沟通策略的实际操作技术，并能将相关技术运用到解决实际问题中。

**3. 素质目标** 培养学生尊重客户的良好态度，形成善于总结学习经验的习惯，强化适应环境的意识。

## 考点

1. 沟通的含义和分类。
2. 咨询的概念。
3. 沟通的理论与原则。
4. 咨询活动对医药消费者的影响。

## 案例导入

小刘是某医药行业研究机构的年轻数据分析师，统计学专业本科毕业后加入研究机构，立志在数据分析领域有所作为。在工作中，小刘早已熟悉药店惯有的“品牌拦截、高毛推荐”的工作流程，经常自吹有了在研究机构的工作经验，日后去药店买药不会被“忽悠”。

一天，小刘病倒了，感冒比较严重，平常活泼好动的小刘全身酸痛乏力，鼻塞，流清鼻涕，这时他是纸巾不离手，感觉咳得肺都快要出来了，可谓苦不堪言。趁着中午休息，小刘带着一身的疲惫来到了药店。

小刘进入A药店指明购买“感康”，店员在生硬地回复“没有”后就转身离开，把可怜的小刘晾在一边。这让小刘异常气愤，鉴于身体状况无力发怒，只好转身离开。心里还哀怨地感叹着“这样大的药店居然没有‘感康’，唉!”

小刘走进B药店同样指明购买“感康”，店员直接告诉小刘：“小伙子，你选的感康是大厂家的产品，价格贵，不如购买某厂家感冒解毒灵颗粒，效果一样，价格差不多。”小刘用“慧眼”识别出这是一个“高毛产品”。

刚要与店员沟通，店员便如数家珍般地进行了推荐：“小伙子，看你咳嗽这样严重，还得买一个某厂家的川贝止咳露，止咳效果好。你感冒后免疫力肯定下降了，再买个某厂家的维生素C吧，效果特别好，你看我们这儿正好搞活动，购买维生素C还赠送口罩呢。现在雾霾、禽流感严重，你又感冒了，口罩用得上。”

原本聪明的小刘不知是感冒的原因，还是店员太能说，迷迷糊糊地交了钱。五天过去了，小刘的感冒不但没好转反而加重了。平常一天两场数据分析小刘都会思如泉涌，现在他看到数据就感觉满眼金星。周围的同事知道缘由后笑话小刘也被店员“忽悠”了。

小刘吸取前两次购药经历的教训，信心满满地走进了C药店，“抗忽悠免疫指数”瞬间上升。一进门店员就微笑着迎上前询问“有什么可以帮助您的?”当小刘回复自己感冒了想购买“感康”的时候，店员主动询问他的症状后径直走到柜台后取出递给他，并亲切地询问：“你感冒多久了，服用过哪些药?”小刘告诉店员B药店推荐的药品后，该店员微微皱了眉头：“根据你描述的鼻塞、流清鼻涕、咳嗽、全身酸痛乏力等症状是风寒感冒，但你吃的川贝止咳露主要治疗风热咳嗽。”

小刘听到后瞬间崩溃，难怪吃了五天药，感冒却没好。热情的店员看出小刘的不安：“小伙子，别着急，你年轻力壮，只要正确用药，感冒会好的。你买的感康是缓解感冒症状的，再加一个川贝止咳糖浆吧，这是治疗风寒咳嗽的。你之前买的维生素C如果家里还有就先别买了，吃完再买吧。这几天一定要多喝水多休息，有助于缓解感冒。如果服用三天后没有好转，你一定要到医院去检查，可别耽误了。”

店员耐心、热情、专业的购药指导让小刘心中瞬间涌起一股暖流，感觉见到了亲人。这是小刘事后的感悟。

**【问题】**

1. 三家药店的营销人员不同的沟通方式，会给客户（病人）有什么不一样的感受?
2. 针对这样的客户，营销人员在咨询时，应注意什么问题?

扫码“学一学”

## 第一节　咨询的概念及方法

### 一、咨询的概念

“咨询”一词，有商讨、劝告、质疑、会谈、征求意见、参谋、指导等意义。从中文字面上理解，就是一种提供信息、释疑解惑、忠告建议的活动。现代社会存在很多咨询领域，如法律咨询、置业咨询和医药咨询等。

医药营销咨询是指运用所掌握的医药知识和心理学的理论与技能，对于消费者医药购销的决策和行为从专业角度进行指导和帮助，使消费者更好地解决自己问题的过程。

在医药营销的过程中也会涉及咨询（或者叫作与人洽谈、商榷），既属于职业需要，也是一种技能。在医药营销活动中，主要是消费者就医药这一类特殊商品的选购，向经营者咨询，问题包括：药品的功效、副作用、适应证、用药禁忌等。心理咨询与医药营销活动中的咨询区别在于：前者是指运用心理学的理论与方法，通过特殊的人际关系，向求助者提供心理援助，帮助其解决心理问题；而后者则是运用心理学的知识和技能，对消费者购买药品的问题解惑答疑，对其购买决策和行为从专业角度进行指导，施加一定影响。

知识链接

**心理咨询**

咨询作为一个心理学的专业词汇，在其界定和描述上，不同的学术组织和团体、不同的专家和学者有不同的看法。例如，美国心理学会将心理咨询定义为：“帮助个人克服在成长过程中可能遇到的各种障碍，从而使个人得到理想发展。”

心理咨询是由专业人员即心理咨询师运用心理学以及相关知识，遵循心理学原则，通过各种技术和方法，帮助求助者解决心理问题。心理咨询所提供的全新环境可以帮助人们认识自己与社会，处理各种关系，逐渐改变与外界不合理的思维、情感和反应方式，并学会与外界相适应的方法，提高工作效率，改善生活品质，以便更好地发挥人的内在潜力，实现自我价值。

心理咨询可分为支持性心理咨询、解释性心理咨询和指导性心理咨询。

支持性心理咨询也称非指导性心理咨询，以求助者为中心，运用倾听技术，给予求助者以无条件的积极关注、共情、真诚、尊重和温暖，让求助者在安全、宽松的氛围中自己成长。人本主义就是如此。

解释性心理咨询也称分析性心理咨询，就是通过分析和解释，让求助者对自己的问题产生领悟。认知疗法和精神分析就是如此。

指导性心理咨询则是通过直接的指导，或提建议、布置家庭作业，促使求助者改变行为模式。行为治疗就是如此。

## 二、咨询技术在医药营销中的应用

心理咨询的技术主要分为两大类：一类是建立良好的咨询关系的态度技术；一类是心理干预技术。其中，建立关系的态度技术对于咨询的成功与否起着重要的作用。在营销活动中应该借鉴这些技术并应用到营销实践当中去。

**1. 尊重** 尊重意味着将对方作为有思想感情、内心体验、生活追求、独立性与自主性的个体去对待，尊重的意义主要在于给对方创造一个安全、温暖的氛围，使其可以最大程度地表达自己，并愿意敞开心扉。

在医药营销活动中，消费者能否感受到应有的尊重，关系到营销活动的成功与否。医药营销人员要对消费者体现完整接纳，不论其对药品的需要量是多少，不论消费者的身份和文化程度如何，能否清楚地表达自己的意思，营销人员都要做到以礼相待、平等交流；在医药营销过程中要真诚相待，实事求是地解释医药产品的功能，尊重对方的选择权。

**2. 热情** 热情预示着主动、友好、接纳、礼貌，给消费者创设一个轻松、亲切的环境，在恰当的时间给予消费者关注、关切；要注意倾听消费者提出的各种疑问，耐心、认真、不厌其烦地解答消费者的疑问。热情可消除或减弱消费者的不安心理，可激发求助者的合作愿望，促使消费者充分表达自己的想法、要求，便于营销人员发现其需要，及时对药品的购买以及使用方法给予指导和解释。最后，不论购买与否，在咨询结束时，要使消费者感受到温暖。

**3. 真诚** 真诚是指与人分享真实的思想和感情，不造作和隐藏。真诚待人是医药营销人员的基本要求，也是医药营销人员的智慧所在。具体指讲话亲切、自然，不矫揉造作，能为对方着想；非语言表达与语言表达要一致，真实、委婉地表达自己的情感和想法。使用时要注意：首先，用词准确以避免内容模糊，甚至提供错误的信息；其次，要说出清晰且诚实的信息。让消费者感到医药营销人员实事求是地为消费者的健康着想，而不是仅仅在推销医药产品。

**4. 共情** 共情指的是一种能深入他人主观世界，了解其感受的能力，也即接纳他人的观点和设身处地理解他人的情绪，从而获得共同感受。

在医药营销活动中，营销人员要善于使用共情的技术，借助对方的言行，深入对方的内心去体验对方的情感和思维，理解对方的需要。具体使用时，首先应借助对方的语言和非语言信息，体验当自己处于相同情境时会有什么感受；其次，推测对方的情绪状态，使用适当的语言表达对对方感受的了解，比如“我理解，你是在担心服用此类药物会产生副作用!”准确的共情会促进双方的沟通，易于建立良好的信任关系，如果交流缺乏共情，则会导致沟通失败。

扫码“学一学”

# 第二节 沟通策略与应用

## 一、沟通的结构与功能

**1. 沟通的概念** 所谓沟通，就是两个人或者两个主体之间对某种信息的传递与理解。沟通所传递的信息包括客观情况和事实，也包括人的思想、意见、态度和感受等。它包括人际沟通和大众沟通。

（1）人际沟通 是个体与个体之间的信息以及情感、需要、态度等心理因素的传递与交流的过程，是一种直接的沟通形式。

（2）大众沟通 也称传媒沟通，是一种通过媒体（如影视、报刊、网络等）为中介的大众之间的信息交流过程。

这两种沟通形式，在医药营销活动中都是常见和常用的。

**2. 沟通的结构** 沟通过程由信息源、信息、通道、信息接受者、反馈、障碍与背景七个要素构成（图5-1）。

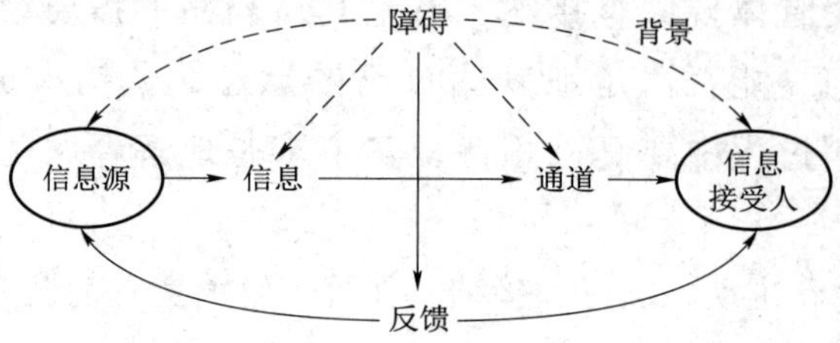


图5-1 沟通的结构

（1）信息源 信息源是沟通过程中的始发者，其具有信息并试图进行沟通。他们在沟通过程中具有一定的主动权，可以选择沟通对象，确定沟通的目的。

通常的沟通目的有三种，一是为了给他人提供信息；二是为了影响他人，使他人发生态度改变；第三种可能是为了与他人建立某种联系或纯粹为了娱乐。信息发出人在实施沟通前，要经历一个信息筛选的过程，会在自己丰富的记忆里选择出试图沟通的信息，然后将这些信息通过加工，转化为可以被信息接受人接受的若干形式，比如文字、语言或表情等。这个准备过程可以使人们对自己的身心状态意识得更为准确，使得沟通的过程更为清晰和明确。

（2）信息 信息是沟通传播的内容。从沟通意向的角度说，信息是沟通者试图传达给别人的观念和情感。但个人的感受要为他人接受，就必须转化为各种不同的可为别人所觉察的信号。在各种符号系统中，最为重要的符号就是语词。语词可以是声音信号，也可以是形象（文字）符号，它们都是可被觉察、可实现沟通的符号系统。更为重要的是，语词具有抽象指代功能，可以代表事物、人、观念和情感等自然存在的一切事物，使人与人之间的沟通在广度和深度上具有更大的可能性。

（3）通道 从发送者到接受人之间形成的沟通回路需要经过一定的形式，才能将信息有效传递。这里信息传达的方式就是指通道。通常人们的眼睛、耳朵、鼻子、嘴和手都是传递信息的通道，其中视听通道是最为常用的一种。日常生活中所发生的沟通也以视听沟通为主。

除面对面的沟通方式外，还有以不同媒体为中介的沟通。电视、广播、报纸、电话、照片，还有计算机、手机等，都可被用作沟通的媒体。研究发现，虽然各种沟通形式不断地出现，并且深深影响了人们的生活方式，但是面对面的原始沟通方式，仍是影响力最大的沟通。

面对面沟通可以使沟通的双方及时通过言语以及言语以外的其他身体语言信息，了解沟通双方的状态，因而双方更容易发生相互的情绪感染，使沟通更为有效。此外，面对面沟通使沟通双方反馈更为及时、有效，因此便于沟通的发出人作出更为积极的调整，使得沟通过程更适宜信息接受人。因此，虽然今天通讯和媒体高度发达，美国总统大选的候选人仍然会到各地巡回演讲，因为直接沟通的作用是媒体不能取代的。

（4）信息接受人 信息接受人即接受信息发出人信息的人，是沟通过程的终端。信息接受人对于信息的接受，不是一个被动过程，而是一个积极主动的接受和加工信息的过程。在这个过程中，信息接受人会在一定的个人经验基础上，通过一系列的注意、知觉、转译和储存等心理动作，将接受到的各种具有特定意义的符号，转译成一种观念、想法或情感。

由于信息源和信息接受人两个个体的生活背景、个体经验和心理世界不会完全相同，因此信息接受人转译后的沟通内容，与信息源原有的内容之间很难达到完全的一致，而是带有个人经验背景的印记。

（5）反馈 沟通中信息的接受人不断地将沟通的结果再回送给发出人，使其进一步调整沟通动作，从而形成一个沟通的回路，这个过程就是反馈。反馈的作用是使沟通成为一个交互过程。通过反馈，信息发出人可以了解接受人对于沟通信息的理解状态，从而进行应对性调整，以保证沟通的有效性。

反馈分为正反馈和负反馈。如果反馈显示信息接受人接受并理解了信息，这种反馈为正反馈。如果反馈指示的是信息源的信息没有被接受和理解，则为负反馈。另外还有模糊反馈，即信息接受人对于信息源的信息产生不确定的反应。模糊反馈往往意味着来自信息源的信息尚不够充分。反馈可以有效地指示沟通过程的效果，因此成功的沟通者对于反馈有着高度的敏感性。

反馈不一定都来自信息的接受人，有时信息发出人也会通过发送信息的过程，以及对过程的自我体会和反思，作出一定的调整，这也是一种反馈，这种反馈被称为自我反馈。

（6）障碍　沟通中的障碍是指沟通过程中增加沟通困难或使双方没能很好地完成沟通的因素。沟通经常会发生各种障碍。电话回路中任何环节或是零部件不能正常工作，都可能发生障碍，导致通话过程中断或错误传达。人类的沟通过程也大致如此。信息本身的模糊不定、信息发出人的目的不明确、信息没有被有效或正确地转换成可以沟通的信号、误用沟通方式，或者信息接受人在接受和加工信息过程中误解信息等，都可能造成沟通障碍。

沟通障碍的产生有多种表现形式，因为相互的地位、关系的不同，可能在沟通中产生地位障碍；因为沟通双方的个性倾向的差异，可能产生个性障碍；在有的群体中，由于组织结构庞大、臃肿，则可能造成组织障碍。另外一种常见障碍为文化障碍，即沟通双方由于来自不同的文化背景，使沟通很难有效实现。一群不会讲中文的美国人在没有翻译的情况下在北京吃火锅，服务员带领点菜的客人到厨房，请他点餐。结果，他点的一堆菜没有出现，而出现的都是大家不爱吃的东西。原来，点餐者本来要点的东西被理解为被指点的东西不要，其他都行。该沟通出现了典型的文化障碍。

（7）背景　沟通过程的最后一个要素是背景。沟通总是在一定的背景中发生的，任何形式的沟通，都要受到各种环境因素的影响。背景是针对沟通发生的环境而言的，其可以是影响沟通的任何因素。

在沟通过程中，同样的一句话可能会由于沟通背景、情境的改变，而产生不同的含义。比如说，简单的一句："去你的！"可以是亲人之间表示撒娇或亲昵的语言，也可能是朋友之间对朋友的言行不满的一种情绪表达，还有可能是在吵架的两个对象之间表示愤怒的一种方式。

**3. 常见的沟通方式**

（1）按照方式不同，沟通可以分为口头沟通、书面沟通、非语言沟通和电子媒介沟通。口头沟通包括交谈、讲座、讨论会、辩论会、打电话、微信语音聊天等，其优点是快速传递、快速反馈、信息量大；缺点是由于传递需经过若干层次，信息容易失真，有时反馈和核实也比较困难。书面沟通的优点是持久、有形、可以核实；缺点是效率较低而且缺乏反馈。非语言沟通，如声光信号、体态、语调，其优点是信息内涵丰富，解释比较灵活；缺点是传递距离有限，表达模糊，而且很多时候只可意会不可言传。还有一种沟通是电子媒介的沟通，如传真、计算机网络、电子邮件、微信等。这种电子媒介的沟通往往是与传统的沟通方式相结合的，电子邮件是与书面沟通相结合的，微信中的语音聊天是与口头沟通相结合，另外，视频又是与非语言沟通相结合的。随着网络的发展，电子媒介沟通的形式、方法和内容都有了新的变化。

（2）按照组织系统不同，沟通可以分为正式沟通和非正式沟通。一般来说，正式的沟通是指以企业正式组织系统为渠道的信息沟通；而非正式沟通是指以企业非正式组织系统为渠道的一种沟通。正式沟通的优点是沟通效果好，比较严肃，约束力强，利于保密，能保持权威性；缺点是比较刻板，速度比较慢，而且有时会存在逐层衰减的可能。非正式沟通的优点是速度快，形式不拘，效率高，而且能够满足员工的社会需要；缺点是难于控制，信息容易失真，容易导致拉帮结派，影响组织的凝聚力和人心的稳定。

（3）按照沟通有无反馈，沟通可以分为双向沟通和单向沟通。单向沟通是指没有反馈的沟通；而双向沟通是指有反馈的沟通，是发送者和接受者之间有信息交流的沟通。两者比较，从时间上看，双向沟通比单向沟通需要更多的时间；从准确程度上看，双向沟通中接受者能够理解的信息和对发送者理解的准确程度会大大提高；从可信程度上看，在双向沟通中，沟通双方对沟通的内容都比较信任；从满意程度上看，接受者比较满意双向沟通，而发送者更倾向于使用单项沟通；从影响方式上看，由于与问题无关的信息容易进入沟通渠道，所以双向沟通的噪音要比单向沟通大得多。

## 二、沟通的理论与原则

**1. 沟通的理论**

（1）威尔德定理　威尔德定理认为有效的沟通始于倾听，终于回答。英国管理学家L·威尔德提出，说的功夫有一半在听上。一问一答之间就可以受益无穷。

### 拓展阅读

#### 商人与渔夫

一个到海边度假的商人站在一座小渔村的码头上，看到载着一个渔夫的小船靠岸。船里放着一些看起来很新鲜的大鱼，商人夸赞渔夫说他的鱼很大、很新鲜，并问他捕这些鱼要花多长时间。

渔夫回答说："先生，用不了多长时间，我才驾船出海几小时而已。"

商人有点困惑地说："显然你捕鱼的功夫非常好，你为何不多捕一点呢？"

渔夫笑了起来："我干吗要那样做呢？我需要多余的时间做点别的事。"

商人又问："那多余的时间你用来做什么？"

渔夫说："我想做什么就做什么。我跟孩子玩耍，陪老婆睡午觉，每晚到村里跟朋友喝喝小酒，唱唱歌。我的生活过得美满又充实。"

商人嘲笑地说："哦，你实在是目光短浅。"他抛出名片："我能帮助你。依我的看法，你应该每天多花一点时间打鱼，用赚的钱换一条大一点的船。不出多久，你又可以卖掉大船，再买几艘船，最后你可以自己做生意。你必须雇更多的渔夫，当然，这你不用担心，我刚好认识人能帮你招聘渔夫。"

这时，商人忙拿出笔纸画着图表。"几年后，"他继续说："与其把鱼卖给中间人，不如直接卖给加工厂，最后你可以自己开罐头厂。这样，你就能控制产品的生产和销售。当然，你还必须撤离这个小渔村，在市中心找个合适的地点，你知道，你必须扩大你的市场占有率。也许你会搬到更大的城市，在那里你可以完全掌握成功且不断扩大你的生意。"商人说得有点上气不接下气，他稍微停顿一下，等着渔夫对他的意见表示采纳和感激。

渔夫思考了一会说："先生，这要花多久时间呢？"商人忙着按计算机和在纸上做笔记，然后回答说："哦，大概……十五到二十年吧。""先生，这然后呢？"

商人笑着说："问得好，当时机对了，我会很高兴给你建议，你可以把公司上市，然后出清你手上的股票，你就会变得很有钱。你可以赚上几百万，甚至上千万。"

"先生，几百万、几千万吗？"

渔夫揉着脸颊问道："那么，接下来呢？"

商人说："恩，最后你可以很有钱的退休，选择一个你和家人想要的生活环境，比如说，你可以搬到你喜欢的小渔村住下。你爱做什么就做什么，你可以陪孩子玩，中午陪老婆睡觉，每晚到村里和朋友喝个小酒，唱唱歌，你可以有个美满又充实的生活。"

渔夫歇了一会儿说："先生，谢谢你给我的建议，不过如果你不介意的话，我想我还是省下这十五年，过我现在的生活好了。"

启示：善于沟通的人，有着丰富的情感，一定是个耳朵灵敏的人。他总是善于心平气和地聆听周遭的各种声音，甚至去主动地征求听取别人的各种意见，给自己增添智慧和力量。若善于沟通，在公司开讨论会的时候，就会平静地竖起耳朵先认真听别人说什么，等大家都一一发言完毕，自己再说话也不迟。因为，说得漂亮的功夫有一半就在聆听上。

聆听只是沟通的起始，只是触发沟通展开的源点，而对话一旦进行，未必就可以心安理得，也不是已经完成了。沟通终于回答，沟通的过程往往会提出不少问题。这些问题以间接或直接的各种形式提了出来，就是为了得到满意的回答。

（2）杰亨利法则　亨利法则是以发明人杰瑟夫·卢夫特和亨利·英格拉姆的名字命名（图 5-2）。

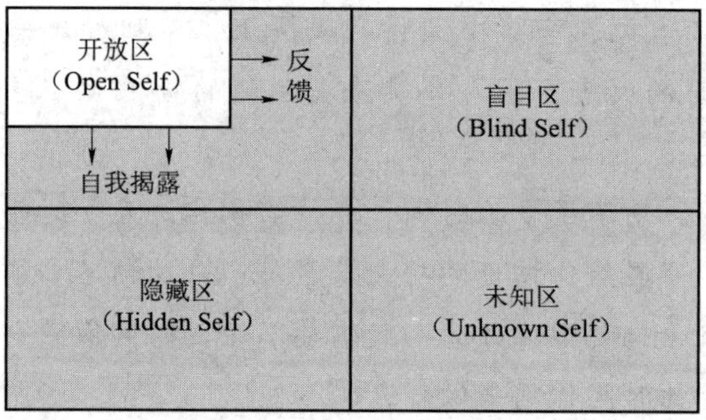


图 5-2　杰亨利法则

它的核心是坚信相互理解能够提高知觉的精确性并促进沟通的效果。它从两个维度上划分了促进或阻碍人际沟通的个体倾向性：揭示和反馈。揭示是指个体在沟通中坦率公开自己的情感、经历和信息的程度；反馈指的是个体成功地从别人那里了解自己的程度。根据这两个维度可以划分出四个"窗口"——开放区、盲目区、隐藏区和未知区。"开放"窗口包括了自己和别人都知道的信息；"盲目"窗口包括了那些别人很清楚而自己却不知道的事情，这种情况是由于别人没有告诉自己或由于自己的自我防卫机制拒绝接受这些信息造成的；在"隐藏"窗口中的信息自己知道而别人不知道；"未知"窗口是那些自己和别人都不知道的情感、经验和信息。

（3）雷鲍夫法则　认识自己和尊重他人。雷鲍夫法则从语言交往的角度，言简意赅地揭示了建立合作与信任的规律。在着手建立合作与信任的时候，应该将雷鲍夫法则自觉而灵活地运用到交流与沟通之中，自然就会产生事半功倍的效果。

雷鲍夫法则提示，在着手建立合作和信任时，要牢记在自己的语言中。

最重要的八个字是：我承认我犯过错误

最重要的七个字是：你干了一件好事

最重要的六个字是：你的看法如何

最重要的五个字是：咱们一起干

最重要的四个字是：不妨试试

最重要的三个字是：谢谢您

最重要的两个字是：咱们

最重要的一个字是：您

**2. 沟通的原则** 沟通是双向的，是带有情感的人心与人心之间的相互交流，因此沟通的结果取决于双方的态度和关系。良好的沟通需要遵循一些基本的原则。这些原则一方面可以使自己避免不必要的麻烦，另一方面也会使沟通的效果变得更好。沟通的目的是获得双赢。要想使沟通带来双赢的效果，就必须遵循以下原则。

（1）平等原则 沟通双方地位平等，人格平等，应相互尊重。双方不管职位相差多大，要想沟通取得进展，首先就必须坚持平等原则。双方都有各自的目的，沟通就是取消差异性，找到共性，达成一致，任何不平等的做法都会使沟通受到影响。双方应充分认同对方的人格，包容对方的思想和意见，尊重对方的体会和感受，主动地站在对方的角度思考问题。双方应反对居高临下的做派，反对强迫、灌输和压服，主张建立相互启发、相互影响的主体平等关系。

（2）尊重差异原则 沟通双方有各自不同的思想、知识结构、文化水平、人生经历、家庭背景、年龄层次等，因此对同一问题持不同态度和看法是难免的。

（3）信息交换原则 所谓沟通，就是双方传递、交换思想、观念以及信息的过程。很多沟通不到位的现象的发生，都可能是信息交换不到位，或信息交换不对等造成的。

**3. 语言沟通与非语言沟通**

（1）语言沟通 在沟通过程中，常常会遇到一些矛盾的、顾此失彼的、难以两全的情况，使自己处于两难的境地。例如，常会碰到下列情景：既想拒绝对方的某一要求，又不想损伤他（她）的自尊心；既想吐露内心的真情，又不好意思表述得太直截了当；既不想说违心之言，又不想直接顶撞对方；既想和陌生的对方搭话，又不能把自己表现得太轻浮和鲁莽等，凡此种种，难以一一列举。但概而言之，都是一种矛盾：行动和伤害对方的矛盾，自己利益和他人利益的矛盾，自己近期利益和长远利益的矛盾。

为了适应这些情况，各种各样的语言表达艺术就产生了，其缓解了这些矛盾。这种表达的语言艺术从表面上看，似乎违背了有效口头表达的清晰、准确的要求，但实际上是对清晰、准确原则的一种必要补充，是在更全面考虑了各种情况之后的清晰和准确，是在更高阶段上的清晰和准确。

语言艺术的具体方法因人、因事、因时、因地而异，没有绝对的适用任何情况的方法。基本的沟通技巧如下。

1）积极表达期望。心理学中的“皮格马利翁效应”启示我们，赞美、信任和期待具有一种能量，能改变人的行为。当一个人获得另一个人的信任、赞美时，他便感觉获得了社会支持，从而增强了自我价值，变得自信、自尊，获得一种积极向上的动力，并尽力达到对方的期待，以避免对方失望，从而维持这种社会支持的连续性。语言沟通中，积极的语言反应表达出积极的心理期望。皮格马利翁效应也验证了积极的心理期望和暗示所产生的强大影响。要做到积极的评议表达，可从以下几个方面来把握。

其一，避免使用否定字眼或带有否定口吻的语气。如双重否定句不如用肯定句来代替，必须使用负面词汇时，则尽量使用否定意味最轻的词语。“我希望”“我相信”这两种说法有时表明自己没有把握，或者传递出有些盛气凌人的信息；而赞扬现在的行为可能暗示对过去的批评。

其二，强调对方可以做而不是自己不愿或不让他们做的事情，以对方的角度讲话。如说“我们不允许刚刚参加工作就上班迟到”（消极表达），就不如说“刚刚参加工作的人保证按时上班很重要”（积极表达）。

其三，把负面信息与对方某个受益方面结合起来叙述。可以说“你可免费享用20元以内的早餐”（积极表达），而不是说“免费早餐仅限20元以内，超出部分请自付”（消极表达）。

**知识链接**

**皮格马利翁效应的由来**

在古希腊神话中，相传在塞浦路斯岛上有一位年轻的国王名叫皮格马利翁，他酷爱雕塑，一天，他成功地塑造了一个美少女的形象。国王对此少女塑像爱不释手，每天以深情的眼光观赏不止，甚至含情脉脉地与她“谈话”。功夫不负有心人，天长日久，美少女竟活了，后来还成了国王的意中人。皮革马利翁的钟情竟使一个没有生命的塑像获得了生命的活力，可见，爱的期望所产生的力量是多么巨大啊！

这是一则神话，但心理学家却从中得到很大的启发。

1968年，美国心理学家罗森塔尔等人曾做过这样一个著名的心理实验：从小学一年级到六年级中，每个年级各抽出三个班级进行测验。他们随机抽取一些学生的测验结果，然后告诉各任课教师哪些学生将会表现出明显进步（其实这些学生完全是实验者们随机抽样的，任课教师不知道）。八个月后，再进行测验，发现他们提供的名单上的学生成绩有了显著进步，而且情感、性格更为开朗，求知欲望强，敢于发表意见，与教师关系也特别融洽。除任课教师外，这些学生的名单并未向任何其他人泄露，所以他们认为这个结果是从任课教师的期待中产生的，实际上教师扮演了皮格马利翁的角色。罗森塔尔借用希腊神话中出现的主人公的名字，把它命名为“皮格马利翁效应”。

“皮革马利翁效应”也称“期待效应”或者“罗森塔尔效应”。

2）进行委婉表达。“委婉”一词人们并不陌生，它在修辞学中，又是修辞格的一种。但“委婉”并不仅仅指修辞的方法。在书面语中，它主要表现为一种语言的表达方式；在沟通中，它又是一种处理问题的态度和方法。恰当地运用委婉，能够鲜明地表明人们的立场、感情和态度。这样做，既使对方乐于接受，达到说话的目的，又可增强语言的形象性和生动性。

在日常生活中也常有这样的例子：当你要求别人做一件事，或者指责别人哪里有过失的时候，要尽量选择让对方感到有回旋的话，把主动权仿佛送给了对方。例如某一员工衣帽不整，有碍企业形象，可以说："这样还算挺好的，但如果能够再把这个颜色换一下，会更好些。"这样的话语会使员工乐于接受，也就心悦诚服地愿意改正。

3）使用模糊语言。我们在客观世界里所遇到的各种各样的客观事物，绝大多数都没有一个明确的界限。作为客观世界符号表现的语言也必然是模糊的。巧妙地利用语言的模糊性，使语言更能发挥它神奇的效用，是人际沟通追求的目标之一。

第一，化难为易。"化难为易"也称"化险为夷"。在人际沟通中，常会遇到难以应付的棘手场合，也会有非说不可却难以启齿的局面。成功的沟通者往往会用模糊语言，使自己摆脱这种尴尬的处境。例如，在某大商场，有一位顾客拿了几个西红柿，然后混杂在已经称好重量并交款的蔬菜中转身就走。这时，售货员发现了这一情况。如果她高喊"捉贼"，势必会影响商场的秩序，损伤商场的声誉，可能会大吵大闹一番。富有经验的售货员会两手一拍说："哎呀！请您慢走一步。我可能刚才不注意，把蔬菜的品种拿错了，您再回来查查看。"这位顾客无奈也只得回来，售货员把蔬菜重新称过，随手就将西红柿拣了下来。售货员此时说"可能""查查看"都是模糊词语，收到了很好的效果。

第二，缓和语气。在某些情况下，对方可能故意损害自己，使其怒发冲冠、情绪激动。在这种情况下，注意使用模糊语言，易于控制自己的情绪，缓和气氛，使事态朝好的方向发展。

第三，点到为止。模糊语言要有分寸，要点到为止。不该说的不说，能把自己意思表达明白，却不伤害别人，不能直言不讳，要把自己的意思曲折地表达出来，并且要让对方明白。

4）幽默表达。幽默与委婉含蓄有关，跟庄重严肃相对，是一种诙谐、轻松、愉悦的语言风格。幽默不等于滑稽，也不同于笑话，滑稽和笑话只能使人发笑，幽默能使人发笑之后继续回味，想出许多道理来。一句得体的幽默会消除一场误会，一句巧妙的幽默言辞能胜过许多句平淡无味的攀谈。

**知识链接**

**常用的幽默表达方式**

**1. 反语法** 诗人歌德有一次在公园散步，在一条小道上不巧碰见曾经攻击过他的政客。对方满怀敌意地说："对于一个傻子，我是从来不让路的。"歌德立即回答："而我则相反。"说完便马上让到路边去了。

这件事虽然反映了政客的傲慢无礼和歌德的豁达大度，但更重要的是歌德幽默的回答。虽然只有五个字，却反映出了歌德反应的机敏和回敬的巧妙；还给狭路相逢的一对冤家免去了一场僵持不下的冲突，充分显示了歌德的宽宏大量和优雅风度。

**2. 一语双关** 毛泽东在一次演讲快结束时，掏出一盒香烟，用手指在里面慢慢地摸，但掏了半天也不见掏出一支烟来，显然是抽光了。有关人员十分着急，因为毛泽东烟瘾很大，于是有人立即动身去取烟。毛泽东一边讲，一边继续摸着烟盒，好一会，他笑嘻嘻地掏出仅有的一支烟，夹在手指上举起来，对着大家说："最后一条！"

这个“最后一条”，毛泽东的话是最后一个问题，又是最后一支烟。一语双关，妙趣横生，全场大笑，听众们的一点疲劳和倦意也在笑声中一扫而光了。

**3. 曲解法** 国画大师张大千和京剧艺术大师梅兰芳一次同赴宴会。张大千走上前对梅兰芳说：“你是君子，我是小人，我敬你一杯。”梅兰芳和众人大惑不解。张大千解释道：“你唱戏，动口；我画画，动手——君子动口，小人动手。”众人听了，大笑不止。

“君子”和“小人”的词义被张大千故意作了歪曲的解释，产生了十分幽默的情趣。

**4. 类比法** 有位市长向一位黑人领袖发难：“先生既然有志于黑人解放，非洲黑人多，何不去非洲?”黑人领袖反驳：“阁下既然如此关心灵魂的拯救，那地狱灵魂多，何不下地狱呢?”

黑人领袖运用类比进行推理：既然有志于黑人解放就要到黑人多的非洲去，那么关心灵魂拯救的自然就要到灵魂多的地狱里去了，语言锋利而幽默，轻易就将对方驳倒了。

**5. 造势法** 我国著名作家老舍先生在一次演讲中，开头即说“我今天给大家谈六个问题”，接着，他第一、第二、第三、第四、第五，井井有条地谈下去。谈完第五个问题，他发现离散会的时间不多了，于是他提高嗓门，一本正经地说：“第六，散会。”听众起初一愣，不久就欢快地鼓起掌来。

老舍在这里运用的就是一种“平地起波澜”的造势艺术，打破了正常的演讲内容，从而出乎听众的意料，收到了幽默的效果。

**6. 大词小用法** 作家冯骥才访问美国，有非常友好的华人夫妇带着他们的孩子来拜访，双方谈得投机之时，冯骥才突然发现那孩子穿着皮鞋跳到了床单上。这是一件令人很不愉快的事，而孩子的父母竟然浑然不觉。此时任何不满的言语或行为都可能导致双方的尴尬。冯骥才幽默地对孩子的母亲说：“请把您的孩子带回到地球上来。”

这里冯骥才就是利用大词小用的幽默，把“地板”换成了“地球”，孩子的鞋子和洁白的床单之间的矛盾也被孩子和地球的关系淡化了。

**7. 借语作桥法** 马克·吐温有一次在邻居的图书室浏览书籍，发现有一本书很吸引人，想跟邻居借阅，但邻居对他说：“欢迎你随时来读，只要你在这里看。你知道我有个规矩，我的书不能离开这个房子。”几个星期后，这位邻居来跟马克·吐温借锄草机。马克·吐温说：“当然可以，但是按我的规矩，你得在这栋房子里使用它。”

马克·吐温就是运用了借语作桥法，借用对方的词语表述了与对方意愿相背的意思，既回击了邻居当时不肯借书，又不乏幽默地表达了自己的意思。

**8. 省略法** 1985年底，全国写作协会年会开幕式上，省、市各级有关领导论资排辈，逐一发言祝贺。轮到罗湖区党委书记发言时，开幕式已进行了很长时间。于是他这样说：“首先，我代表罗湖区委和区政府，对各位专家学者表示热烈的欢迎。”掌声过后，稍事停顿，他又响亮地说：“最后，我预祝大会圆满成功。我的话完了。”他以迅雷不及掩耳之势结束了演讲。

听众开始也是一愣，随后，即爆发出欢快的掌声。因为，从“首先”一下子跳到“最后”，中间省去了其次、第三、第四……这样的讲话，如天外来石，出人预料，达到了石破天惊的幽默效果，确实是风格独具，别出心裁。

**9. 避重就轻法** 房客指着屋顶问：“这房子经常漏雨吧?”房东摇着头断然否定：“不，瞧你说的！只有在下雨时才漏。”

房东回答并不针对房子的破败程度，而是轻巧地回答是否“经常”漏雨，转移了话题。一句“只有下雨时才漏”的废话含着几许幽默。

**10. 顺势陡转法** 一位老太太拿着一本破旧的作业本，让巴尔扎克看，让他猜猜这个孩子的前途如何，巴尔扎克看完本子上缭草不堪的字迹，评价道：“这个孩子既懒惰，又任性，我想他一辈子都不会有出息。”老太太非常严肃地说：“唉，这正是你小时候的作业本！”

巴尔扎克的评价是他看完作业本的真实感受，孰料最终的评价对象却是自己，而评语和事实的截然相反正构成了反讽，除了尴尬的巴尔扎克，谁会不乐！

（2）非语言沟通 人类进行沟通的载体主要是语言。在大自然中，动物之间的情感表达和信息传送也是通过动物特有的语言。与其相比，人类的语言更加丰富、复杂和高级，而且，它不仅包括有声语言，也包括无声语言。艾伯特·梅瑞宾发现，在一条信息的全部效果中，只有38%是有声的（包括音调、变音、语气、音量或其他声响），7%是语言（词汇），而55%的信号是无声的。关于人类用无声语言交际的数量，伯德惠斯特教授做了类似的统计，结果发现：每人每天只有10~11分钟的时间讲话，平均每句话只占2.5秒钟；人们面对面交谈时，其有声部分低于35%，而65%的交际信号是无声的。

1）目光。目光接触，是人际间最能传神的非言语交往。“眉目传情”“暗送秋波”等成语形象地说明了目光在人们情感交流中的重要作用。在销售活动中，听者应看着对方，表示关注；而讲话者不宜再迎视对方的目光，除非两人关系已密切到了可直接“以目传情”。讲话者说完最后一句话时，才可将目光移到对方的眼睛上。这是在表示一种询问：“你认为我的话对吗?”或者暗示对方：“现在该你讲了。”人们在交往和销售过程中，彼此之间的注视还因人的地位和自信而异。

推销学家在一次实验中，让两个互不相识的女大学生共同讨论问题，预先对其中一个说，她的交谈对象是个研究生，同时却告知另一个人说，她的交谈对象是个高考多次落第的中学生。观察结果发现，自以为自己地位高的女学生，在听和说的过程中都充满自信地凝视对方，而自以为地位低的女学生说话时就很少注视对方。在日常生活中我们能观察到，往往主动者更多地注视对方，而被动者较少迎视对方的目光。

2）衣着。衣着本身是不会说话的，但人们常在特定的情境中以穿某种衣着来表达心中的思想和建议要求。在销售交往中，人们总是恰当地选择与环境、场合和对象相称的服装衣着。谈判桌上，可以说衣着是销售者“自我形象”的延伸和扩展。同样一个人，穿着打扮不同，给人留下的印象也完全不同，对交往对象也会产生不同的影响。

美国有位营销专家做过一个实验：他本人以不同的打扮出现在同一地点。当他身穿西服以绅士模样出现时，无论是向他问路或问时间的人，大多彬彬有礼，而且本身看来基本上是绅士阶层的人；当他打扮成无业游民时，接近他的多半是流浪汉，或是来找火借烟的。

3）体势。达·芬奇曾说过，精神应该通过姿势和四肢的运动来表现。同样，销售过程中，人们的一举一动都能体现其特定的态度，表达特定的含义。

销售人员的体势会流露出他的态度。如身体各部分肌肉如果绷得紧紧的，可能是由于内心紧张、拘谨，在与地位高于自己的人交往中表现常会如此。推销专家认为，身体的放松是一种信息传播行为。向后倾15°以上是极其放松的表现。人的思想感情会从体势中反映出来，略微倾向于对方，表示热情和兴趣；微微起身，表示谦恭有礼；身体后仰，显得若无其事和轻慢；侧转身子，表示嫌恶和轻蔑；背朝人家，表示不屑理睬；拂袖离去，则是拒绝交往的表现。

我国传统是很重视在交往中的姿态的，认为这是一个人是否有教养的表现，因此素有大丈夫要“站如松，坐如钟，行如风”之说。

如果在销售过程中想给对方留下良好的第一印象，那么首先应该重视与对方见面的姿态表现。如果和顾客见面时无精打采，对方就会猜想也许自己不受欢迎；如果不正视对方、左顾右盼，对方就可能怀疑是否有销售诚意。

4）声调。有一次，意大利著名悲剧影星罗西应邀参加一个欢迎外宾的宴会。席间，许多客人要求他表演一段悲剧，于是他用意大利语念了一段“台词”，尽管客人听不懂他的“台词”内容，然而他那动情的声调和表情，凄凉悲怆，不由得使大家流下同情的泪水。可一位意大利人却忍俊不禁，跑出会场大笑不止。原来，这位悲剧明星念的根本不是什么台词，而是宴席上的菜单。

恰当地自然地运用声调，是顺利交往和销售成功的条件。一般情况下，柔和的声调表示坦率和友善，在激动时自然会有颤抖，表示同情时略微低沉。不管说什么话，阴阳怪气的，就显得冷嘲热讽；用鼻音哼声往往表明傲慢、冷漠、恼怒和鄙视，是缺乏诚意的，会引人不快。

## 三、沟通策略实际操作技术

在人与人沟通的交往过程中，人心可谓是最神秘莫测的世界。要打开人心这扇紧闭的大门，应以成功的原则为指导，并且切实掌握一些行之有效的沟通技巧。

在营销过程中，营销人员需要借助沟通的技巧，讨论不同的话题、化解不同的见解与意见，建立共识。当共识产生后，营销过程才会顺利进行，而良好的沟通能力在营销过程中的实践和应用，需要训练和培养。

在营销工作的实际操作中，有效沟通的行为法则有三个。

### （一）感知信息、判断意图

营销人员要做好的首要工作，就是接待好每一位消费者，细致地感知和观察每一个消费者的表情、举止和行为，根据感知到的信息对其进行分析和判断。在成为消费者之前的顾客到来的目的无非有二：其一，有明确的消费目标，确切的购买用途，专门购买某种产品；其二，没有明确的消费目的，根据自身的经济情况，看看有否符合自己的服务项目和产品。不论是哪一种情况，都需要营销人员在短暂的接触中，通过其语言和非语言表达来观察消费者的心理，根据其外在特征及其身份和爱好，分析其个性心理特征，并在此基础上判断其意图和目的，做到有的放矢，判断正确。根据消费者不同的表现，大体可以做出如下分类。

**1. 具有既定购买目的**　这一类消费者目的明确、意图明显。语言和目光比较集中，表现主动，会直接询问。

**2. 具有购买欲望，没有明确目标**　此类消费者神态犹豫、目光游移，谈吐间带有探寻和疑问，并不急于提出购买要求。

**3. 没有购买打算，顺其自然**　消费者态度悠闲、步履休闲、交谈没有固定目标。

营销人员根据其特点及时弄清消费者的意图，掌握好接近方式，在这一阶段，营销人员的服务应当适度，谨慎地保持一定距离。否则，热情过度会使人产生逆反心理。要注意给消费者留有一定的心理空间和行为空间，最好不要随意侵犯，要让对方感到应有的尊重，步步紧逼的交谈和销售方式只能使消费者避而远之。在服务中适度保持距离，会产生一种美感，更能体现一种修养和精明，对销售会有促进作用，正所谓“欲擒故纵”。

**（二）理解对方、巧对异议**

在医药营销过程中，消费者和营销人员总会就所要购买的产品进行议论。面对消费者提出的异议，营销人员要掌握的原则就是：理解顾客，永远不要与顾客争辩。

往往消费者会以挑剔的口吻谈论其感兴趣的产品，而营销人员则按耐不住反驳的欲望，争执则在所难免。一个出色的营销人员要有外交家的风度、政治家的胸襟。记住，说赢对方并不等于成交，反驳对方让使其失去面子会更加逆反。因此，可以尝试以下应对异议的方法。

**1. 忽视法** 如果顾客的异议表现在非重点因素或者与商品销售无关的因素上，比如，顾客对商品的广告语或代言人，或者对导购员的衣着等存在异议，导购员只需面带微笑同意顾客的观点就行了，无须过多解释或者与顾客争辩。

**2. 询问法** 如果顾客对商品的异议比较笼统，没有具体的指向，营销人员往往需要通过询问找到问题的根本或症结所在，然后再有针对性地予以解决。

“为什么”在导购员的字典中是一个非常珍贵、价值无穷的字眼，营销人员千万不要轻易放弃这个利器，也不要过于自信，认为自己能够猜出顾客为什么会这样或那样，而要通过询问让顾客自己说出来。

当问顾客“为什么”的时候，顾客必然会作出以下反应：他必须回答自己提出反对意见的理由，说出自己内心的想法；他必须再次审视自己提出的反对意见是否妥当的时候，营销人员才能了解顾客真实的反对原因，明确把握顾客反对的焦点，以便更有针对性地处理顾客的反对意见。

**3. 让步处理法** 让步处理法，即根据有关事实和理由来间接否定顾客的意见。首先，导购员要承认顾客的看法和意见有一定的道理，也就是向顾客作出一定的让步，然后再说出自己的看法和意见。这种方法能够很委婉地解决顾客的异议，其基本构成是：用“是的”同意顾客的部分意见，然后再用“如果”表达另外一种状况是否更好。例如，顾客说：“这个商品太贵了，我支付不起。”这时就可以说：“是的，很多顾客都有这样的想法，但是如果您采用分期付款的方式就不会有问题了。您在年底发奖金时多付些，平常每月少付些，不到一年，这个问题就解决了。”

**4. 转化意见法** 转化意见法，即利用顾客的反对意见本身来处理顾客的异议。顾客的反对意见往往具有双重属性，其既是交易的障碍，同时又是很好的成交机会。导购员要学会利用其积极因素去抵消其消极因素。

**5. 以优补劣法** 某些时候，顾客的反对意见往往正好切中商品或服务的缺陷。如果遇到这种情况，导购员千万不能予以回避或直接否认。最明智的方法是肯定顾客的意见，大方承认商品或服务有缺点，然后进行淡化处理，利用商品或服务的其他优点去抵消这些缺点。这样，顾客的意见就能在一定程度上达到平衡，从而有利于使顾客作出购买决策。

**（三）业务熟练、服务热情**

服务态度是构成营销服务的最重要、最基本的内容。服务态度的好坏直接影响着营销人员的营销业绩，影响着企业的经济效益和声誉。如果营销人员以恶劣的态度横眉冷对顾客，会给顾客留下不良印象，从而令顾客对该企业及产品望而却步。同时，一个不满意的顾客能带跑一批满意的顾客。一旦顾客的不满意没有得到积极的反应，他们就会迅速扩展他们的抵制情绪。反之，如果顾客感受到自己真正受到关注，也会为企业义务宣传，无形之中促进企业产品的营销。

爱默生曾经说过："有史以来，没有任何一件伟大的事业不是因为热忱而成功的。"这就是说：认识热忱，培养热忱，运用热忱，才能成功。医药营销人员在营销活动中，需要有熟练的业务知识、真诚和热心的服务，并根据消费者的反应，通过自己掌握的知识将产品推荐给消费者，以达到促使消费者购买的目的。

扫码"学一学"

## 第三节　咨询对医药消费者的影响

### 一、咨询活动对医药消费者的影响

大凡医药消费者都有一种相信专家、相信权威的心理，各类广告也纷纷请出专家，对其所销售的产品进行宣传。在医药市场竞争日趋白热化的今天，消费市场日趋成熟，如果营销人员能掌握产品知识、竞争品牌的优劣势、医学相关知识、药学相关知识，能及时地给病人指导，把握好消费者的需要，相信营销活动的开展将会顺利地进行。

良好咨询关系的建立是咨询的第一步，是咨询的基础，更是决定咨询成败的关键因素。咨询关系是一种真诚、信任、平等、尊重、客观的关系，不是医患关系、师生关系、长幼关系、上下级关系和朋友关系。它是咨询的起点和基础，有助于了解来访者的情况，准确确定咨询目标并有效达到目标。

如何建立良好的咨询关系，各个学派可谓"八仙过海，各显其能"，在方法技巧上各有特色。罗杰斯的人本主义认为人性是善的，每个人都有向上发展的愿望，每个人都有解决问题的潜能。因此，建立良好咨询关系，促进人成长和发展的三个充分必要条件是：真诚、尊重和共情，现已得到普遍公认。

### 二、接近和影响医药消费者的原则

医药营销活动得以顺利进行的前提是营销人员能够熟练和适度地运用咨询技术，并具有良好的沟通能力和专业知识，能够和不同类型的消费者进行交流，解答他们的询问。医药营销咨询中需要掌握的原则有以下三种。

**1. 明确性原则**　营销人员需要通过咨询交谈促使消费者了解产品，产生购买愿望，因此营销咨询过程郑重交流的策略很重要，既不能答非所问，也不能进行明显、虚假和夸大的宣传。首先要明确以下几个问题。

（1）消费者的需要　在咨询交谈中营销人员首先弄明白消费者最需要什么，只有将合适的药品提供给消费者才能促使消费者产生购买欲望。咨询活动中大多数消费者能清楚地表达自己的选择，但也有部分消费者不清楚自己的真正需要，因为消费者并不是专业人员，不十分了解药品的作用，针对自己或者家人的症状不能作出合适的选择。这时，需要营销人员通过交谈了解、澄清消费者的困惑，针对其经济状况、家庭情况、身体症状等，通过自己的专业知识推荐给消费者最可能选择的产品。

（2）消费者的担心　通过咨询交谈还可以了解消费者最担心什么，以便消除消费者的疑虑促使其放心购买。大多数的消费者在产生购买的兴趣后都会提出自己的担心，比如药效问题、质量问题以及价格、使用情况等。明确消费者最担心的问题后，医药营销人员可以提供相关的证据进一步打消消费者的疑虑，促成交易。

（3）消费者的心理预期　大多数的消费者在选定购买的产品后都有一个心理预期，这个心理预期包括价格、使用效果、性价比等。消费者都希望用最合适的价格购买到效果最好的产品。了解消费者的心理预期后要尽量满足消费者，即使不能完全满足，也要在咨询交谈中让消费者感觉其心理预期能够基本满足。如果实在无法满足，需要营销人员利用交谈技巧将不能满足的部分淡化或者转移，即把这部分尽量描述为不重要的一部分或者是可以省略的部分，这就需要营销人员运用避重就轻的交谈技巧，也就是把这部分预期转移到其他方面去，让消费者忽视这一部分。

**2. 诱导性原则**　通过诱导让消费者透露出更多的消费需要信息。诱导的方法并不复杂，首先要积极倾听，区分所获得信息中的目的、主要概念和细节，以充分了解信息；要专注于语言和非语言线索。其次，可以用询问的方式，了解营销人员希望知道的信息；交谈可以使用激将法或比较法等方式进行，也可以从消费者容易接受的内容谈起，比如天气、新闻、体育等，然后在对方心情比较放松的情况下，慢慢地诱导其说出营销人员需要的信息。

**3. 设身处地原则**　咨询中要坦诚，还要站在消费者的角度考虑问题，这样，才能够逐渐带来信任。首先，不要让消费者有被欺骗的感觉；第二，要站在消费者的角度，利用专业知识真诚地帮助消费者解决他们不能解决的问题；第三，主动为消费者介绍符合他们需要的产品，以及使用说明和注意事项。这种为对方着想的理念要通过语言和非语言表达传递给消费者。

大多数人对帮助自己的人都会存有感激之心，也会在心里产生想要报答的愿望，当消费者对营销人员存有感激之情时，就证明营销人员争取到了消费者的信任。当然，信任不是永恒的，会随着时间和事件的变化而变化。因此，要求营销人员要坚持相关的原则以维持这种信任。

## 实训 8　药品介绍与推销演练

**【实训目的】**

1. 掌握药品介绍的技巧和药品推销的技巧。
2. 设计推销方案，并组织实施，完成推销演练。

**【实训内容】**

4~5 人组成团队进行训练，内容如下。

1. 实训情景为某一感冒病人到药店购买药品。
2. 针对该病人的症状，设计销售方案。
3. 实施方案，并对该方案进行分析，形成总结报告。

**【实训报告】**

根据销售演练情况，形成总结报告。

【实训评价】

1. 根据要求完成情景设计，设计合理，计 30 分。
2. 根据要求完成销售演练，计 30 分。
3. 实施方案，并形成总结报告，计 30 分。
4. 实训报告条理清晰，字迹工整，计 10 分。

扫码“学一学”

## 目标检测

1. 简述沟通的含义和分类。
2. 简述咨询的概念。
3. 试述沟通的理论与原则。
4. 试述咨询活动对医药消费者的影响。

# 第六章

# 医药营销人员心理素质的提升

## 学习目标

**1. 知识目标** 掌握医药营销人员应具备的职业道德、职业素养与心理素质；熟悉医药营销职业的内涵；了解应对挫折的基本方法。

**2. 能力目标** 能够运用应对挫折的基本方法，提升个人的心理弹性；分析影响个人兴趣的主要因素，能够了解自己的职业兴趣。

**3. 素质目标** 通过学习，学生应表现出提升个人职业道德、职业素养与心理素质的强烈愿望，强化做一名优秀医药营销人员的信心。

## 考点

1. 医药营销人员应具备的职业道德。
2. 医药营销人员应具备的职业素养。
3. 医药营销人员应具备的心理素质。

## 案例导入

天刚亮，小区外街道上的机动车已经开始轰轰作响。伴随着手机闹铃声，徐晓佳翻身下床。又是一个美丽的星期天早晨！刚大学毕业工作一年，徐晓佳已经慢慢改变了上学时晚睡晚起的作息习惯，在非休息日能够按点睡觉、准时起床。经过一年的练习，她已经能够只用10分钟就化好淡妆。徐晓佳在一家大型医药连锁店上班，保持良好的职业形象是岗位要求。她性格温和，接待顾客亲切而不造作，做事细心，服务体贴周到，童叟无欺，专业知识掌握的很扎实，深得顾客的喜欢。今天她心情特别好，因为昨天店长公布了上个季度所有分店店员的销售业绩，徐晓佳表现出色，名列前茅，公司奖励她一部ipad。她觉得自信满满，同时也坚定了她努力工作的信念。

张迪是徐晓佳的大学同学，毕业后去了另一家医药商场。与徐晓佳不同，张迪晚上熬夜玩游戏，早上赖床不起，已经因为迟到被扣了好几次工资。因为起床晚，她往往在临上班的前几分钟把衣服往头上一套就跑去店里，所以形象邋遢，连早饭都没时间吃，一年下来，得了胃炎，经常发作。张迪不喜欢回答顾客的问题，尤其不喜欢老年顾客。她觉得这些人真麻烦，买个药还老是问东问西的，药盒子上不都写着吗！昨天有位老人拿着一盒药反复问了几遍怎么服用，她就烦得要命，于是装作没听见不予理睬。张迪喜欢向身穿名牌、珠光宝气的中年顾客推荐利润大、提成高的高价药，并且不管顾客愿不愿意听，她都把这些药举在顾客面前，背诵厂家拟好的推销词。张迪的营销业绩一般，并且经常引起顾客的不满，甚至有的顾客投诉到店经理那里去了。张迪暗暗想：“看来这份工作是做不长了，反正我也不喜欢做，要不就准备找另一份工作吧。”

【问题】

1. 医药营销人员应该具有什么样的素质表现？

2. 医药营销人员心理素质的提升，可以通过什么样的方式来实现？

扫码“学一学”

## 第一节　认识职业，培养兴趣，激发热情

随着现代市场经济的发展，医药营销逐渐成为一种社会职业，医药营销工作的重要性也越来越引起人们的重视。

### 一、医药营销人员工作的内容

作为一名医药营销人员，从事的营销工作主要包括以下几方面内容。

**1. 销售药品**　医药营销是营销工作的基本内容，而营销工作的基本任务就是把商品推销出去，获得利益。因此，营销人员要掌握药品知识、把握药品使用规律，了解客户心理，激发客户对药品的兴趣，促进客户的购买行为，能运用推销技巧把商品销售出去。

**2. 提供服务**　随着人们生活水平的提高，客户对服务要求越来越高，营销人员在药品销售的过程中，不仅要提供适宜的药品，还要提供客户所需要的服务。营销人员本着客户至上的原则，最主要的是能为客户提供满意的服务，在整个营销过程中做好服务工作。

**3. 收集产品信息**　营销人员是药品的推广者，直接接触客户，可以从观察、询问及从客户反映中了解产品或服务是否受欢迎，也可以了解竞争者的产品情况。为提高本企业的竞争力，他们要收集和提供信息，也可以进行市场调研，撰写调研报告。

**4. 开拓市场**　任何营销活动都离不开市场的把握，营销人员要善于分析市场环境，把握市场机会，不断开拓市场，才能打开商品销路，为企业赢得生存和发展空间。

**5. 分配商品**　营销人员要善于对所营销的商品供求进行平衡协调，在药品货源紧俏时，按用户轻重缓急，合理配送；对没有及时供货的客户要善于解释说明，并能妥善处理；而对于滞销的药品，能进行市场调研，有效地对各地区进行商品余缺调剂。

**6. 传播信息**　医药营销人员在医药营销过程中，一方面把有关企业的商品和服务的信息传递给客户及社会，增进对社会全面的了解；另一方面又把客户反映的信息准确传递给企业，使企业能掌握顾客的需求变化，及时调整营销策略。

### 二、营销人员工作的特点

面对复杂多变的市场环境，营销工作是一项极具挑战性、灵活性和创造性的工作。它没有严格限定工作时间和工作场所，没有刻板、固定、一成不变的工作程序和方法。营销人员的工作有以下特点。

**1. 工作技能的多样性**　营销工作涉及的面非常广，从事营销工作要能够运用多种类型的工作技能，如药品推销技能、人际沟通技能、处理客户异议技能、市场信息分析与判断能力、公共关系能力、市场开拓能力等。营销人员只有具备多种技能，才能胜任营销工作，否则很难运行成功的营销。

**2. 工作流程的独立性**　营销人员从事的营销工作是比较独立、完整的业务流程，每个营销人员有自己明确的营销目标，有独立的目标市场，有独立的运作空间，有明晰的营销业绩测定。

**3. 工作任务的社会性**　营销工作的成效影响企业的生存和发展，具有一定的社会意义，每个营销人员的工作态度、工作责任意识会影响企业的形象，影响客户的购买行为。

**4. 工作过程的自主性**　营销人员在营销过程中有较大的业务决策和相应的资源支配权，在一定程度上可以按照自己的方式去完成任务，营销人员的主动性、灵活性、创造性对提高营销绩效有较强的影响。

## 三、培养职业兴趣，激发从业热情

### （一）兴趣的概述

兴趣是指建立在需要基础上，带有积极情绪色彩的认知和活动倾向，是个人对其环境中的人、事、物所产生的喜爱程度，是个人力求认识、掌握某事物，并经常参与该种活动的心理倾向。人们常说“兴趣是最好的老师”，当个人对某事物有兴趣时，会对它产生特别的注意力，对该事物感知敏锐、记忆牢固、思维活跃、情感浓厚、意志坚强。兴趣像是一种无形的动力，使人对他感兴趣的事物给予优先注意和进行积极的探索，并表现出心驰神往。兴趣对一个人的个性形成和发展，对一个人的生活和活动有巨大的作用，是活动成功的重要条件。

职业兴趣是指人们对某种职业活动具有的比较稳定而持久的心理倾向。它是一个人探究某种职业或从事某种职业活动所表现出来的特殊个性倾向，它使个人对某种职业给予优先的注意，并具有向往的情感。由于兴趣爱好不同，人的职业兴趣也有很大的差异。有人喜欢具体工作，例如，货物清点、手工艺制作、园艺、机械维修等；有人喜欢创造性的工作，例如，绘画、作曲、泥塑等还有人喜欢抽象的工作，如哲学、数学、经济分析、新产品开发和科学研究等。

职业兴趣对职业选择和职业发展都有一定的影响，是个人进行职业规划时需要注意的要素之一。职业兴趣对职业生活有重大影响。良好而稳定的兴趣使人从事各种实践活动时，具有高度的自觉性和积极性。个人根据稳定的兴趣选择某种职业，兴趣就会变成巨大的个人积极性，促使一个人在职业生活中做出成就。反之，如果对所从事的职业不感兴趣，就会影响积极性的发挥，难以从职业生活中得到心理上的满足，不利于工作上的成就。

兴趣的发展一般经历有趣、乐趣、志趣三阶段。对于职业活动，往往从有趣的选择，逐渐产生工作乐趣，进而与奋斗目标和工作志向相结合，发展成为志趣，表现出方向性和意志性的特点，使人坚定地追求某种职业，并为之尽心尽力。

### （二）职业兴趣的影响因素

职业兴趣是以一定的素质为前提，在生涯实践过程中逐渐发生和发展起来的。它的形成与个人的个性、自身能力、实践活动、客观环境和所处的历史条件有着密切的关系，因此，职业规划对兴趣的探讨不能孤立进行，应当结合个人的、家庭的、社会的因素来考虑。了解这些因素，有利于更全面、更深入地认识自己，进行职业规划。

**1. 个人需要和个性** 兴趣是以需要为前提和基础的，人们需要什么就会对什么产生兴趣。人们的需要大致可分为生理需要和社会需要或物质需要和精神需要，人的兴趣也同样表现在这两个方面。人的生理需要或物质需要一般来说是暂时的，容易满足。例如，人对某一种食物、衣服感兴趣，吃饱了、穿上了也就满足了；而人的社会需要或精神需要却是持久的、稳定的、不断增长的，例如人际交往、科学研究、文学和艺术的创作、对社会生活的参与等是长期的、终生的，并且是不断追求的。兴趣是在需要的基础上产生的，也是在需要的基础上发展的。

有的人兴趣和爱好的品味比较高，有的人兴趣和爱好的品味比较低，兴趣和爱好品味的高低会受一个人的个性特征优劣的影响。例如，一个人个性品质高雅，会对公益活动感兴趣，乐于助人，对高雅的音乐、美术有兴趣；反之，一个人个性品质低级，会对小算计、占小便宜感兴趣，对低级、庸俗的文艺作品有兴趣。

**2. 个人认知和情感** 兴趣和认知、情感密切联系在一起。如果一个人对某项事物没有认识，也就不会产生情感，因而也就不会对它产生兴趣。同样，如果一个人缺乏某种职业知识，或者根本不了解这种职业，那么他就不可能对这种职业感兴趣，在职业规划时想不到。相反，认识越深刻，情感越丰富，兴趣也就越深厚。例如，有的人认为集邮既有收藏价值，又有观赏价值，既能丰富知识，又能陶冶情操，而且收藏的越多、越丰富，就越投入，越情感专注，越有兴趣，于是就会发展成为一种爱好，并有可能成为集邮大师。

**3. 家庭环境** 家庭环境的熏陶对其职业兴趣的形成具有十分明显的导向作用。大多数人从幼年起就在家庭的环境中感受其父母的职业活动，随着年龄的增长，逐步形成自己对职业价值的认识，使得个体在选择职业时，不可避免地带有家庭教育的印迹，所以经常会看到“中医世家”“书香门第”等。家庭因素对职业取向的影响，主要体现在择业趋同性与协商性等方面。一般情况下，个人对于家庭成员特别是长辈的职业比较熟悉，在职业规划和职业选择上产生一定的趋同性影响，同时受家庭群体职业活动的影响，个人的生涯决策或多或少产生于家庭成员共同协商的基础上。兴趣有时也“遗传”，父母的兴趣会对孩子有直接的影响。

**4. 受教育程度** 任何一种职业，对从业人员都有知识与技能等方面的要求，而个人的知识与技能水平的高低在很大程度上取决于其受教育的程度。一般意义上，个人学历层次越高，接受职业培训范围越广，对职业兴趣的认识和研究越深入，其职业取向领域就越宽。

**5. 社会因素** 首先，社会舆论对个人职业兴趣有影响，主要体现在政府政策导向、传统文化、社会时尚等方面。政府就业政策的宣传是主导的影响因素，传统的就业观念和就业模式也往往制约个人的职业选择，而社会时尚职业则是个人特别是青年人追求的目标。不同时期，“热门专业”“热门行业”也不同。其次，兴趣和爱好是受社会性制约的，不同的环境、不同的职业、不同的文化层次的人，兴趣和爱好都不一样。

**6. 职业需求** 职业需求是一定时期内用人单位可提供的不同职业岗位对从业人员

的总需求量，是影响个人职业兴趣的客观因素。职业需求越多、类别越广，个人选择职业的余地就越大。职业需求对个人的职业兴趣具有一定的导向性。在一定条件下，它可强化个人的职业选择，或抑制个人不切实际的职业取向，也可引导个人产生新的职业取向。

**7. 年龄的变化和时代的变化**　就年龄方面来说，少儿时期往往对图画、歌舞感兴趣，青年时期对文学、艺术感兴趣，成年时期往往对某种职业、某项工作感兴趣。它反映了一个人兴趣的中心随着年龄的增长、知识的积累在转移。就时代来讲，不同的时代、不同的物质和文化条件，也会对人的兴趣产生很大的影响。

以上因素对每个人的影响都不同，需要在职业规划中予以考虑。值得注意的是，需要是影响职业选择的重要的且不易觉察的内在因素，动机是在需要支配下受到外在刺激影响而形成的综合性动力因素从而影响职业选择。兴趣是在需要的基础上受到动机的影响，从而对职业选择产生一定的影响的、变化的、较为外在的因素，其中会有相对持久性的兴趣同时作为外延因素对动机的变化、发展产生一定的作用。比如，一个人缺乏物质生活保障，便会有生理、安全的需要，从而产生去工作、劳动，获取报酬，换取物质条件，满足自己需要，因而会对所有能挣钱“糊口”，维持生存的工作感兴趣；当认为某项工作能挣大钱，报酬高时，会强化自己克服种种困难从事该项工作的动机；但若觉察或发现该项工作有生命危险时，便会减低或放弃这种兴趣，减弱从事该项工作的动机。

**知识链接**

**霍兰德职业兴趣测验**

约翰·霍兰德（John Holland）是美国约翰·霍普金斯大学的心理学教授、美国著名的职业指导专家。他于1959年提出了具有广泛社会影响的职业兴趣理论，认为人的人格类型、兴趣与职业密切相关，兴趣是人们活动的巨大动力，凡是具有职业兴趣的职业，都可以提高人们的积极性，促使人们积极地、愉快地从事该职业，且职业兴趣与人格之间存在很高的相关性。Holland认为人格可分为六种类型。

**1. 社会型（S）**　共同特征：喜欢与人交往、不断结交新的朋友、善言谈、愿意教导别人；关心社会问题、渴望发挥自己的社会作用；寻求广泛的人际关系，比较看重社会义务和社会道德。典型职业：喜欢要求与人打交道的工作，能够不断结交新的朋友，从事提供信息、启迪、帮助、培训、开发或治疗等事务，并具备相应能力。如教育工作者（教师、教育行政人员）、社会工作者（咨询人员、公关人员）。

**2. 企业型（E）**　共同特征：追求权力、权威和物质财富，具有领导才能；喜欢竞争、敢冒风险、有野心、抱负；为人务实，习惯以利益得失、权利、地位、金钱等来衡量做事的价值，做事有较强的目的性。典型职业：喜欢要求具备经营、管理、劝服、监督和领导才能，以实现机构、政治、社会及经济目标的工作，并具备相应的能力。如项目经理、销售人员、营销管理人员、政府官员、企业领导、法官、律师。

**3. 常规型（C）**　共同特点：尊重权威和规章制度，喜欢按计划办事，细心、有条理，习惯接受他人的指挥和领导，自己不谋求领导职务；喜欢关注实际和细节情况，通常较为谨慎和保守，缺乏创造性，不喜欢冒险和竞争，富有自我牺牲精神。典型职业：喜欢要求注意细节、精确度，有系统、有条理，记录、归档、据特定要求或程序组织数据和文字信息的职业，并具备相应能力。如秘书、办公室人员、记事员、会计、行政助理、图书馆管理员、出纳员、打字员、投资分析员。

**4. 实际型（R）** 共同特点：愿意使用工具从事操作性工作，动手能力强，做事手脚灵活，动作协调；偏好于具体任务，不善言辞，做事保守，较为谦虚；缺乏社交能力，通常喜欢独立做事。典型职业：喜欢使用工具、机器，需要基本操作技能的工作；对要求具备机械方面才能、体力或从事与物件、机器、工具、运动器材、植物、动物相关的职业有兴趣，并具备相应能力。如技术性职业（计算机硬件人员、摄影师、制图员、机械装配工）、技能性职业（木匠、厨师、技工、修理工、农民、一般劳动者）。

**5. 调研型（I）** 共同特点：思想家而非实干家，抽象思维能力强，求知欲强，肯动脑，善思考，不愿动手；喜欢独立的和富有创造性的工作；知识渊博，有学识才能，不善于领导他人；考虑问题理性，做事喜欢精确，喜欢逻辑分析和推理，不断探讨未知的领域。典型职业：喜欢智力的、抽象的、分析的、独立的定向任务，要求具备智力或分析才能，并将其用于观察、估测、衡量、形成理论、最终解决问题的工作，并具备相应的能力。如科学研究人员、教师、工程师、电脑编程人员、医生、系统分析员。

**6. 艺术型（A）** 共同特点：有创造力，乐于创造新颖、与众不同的成果，渴望表现自己的个性，实现自身的价值。做事理想化，追求完美，不重实际；具有一定的艺术才能和个性；善于表达、怀旧、心态较为复杂。典型职业：喜欢的工作要求具备艺术修养、创造力、表达能力和直觉，并将其用于语言、行为、声音、颜色和形式的审美、思索和感受，具备相应的能力；不善于事务性工作。如艺术方面（演员、导演、艺术设计师、雕刻家、建筑师、摄影家、广告制作人）、音乐方面（歌唱家、作曲家、乐队指挥）、文学方面（小说家、诗人、剧作家）。

然而，大多数人都并非只有一种性向（比如，一个人的性向中很可能是同时包含着社会性向、实际性向和调研性向这三种）。霍兰德认为，这些性向越相似，相容性越强，则一个人在选择职业时所面临的内在冲突和犹豫就会越少。为了帮助描述这种情况，霍兰德建议将这六种性向分别放在一个正六三角形的每一角，形成一个六边形，再考虑职业的选择（图6-1）。

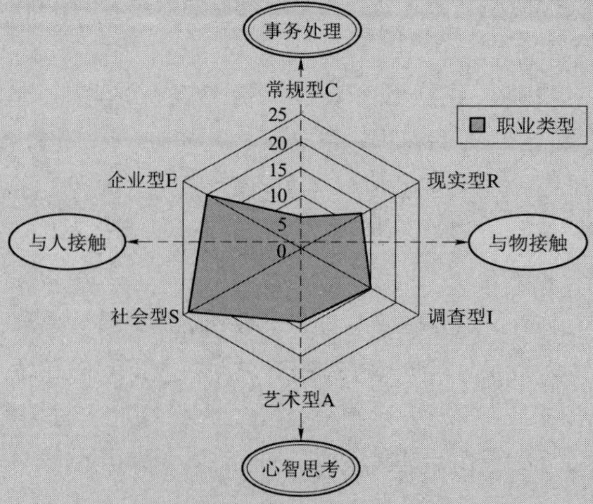


图6-1 霍兰德职业兴趣测验结果举例

霍兰德所划分的六大类型，并非是并列的、有着明晰的边界的。他以六边形标示出六大类型的关系。

**1. 相邻关系**　如 RI、IR、IA、AI、AS、SA、SE、ES、EC、CE、RC 及 CR。属于这种关系的两种类型的个体之间共同点较多，现实型 R、研究型 I 的人就都不太偏好人际交往，这两种职业环境中也都较少机会与人接触。

**2. 相隔关系**　RA、RE、IC、IS、AR、AE、SI、SC、EA、ER、CI 及 CS，属于这种关系的两种类型的个体之间共同点较相邻关系少。

**3. 相对关系**　六边形上处于对角位置的类型之间即为相对关系，如 RS、IE、AC、SR、EI 及 CA。相对关系的人格类型共同点少，因此，一个共同人同时对处于相对关系的两种职业环境都兴趣很浓的情况较为少见。

人们通常倾向选择与自我兴趣类型匹配的职业环境，如具有现实型兴趣的人希望在现实型的职业环境中工作，可以最好地发挥个人的潜能。Holland 于 1982 年编撰完成的 Holland 职业兴趣代码字典对美国职业大典中的每一个职业都给出了职业兴趣代码。这对职业兴趣量表可直接应用于职业辅导和咨询。

但职业选择中，个体并非一定要选择与自己兴趣完全对应的职业环境。一则因为个体本身常是多种兴趣类型的综合体，单一类型显著突出的情况不多，因此评价个体的兴趣类型时也时常以其在六大类型中得分居前三位的类型组合而成，组合时根据分数的高低依次排列字母，构成其兴趣组型，如 RCA、AIS 等；二则因为影响职业选择的因素是多方面的，不完全依据兴趣类型，还要参照社会的职业需求及获得职业的现实可能性。因此，职业选择时会不断妥协，寻求相邻职业环境、甚至相隔职业环境，在这种环境中，个体需要逐渐适应工作环境。但如果个体寻找的是相对的职业环境，意味着所进入的是与自我兴趣完全不同的职业环境，则个体工作起来可能难以适应，或者难以做到工作时觉得很快乐，相反，甚至可能会每天工作得很痛苦。

## 第二节　强化职业道德，提高人文素养

扫码“学一学”

### 一、职业道德

职业道德不论在哪一个行业都是十分重要的，重视从业人员的职业素质应首先从职业道德抓起。

**1. 敬业精神**　医药营销人员必须充分认识到自己工作的价值，自觉遵守国家的相关政策、法律，自觉抵制不正之风；正确处理个人、集体和国家三者之间的利益关系，依照有关法律规范推销产品，有强烈的事业心和高度的责任感，工作积极主动、充满信心，全心全意为消费者服务，本着为消费者利益负责的精神，满足消费者的需要。医药营销人员要文明经商，作风正派，诚实守信，遵守药学职业道德以及药品市场营销道德。

**2. 职业道德规范**　一般情况下，人们将道德定义为判定正确和错误行为的标准。因此，被社会大多数人认同的行为标准就是道德规范。这些规范中一部分可以用法律来约束，违反规范就要受到法律的惩罚；另一部分则不属于法律约束的范畴，只能用道德的力量去限制。对营销人员来说，要建立与发展真正的合作伙伴关系，需要百分百的诚实和真挚，不道德的营销行为即使成交，也只能是一次交易中的侥幸而已，无法长久维持下去。

（1）道德的表现形式　职业道德往往比较具体、灵活、多样。它是从本职业的交流活动的实际出发，采用制度、守则、公约、承诺、誓言、条例以及标语、口号之类的形式。这些灵活的形式既易于从业人员接受和实行，而且易于形成一种职业的道德习惯。

（2）正确的道德规范与相应的法律知识　为保证消费者用药的安全有效、经济合理、方便、及时，政府制定了一系列法律、法规和规章制度，对药品的研制、生产、销售和使用进行了严格的管理。医药营销人员必须熟悉和掌握国家相关法律法规知识，依法办事，依法营销，规范管理，以严格的营销规章制度操作体系，来保证职业道德的规范，加强医药营销人员的自律，做到“防患于未然”。

（3）行为规范　要求营销人员在销售过程中应该努力创造一种讲究道德规范与遵纪守法的销售氛围，更好地围绕客户与公司的目标提供服务；用正当的营销手段进行营销，防范和纠正恶性营销及不良行为，杜绝行贿、带金销售等恶性营销行为，更不能置国家与法律于不顾，坑害消费者。

具体到医药营销人员的销售行为来说，在销售过程中产品介绍不当，有夸大和虚假或违反有关承诺和保证，以及商业诽谤等都被认为是不道德的销售行为，严重的会受到法律制裁。

营销人员在营销竞争中，要客观地对待竞争对手，以及客观描述自己的产品与竞争者产品的关系，让消费者自己作出选择与决定，态度必须坦诚、负责，避免因不道德的竞争行为而产生负面后果。

## 二、职业素养

职业素养是指人在从事某种职业时所需要的基础与条件。医药营销人员应具备的职业素养包括业务素养、能力素养和礼仪素养。

### （一）业务素养

业务素养指掌握相关的业务知识，具备相应的实践与操作能力。丰富的专业知识以及良好的自我表达能力等是营销人员自信的基础，也是营销技术和能力实施的基本保证，因此营销人员必须储备多方面的知识和应有的能力。

#### 1. 知识结构

（1）基本理论　医药营销人员应当掌握必备的有关药剂学、药理学、药物化学和药物分析等学科的基本理论、基本知识以及药物与生物体相互作用、药效学和药物安全性评价等基本方法和技术，这是应有的基础理论知识；还应当熟悉药事管理的法规、政策与营销的基本知识，还包括经济学、心理学、社会学、人际关系学等，这些应用学科的知识有助于提升医药营销人员与消费者打交道的能力。

（2）产品知识　营销人员在工作中要熟知药品的性能、功效、适应证、价格、用法用量、毒副作用、不良反应、贮存等方面的知识，还应了解市场上参与竞争的同类药品的情况。只有对自己所销售的药品知识了如指掌才能够准确地向消费者做介绍，才能正确推荐药品，给消费者提供科学的建议，促进合理的选择，取得消费者的信任。另外，营销人员还要对自己的产品有高度的信心，如果对自己的产品没信心，很难想象消费者会喜欢上它。

（3）消费者知识　医药营销人员要掌握一定的心理学、社会学、行为科学、医药营销心理学方面的基本理论和知识。在实际工作中必须知道面对的消费者是谁、消费者需要的服务是什么、满足消费者的方法有哪些。只有善于分析和了解消费者的特点，了解医药消费者的购买需要和购买动机、购买习惯、购买决策等，并且知道其影响因素，能够熟练地在工作中通过接触和了解来区分各种消费类型的消费者，才能针对各类消费者的不同心理状态，制定或采取不同的、恰当的营销策略。

**2. 知识的运用**　有了知识不等于就会运用。营销人员必须将所学的知识应用于实际工作之中，不断地从理论到实践，再从实践到理论反复验证、升华；发挥人的聪明才智，在实战中能使知识成为工具和武器，也能使知识变成财富和力量。这就是知识的运用能力。

（1）市场知识的运用　营销人员掌握市场营销学的基本理论后，应当运用市场调查和预测的基本方法去发现现实和潜在的消费者需求，了解产品的市场趋势规律和市场行情动向，以便制定出相关应对措施。

（2）法律知识的运用　营销人员要了解国家关于经济活动的各种法律，特别是与推销活动有关的经济规范，不仅要懂得依法营销，还要学会应用法律武器保护自己。例如，经济合同法、反不正当竞争法、产品质量法、商标法、专利法等。

（3）其他知识的运用　现代科技知识、文化知识和艺术经典也会在营销过程中与其他知识相辅相成，对营销起到一定的促进作用。例如，网络知识在营销中的运用，文学艺术在宣传、广告方面的运用等。

**（二）能力素养**

医药营销人员所需要的能力主要表现在以下几个方面。

**1. 观察与判断能力**　医药营销人员应当具有敏锐的观察能力和准确的判断能力。医药营销人员应当在与消费者短暂的接触中，敏感地捕捉并发现反映消费者内心购买活动的有关信息。

营销人员的观察和判断能力是营销活动中的潜在能力之一，主要是指通过消费者的外部表现去了解和判断消费者的来意和心理倾向。其大体可以分为两个方面：一是从外表来观察，比如服饰、发型等，不同职业、不同收入和不同个性的消费者在外表上会有一定的差别；二是通过言行观察，掌握心理学知识的营销人员能通过短暂的交流了解消费者的言行和情绪，判断出消费者的意图和需求。

营销人员所具有的知识越精深，对消费者的观察就会越深入，判断就会越准确。优秀的营销人员应全神贯注地倾听，耐心细致地观察，视觉和听觉密切结合，才能反应迅速，作出正确的分析判断。如果没有判断力，再敏锐的观察能力也不能发挥作用。观察能力和判断能力也是揭示消费者购买动机的重要一环。

**2. 语言表达能力**　语言是表达思想、交流感情和传递信息的工具。医药营销人员与消费者的交流，主要是运用语言来沟通思想、融洽感情，最终促成交易。因此，医药营销人员能否恰当、准确地运用语言，直接影响到服务的质量与信誉，也影响营销活动进行的成功与否。医药营销人员语言表达的基本要求有以下几个方面。

（1）清晰、准确　良好的语言表达的基本要求是清晰、准确、重点突出，具有条理性和逻辑性，实事求是，能够起到说服消费者增强信任感的积极作用。其实，这不仅仅是单纯的语言技巧，而是一个优秀的营销人员知识和能力的综合体现，这需要对产品知识、背景的了解，对消费者接受程度的了解和真诚服务于消费者的理念等，只有这样才能选择合适的语言与消费者交流，也只有这样才能流畅自信地讲解。

（2）生动、形象　语言不仅仅是附载着信息内容进行传递的冷冰冰的符号，更重要的是，语言可以表达和传递情感。医药营销人员与消费者成功的交流应当是在友好、温暖的氛围中进行，要求营销人员的语言应富于情感、生动形象、风趣幽默，能起到吸引和感染消费者的作用。

（3）文明、礼貌　消费者来到消费环境中一个重要的目的就是希望得到良好的服务。这一目的的实现与否，其中一个重要的因素就是营销人员的接待是否礼貌、文明，能否使消费者体验到应有的尊重，因此，营销人员的语言表达要文明礼貌、热情友善、诚恳亲切，能引起消费者由衷的好感，起到增进友谊的作用。

**3. 社会交往能力**

（1）人际沟通能力　是指人际关系和谐。社交能力强，是高情商的表现，也是医药营销人员必须具备的能力。良好的人脉网络，是营销人员最大的财富。医药营销人员应当在生活中广交朋友，扩大影响，从中获得更多的信息量，把生意做大做久。

由于存在着文化背景、社会地位、沟通目的等差异，还有偏见、符号运用不当等问题，人与人之间在沟通上会出现许多误解和障碍。医药营销人员要能够及时发现和妥善处理沟通中的障碍和误解，善于与消费者之间搭起信任与理解的桥梁。在现代社会，人们普遍存在一种自我保护意识，特别是对营销人员的怀疑，更是一种常见的心理定势。只有建立起良好的人际关系，才可能消除彼此的怀疑，减少隔阂与误解，即使出现矛盾，也能以友善的态度互相理解。

（2）人际沟通策略　是指医药营销人员在与消费者沟通的过程中促进沟通、疏通关系所采用的方法和手段。在营销人员的服务过程中对于消费者采取的策略包括：对消费者的要求不应过于苛刻，凡是有正当需求，能够提供帮助或是带来利益的人，都要尽可能与他成为朋友；营销人员不要把自己的个人情感掺杂在工作中，应当努力用消费者喜欢的方式去对待消费者。具体做法有：以微笑开始，坦诚相待，认真、耐心地倾听，慷慨赞美，发挥幽默感，交谈热情主动。对于营销目的的达成不要操之过急，也不要轻易放弃，对消费者不能欺骗、敌对、嘲讽和愤怒。

良好的沟通技巧从某种意义上说是营销人员的基本功。这就要求营销人员具备与各种各样的消费者交往的能力，善于与不同类型的消费者建立联系，取得信任，善于化解和处理各种矛盾，又能在各种场合应付自如、圆满周到。

**（三）礼仪素养**

礼仪是人际交往中，以一定的、约定俗成的程序、方式来表现的律己、敬人的过程。从个人修养的角度来看，礼仪可以说是一个人内在修养和素质的外在表现；从交际的角度来看，礼仪可以说是人际交往中适用的一种艺术、一种交际方式。礼仪的基本要求是贵在尊重，注意细节，有始有终，禁忌疏忽。

商务礼仪是在商务活动中体现相互尊重的行为准则，用来约束日常商务活动的方方面面。商务礼仪的核心作用是为了体现人与人之间的相互尊重，因此商务礼仪在医药营销活动中，就显得更为重要。医药营销人员应当掌握商务活动中的礼仪规范，培养自身的礼仪素养，以教养体现细节，细节展现素质。商务礼仪包括仪表礼仪、接待礼仪、会议礼仪、电话礼仪等。

**知识链接**

**未来医药营销人员的必备技能**

**1. 制定本销售区域市场销售计划的能力** 如本销售区域年度销售计划，包括本销售区域市场总任务量（即销售目标）、本销售区域市场产品规划、本销售区域市场费用使用计划、本销售区域市场销售或市场活动设计、本销售区域市场人力资源计划等。

**2. 收集和整理客户资料的能力** 销售人员无时无刻不在收集所在销售区域市场的客户资料，收集之后还要分析：哪些客户资料有用、还缺少哪些资料、哪些是潜在客户、哪些是竞争对手的客户等。分析之后，进行归类整理，然后根据这些资料确定下一步的营销计划。

**3. 收集和整理竞品信息的能力** 包括价格体系、市场活动、包装、促销活动、商业网络、营销思路、管理体系、质量事件、人力资源分配等情况。根据这些信息，制定现在和将来的行动计划。

**4. 寻访潜在客户的能力** 根据客户信息和竞品信息，找出自己的薄弱市场或空白市场，在此范围中寻找潜在的客户。

**5. 约访客户的能力** 营销人员需要在自己充分了解竞品、客户、市场的前提下，在经过对即将约访的客户进行充分的分析、总结和评估的基础上，结合年度营销计划，确定即将约访的客户在年度营销计划中的作用、所占比例等，以及约访这个客户即将实现的目标。此外，还要做好前期准备，如约访对象的工作时间、谈话习惯、个人爱好等。

**6. 与客户沟通，说和听的能力** 说的过程中，要注意观察客户的反应，及时调整谈话的内容。可以多谈论自己了解的行业发展态势，找到客户关心的内容进行深入交谈，以抓住客户的吸引力和好感。倾听是医药营销人员必须具备的能力。通过倾听，才能了解客户的真实想法，才能从自己准备好的资料中找到客户更感兴趣、更关注的内容，才能获得最真实的信息。倾听时要注意观察客户的情绪，以弄清楚客户更关心哪些事情。

**7. 推销能力** 要抓住客户的关注点，让产品和客户的需求紧密联系起来。要记住，自己给予客户的是利益，而不仅仅是产品。推销的黄金法则是紧紧抓住客户的现在及未来的利益。

**8. 客情维护能力** 客户要长期合作，才能将推销工作深入下去，并带来更长久、更广泛的利益。要做到：把客户的利益放在首位；时刻关注客户的业务动向；与客户及时沟通本企业的销售政策动向；认真解决自己企业和客户之间的纠纷；关注行业政策和动向，随时向客户提供有利于其业务发展的建议等。

此外还要具有时间和计划管理能力、医药政策的研究能力等。

## 第三节 提升心理素质，有效应对挫折

扫码“学一学”

### 一、医药营销人员应当具备的心理素质

**1. 稳定的情绪** 在医药营销过程中，各种各样的情况都有可能发生，原因非常复杂。如果能够顺利交易，当然会使人感受愉快；如果发生矛盾或无端遭受指责，则会感到委屈和沮丧。营销人员的情绪会随情境的变化而发生一定的波动，这种波动势必会被消费者在不知不觉中感受到而产生相互影响，对营销活动是消极和不利的。因此，医药营销人员必

须保持稳定而乐观的情绪。情绪的稳定性与否取决于情商的高低。医药营销人员要从工作出发用良好的态度、理性的方式与各种类型的客户打交道，融洽相处。只有对消费者理解、包容，才能与消费者取得共识。不卑不亢的态度也是可取的，进可攻、退可守，给自己留有充分的回旋余地。

**2. 坚强的意志** 医药营销人员在与客户打交道的过程中，可能会碰到各种来自主观和客观因素所导致的困难与障碍，要想在复杂多变的营销环境中实现与客户的沟通，完成医药营销的工作和任务，就必须具备坚强的意志力和良好的意志品质。医药营销的工作是辛苦的、复杂的，同时还要承受来自各方面的压力，许多人在面对压力的情况下会产生畏惧的心理，如果不能用坚强的意志力去克服挫折和困难则会导致工作的失败。一个优秀的医药营销人员应当能够付出努力，只要充分挖掘自身的潜能，从内心对工作拥有强烈的责任感和自信心，并把工作当作神圣的事业来看待，才能保持工作的动力源泉，也一定能够享受成功的快乐。

**3. 豁达的性格** 医药营销人员的性格是决定其行为倾向的最重要的心理特征之一。在医药营销过程中，营销人员很多时间会遭遇到客户的拒绝。优秀的医药营销人员应当具有谅解、诚恳、谦虚、热情等性格特征。对客户保持应有的尊重，把注意力放在排除故障上，要看到障碍的另一面潜藏着需求。将潜在需求转化为现实需求，营销就会取得成功。因此，优秀的营销人员总是把拒绝看成是销售的开始。另一方面，营销人员要培养独立性、事业心和责任心等性格特点。

**4. 完美的气质** 气质虽然不能直接决定营销人员的业绩，但是可以影响其感情和行为，影响营销活动的效率。这就要求营销人员按照职业要求对自己的先天气质进行自觉的改造，去除消极的一面，发扬积极的一面。比如，胆汁质气质类型的营销人员要克服心境变化剧烈、脾气暴躁、难以自我控制的特点，发扬外向、直爽热情的特点。黏液质气质类型的医药营销人员要发扬其举止平和、头脑冷静、做事有条不紊的特点，注意自己不够灵活、行动发生速度较慢的特点，展示自己符合职业要求的完美气质。

**知识链接**

**营销人员应当具备的心理能力**

在营销实践中，人们发现许多成功的营销人员具有不同的个性和心理特点。国外学者有关的研究有很多，其中梅耶（David Mayer）和林伯格（Herbert Greenberg）避开了对一般品质的研究、讨论，直接深入到作为一名优秀的营销人员所具有的中心素质。他们列出了营销人员应当具有的最基本的心理能力。

1. 感同力 即善于从消费者角度来考虑问题。
2. 自我驱动力 也就是想达成销售的强烈的个人意念。
3. 自信力 有办法使消费者感到他们自己的购买决策是正确的。
4. 挑战力 即能够将各种异议、拒绝或障碍看作是对自己的挑战，不服输。

## 二、挫折及其应对

在激烈的市场竞争中，医药营销人员不但要会面对新的环境、新的面孔，还要应付各种复杂的、变化的，甚至是突如其来的情况，也会遇到各种各样的挑战和挫折。一名优秀的营销人员能有效应对各种挑战与挫折，这就要求营销人员具有灵活的应变能力，在不失原则的前提下，灵活实施应变行为，针对变化的情况，及时采取必要的对策。

**1. 不断学习**　优秀的营销人员需要保持旺盛的学习热情，努力学习，不断更新业务知识，只有这样，才能不断地自我提高，不断地创造一个又一个的销售契机。

**2. 突破自我**　在营销活动中，最大的对手是自己。商场如战场，营销人员应当勇于挑战自我，突破自我，善于发现自我的内在需求，不断地进行自我激励与自我超越。只有这样才会有冲破传统的束缚，开辟新的营销方式的可能。

**3. 提高创新开发能力**　任何一种成型的营销方案和营销策略都不可能满足所有的现实。实践可以使任何先进的、独特的营销理念成为过去。因此，要求营销人员需要不断更新营销理念，清晰地了解现代营销的发展方向，还要掌握和超越一些销售技巧，并且不断去实践，形成自己的特点，走出自己的路子，才能有强大的生命力，才能在激烈的市场竞争中出奇制胜。创新过程首先是自我斗争的过程，要相信自己的创造力，以公正客观的角度看问题；养成独立思考的习惯，不亦步亦趋，人云亦云；善于透过绝望看到希望，在胜利中发现危机。这样，才有可能在营销活动中提高创新能力。

善于把握销售中的一切机会，也是一种创新。机会不是突然降临的，不是现成的收获，而是不断追求的酬劳，是艰辛劳动的成果。机会属于有准备的头脑。销售过程中的机会包括动机的准备、观念的准备和才能的准备。销售的成功是在一定的概率中实现的。

创新开发能力还表现在信息反馈上。营销人员要根据市场变化，及时将新信息反馈，为营销制订规划，实施新的市场战略、推销战略，找到商机奠定基础。

**4. 提升身体素质**　医药营销工作的性质决定了营销工作的辛苦和不稳定，也许会起早贪黑、东奔西走，经常出差，还要涉及各种推销业务，商务谈判，应酬客户，进货、送货等。如果没有良好的健康状况作为保障，完成工作是很困难的。如果不能保持良好的健康和精神状况，很难让消费者产生对产品的信任，也很难保证与消费者的正常交往，更不可能让消费者产生良好的印象。因此，医药营销人员应坚持身体锻炼，合理饮食，保持良好的心态，养成好的生活习惯，以健康的体魄、清醒的头脑、旺盛的精力、饱满的工作热情做好医药营销工作。

## 实训9　职业兴趣测验

**【实训目的】**

1. 了解自己的职业兴趣情况。

2. 根据测验结果，分析自己的从业优势与劣势，并提出相应的提升策略。

**【实训内容】**

1. 任选一种职业兴趣测验，进行施测、计分，并对结果进行解释。

2. 6~8人一组，在小组内进行讨论，报告自己的测验结果，分析自己的从业优势与劣势，并提出相应的提升策略。

**【实训注意事项】**

1. 尽量选取比较标准、规范的职业兴趣测验，如霍兰德职业兴趣测验等。

2. 对测验结果的解释要慎重。

**【实训报告】**

根据测验结果、小组讨论的情况，撰写实训报告，并附上测验结果、解释。

**【实训评价】**

1. 根据要求完成测验，计30分。

2. 完成小组讨论，客观分析自己的从业优势与劣势，并提出切实可行的提升策略，计30分。

3. 完成实训报告，条理清晰，字迹工整，计40分。

扫码“学一学”

## 目标检测

1. 请简要介绍医药营销人员的工作特点。
2. 职业兴趣受哪些因素的影响？
3. 医药营销人员需要具备的职业素养有哪些？
4. 医药营销人员需要具备的心理素质有哪些？
5. 如何应对营销中的挫折？

# 第七章

# 医药营销团队心理训练

## 学习目标

**1. 知识目标** 掌握医药营销团队心理训练的特征和注意事项；熟悉医药营销团队心理训练的基本过程；了解医药营销团队心理训练的功能、作用、目标和原则。

**2. 能力目标** 在生活、工作实践中，能够运用一定的方法进行团队的心理培训；能够对营销团队的心理问题进行一般的分析与矫正。

**3. 素质目标** 培养学生对医药营销团体心理训练的兴趣；通过学习，能够正确运用营销团体心理训练的相关内容，提升自己的心理品质；在团队训练中，表现良好的参与意识、合作意识等心理品质。

## 考点

1. 医药营销团队心理训练的基本特征。
2. 医药营销团队心理训练的基本过程。
3. 医药营销团队心理训练的功能、作用、目标和原则。
4. 医药营销团队心理训练的注意事项。

## 案例导入

滨海市红蓝医药有限公司，近期招聘了120名医药营销岗位员工。其中，从其他单位转入本公司的已有多年营销经验的员工20名，具有硕士研究生学历的新员工20人，具有本科学历的新员工20人，具有专科学历的新员工40人，中专学历的新员工20人。新进员工在专业上，有医药相关专业的，有营销专业的，还有计算机、文秘等专业的。

公司人力资源领导考虑，将120名新员工安排到10个大区，如何安排才能更科学、更顺利。很多新员工也有顾虑和担忧，自己会被分到哪里？自己与其他新员工能融洽相处吗？

【问题】

1. 对于新员工，如何尽快熟悉自己新的团队成员？如何更准确、更客观地了解自己新岗位上团队成员的脾气、性格等特点？如何让团队成员更全面、更真实地了解自己？

2. 对于人力资源主管领导，如何让员工们尽快了解他们的工作岗位？如何让他们尽快融入新的团队？

扫码“学一学”

# 第一节　概　述

我们知道，医药营销人员应具有较高的专业技能和综合素质。其中，心理素质作为其必备素质，成为现代医药企业对员工进行培训和教育的重要内容之一，也成为现代医药企业人力资源管理的重要标志。

医药营销团队心理训练是在团体情境中，为团体成员提供心理帮助与指导的一种形式。心理训练是提高医药营销人员综合素质和营销技能的重要途径和有效方法之一。它通过团体内人际间的相互作用，促使个体在活动中通过观察、学习、体验、接纳和调整等形式，学习、调整新的态度与行为方式，以巩固或发展良好心理素质的过程。

医药营销团队心理训练综合了管理学、社会学和心理学的相关知识，主要运用发展心理学、团体动力学、学习心理学和人格心理学的教育方法，以医药营销人员的内在需要和发展为主要内容，以学习、提高过程和内心感受为主导取向，以团体活动的方式，为团体及个人提供心理帮助和指导，以达到提高医药营销团队的整体素质和营销能力的目标。

**知识链接**

**医药营销团队常见的不良心理现象**

**1. 相互拆台，没有配合意识**　相互拆台的原因有利益和责任，利益是大家都所图的，而责任却并不是。有些责任是大家要承担的，有些责任是必须要自己承担的。在这种情况下，如果出现问题，不是想办法解决，而是相互推诿，造成的结果就是相互拆台，述说对方的种种不是，与自己没有任何干系。归根结底，是营销团队缺乏配合意识，过于分清你我的楚河汉界，成为敌对双方，而没有成为同一条战线的战友。

**2. 各自为政，弱化团队力量**　营销相关部门是公司的有机组成部分，如果各个部门不能形成统一的意见，不能用同一个声音去面对市场，都以为自己是公司的老大，各自为政，以自己的方式去处理来自市场的问题，这将不能够形成合力，弱化整个营销团队的力量。销售部冲锋在前，如果不考虑售后部的实际能力，就开发大量客户，而客户在得不到应有的服务后会流失；售后部做后续服务工作，由于条件限制，不能及时服务客户，客户不满也会流失。而最终的结果是客户对公司产生怨言，从此不再信任公司。

**3. 本本主义，过程管理流于形式**　只重视结果，不重视过程的中国式营销，随着跨国公司在市场上的规范运作而逐渐退出历史舞台，国内企业开始注重过程，向先进的营销方式靠拢。

加强过程管理的重要方法就是通过表格化管理、报表管理等书面的形式对营销人员的工作进度、行程、绩效进行监督和考核。过程好，当然结果好。可国内很多企业画虎不成反类犬，成了本本主义，报表一大堆，汇报天天有，流于形式，不去思考深层次的市场问题。

**4. 朝令夕改，没有规范的制度、政策** 商鞅变法之所以成功，就在于他言必行、行必果，得到了臣民的信任。作为一个营销团队，领导者也必须如此。没有规矩不成方圆，有力的销售政策和规范的制度是团队健康发展的有力保证，如果朝令夕改，不但会影响整个营销团队的凝聚力，还有可能导致经销商对公司不信任，甚至得寸进尺，结果是制度政策的公信力下降，领导的权威受到挑战。

**5. 出力不讨好，没有合理的激励措施** 激励是相对的，主要目的是树立榜样、营造团队的开拓进取意识，如果没有合理的激励措施，让付出的员工没有得到合理的回报，就会影响营销团队成员的工作积极性。而在团队建设中，出力不讨好的事情屡有发生，这些都会影响营销团队的成长与进步。

## 一、医药营销团队心理训练的基本特征

医药营销团队心理训练的特征，主要表现以下四个方面。

**1. 人员有一定规模** 即由三个以上的人组成。作为团体训练，必须是群体成员进行。一般而言，作为医药营销的团队训练，人员从最小规模的十人以内，到一般规模的十几个人或几十个人，或可以到比较大规模的百人以上。

**2. 团体成员间彼此有共识** 作为营销人员培训和教育的方式之一，每个专题的培训项目，其成员间往往在目标、兴趣、价值、认知、价值观等方面有共同的或相近的心理品质，团体成员的共识越强，凝聚力就越大，效果往往就越好。

**3. 团体成员间的相互影响** 即训练注重成员间的互动。若通过活动，成员间能够彼此加深了解、更加关怀、彼此鼓励、相互欣赏、态度积极，就属于正向互动；反之，彼此责备、为难、挑剔、欺骗、侮辱等，则称为负向互动。通过训练，成员间正向互动越多，团体就越健康，越有活力，越有利于发展，越有利于目标的完成。反之，则可能导致团体成员的离心离德，甚至分裂、伤害。

**4. 形成规范** 社会属性是人区别于其他动物的重要特征。通过训练，应该形成一定的团体规范，且为成员所遵守。根据训练项目的不同，规范内容也有差异，如基本的态度、共同的价值观和规范的行为模式等。规范越明晰、越具体，且为成员所遵守，团体就越稳定。心理学的相关研究表明，团体对于个体的成长与发展具有重要的作用。因为人的需要和愿望，只有在团体中才能得以实现并满足。营销成员在不同发展阶段的个人成长，需要团队成员的支持和帮助，特别是在发展、转折的关键时期，团体的作用会显得更加重要。

## 二、团体心理训练与个体心理训练的异同

针对医药营销人员心理素质提高，有团体心理训练与个体心理培训两种方式。

### （一）团体心理训练与个体心理训练的相同点

**1. 目标相同** 两种培训形式的目标都是提高医药营销人员的心理素质，或者说都可以帮助营销人员实现个人的成长和解决成长中的困难和问题。

**2. 原则接近** 作为心理素质提高培训，团体和个体两种训练形式，其指导者都以真诚、热情、坦诚的态度接纳被培训者，让培训人员能够感受在宽松、自由、和谐的

氛围中，体验到被尊重、被认可，从而放松地表达自己的内心，更全面地了解、觉察和感悟自己。

**3. 技术相近** 两种形式的培训都需要指导者掌握心理咨询的相关技术，如接纳、共情、暗示等技术。

**4. 培训对象相似** 两种形式的培训对象都是在心理方面需要提高或调整的个体，多数个体表现为在需求、动机、情感和意志力等方面的问题。

**5. 遵循的伦理道德相同** 两种形式的培训都强调保密的原则。一方面，尊重成员的个人隐私，不能表现出漠不关心、无视甚至鄙视的态度；另一方面，心理的问题仅仅在培训现场出现，不能在之外宣传，更不能作为饭后茶余的谈资。

### （二）团体心理训练与个体心理训练的不同点

**1. 互动程度有差异** 一般而言，团体心理培训的互动程度比较高，成员之间的交流机会多，感受和体验深刻，每一个个体可以更大程度地获得其他成员的反应和启示；而个体培训的场景中，指导者与培训个体是一对一的场景，交流单一，互动程度比较低。

**2. 工作氛围不同** 在团体心理训练的氛围中，成员间彼此感受、接纳和援助，“人人为我，我为人人”，成员间容易达成相互合作、彼此参与的氛围，凝聚力比较强，也容易调整或改变个体的认知和行为；比较而言，个体培训的工作氛围往往比较单调、低沉，不容易产生互助的氛围。

**3. 培训内容有区别** 团体心理培训多数关注的是有相同心理问题的个体，如对市场敏锐的观察力、工作中需要的意志力以及对待客户的包容心等，而成员的情感困扰、需求满足等问题，则个体培训的效果会更好。

**4. 培训技术有侧重** 团体心理培训，成员多且复杂，指导者除事先可以通过心理测量了解每个成员的心理特点外，在培训过程中，一方面，要灵敏地观察所有成员的变化，引导全体成员投入活动；同时，面对随时暴露出来的问题，除个体培训的一般技术外，还应具备较强的统揽全局的协调能力和驾驭全局的领导力。

**5. 工作场景不同** 一般而言，个体培训的空间比较小，十多平米即可，道具要求也比较简单；而团体培训根据人数的不同，空间要求比较大，甚至要到空旷的室外，根据培训内容的不同，道具也需要有很具体的要求，并事先做好特别的布置。

## 三、医药营销团体心理训练的优势与不足

### （一）医药营销团体心理训练的优势

比较而言，团体心理训练相对于个体培训，有其一定优势。

**1. 团体训练在营销人员的态度、对自我及他人的信念以及自身的感受和行为等方面，有更大的优势** 营销个体可以通过观察其他成员的风格，来感受并学习更为有效的社交技能。在团体的氛围中，成员间可以相互感悟、理解，从而获得有价值的信息。

**2. 团体训练可以为成员个体提供感受现实的场景** 若团队成员的资历、地位、年龄、爱好及心理特征存在一定差异，团队就如同一个模拟的仿真社会，个体可以把自我感知和成员对自己的看法作为对照指标，进而为深刻地观察自我、洞悉自我、进而实现自我，提供丰富、客观和有效的模板。

**3. 团体方式为成员个体的发展提供动力**　良好的团体具有很强的凝聚力和很高的包容度，一方面，可以为成员个体提供安全的归属感；另一方面，可以为个体深入地探讨自身的问题提供有力的支持、积极的鼓励和善意的建议。成员个体在这种温暖的氛围中，因获得了生活的动力，可以坦露自己的心扉，尝试各种不同的行为方式，进行成长的积极探索。

**（二）医药营销团体心理训练的不足**

相比较个体培训而言，团体心理训练也有其不足之处。

**1. 个体深层次的心理问题不易暴露**　由于各位团队成员在训练时，能够表露的心理的信息受到限制，特别是部分深层次的、情感上的、隐私的心理因素不能展示出来，也就不可能被得到重视而解决。

**2. 成员个体的需求不能得到兼顾**　由于团体训练要考虑到全体成员的共同发展，特别是方向性的、原则性的问题，并且受到时间、空间的限制，因此，成员个体的部分需求，特别是个人的特质需求，往往不会全部被照顾到。

**3. 成员的感受存在很大差异，有的成员甚至会受到伤害**　由于团体成员的差异性和复杂性，在团体训练时，每个个体的表现很难做到统一和规范，有的成员可能将其他成员的心理隐私在团队外无意泄露，因此，给其他成员的感受可能就存在很大的不同，给生活带来不便，甚至有被伤害的感觉。

**4. 部分指导者会带来一定的负面影响**　由于团队指导者的水平不同，专业方向也有差异，特别是在对企业文化、成员个体心理了解不深的前提下，往往很难保证训练的效果，有时，甚至会给部分成员、团队及企业带来意想不到的负面影响。

扫码“学一学”

## 第二节　医药营销团队心理训练的功能和作用

### 一、医药营销团队心理训练的功能

总体来看，营销团队心理训练具有预防和提高的双重功能。具体分析，其功能主要表现以下四个方面。

**1. 教育功能**　一般情况下，在医药营销心理训练中，指导者面对成员个体，不会提到“教育”“教诲”“改正”等敏感语句，但在实际训练方案的制定过程中，教育的内容和目标是非常具体而明确的。同时，在具体活动过程中，通过自我评估，会有助于自我教育；通过其他成员的“心理分享”，成员个体的观念、态度也会发生变化；通过活动互助，成员个体也会感受到其他成员的交往技巧、责任承担等。这些过程和变化，都表现出其教育的功能。

**2. 发展功能**　在团体培训过程中，成员个体会更进一步、更全面地了解自己的内心世界，会逐步纠正偏差的或不成熟的心理，完善健全的人格，这本身就具有发展的功能。同时，团体训练强调注意挖掘成员个体的内在潜能，也是发展功能的体现。

**3. 预防功能**　团体训练时前，设计者和指导者可能要考虑到成员个体存在的问题、冲突甚至是危机，想通过训练的方式使之加以改善或处理，因此，它又具有预防性的功能。

**4. 调整功能** 根据员工组成和培训目标的不同，每个医药企业营销团队心理训练也各有侧重，例如，新员工适应能力、个别员工的专项能力、班组长的执行力以及中层（或大区经理）的协调能力等，不同企业在不同时期，都会经常进行（交替进行或交叉进行）。经过培训，成员个体的意识、情感和行为会得以调整或改变。

## 二、医药营销团队心理训练的作用

### （一）对整体的作用

医药营销团队心理训练对团队整体和企业而言，具有以下四个方面的作用。

**1. 目标导向** 企业根据自身特点和发展需求，要制定不同的短期目标、中期目标和长期目标。其中，团队心理训练可以统一成员个体的工作理想和工作目标，起到导航、定位的作用。

**2. 问题聚焦** 阻碍企业实现目标的原因中，最大的问题是员工看不到所谓的问题。团队心理训练，可以将团队成员凝聚在一起，共同分析、深入探讨，很好地起到对问题聚焦的作用。

**3. 动力坚持** 由于主观、客观等原因，企业员工的工作坚持性会受到影响，通过团队心理训练，可以有效磨练员工的意志力，激发持久工作的动力。

**4. 效果评估** 当今社会，在提倡以人为本的氛围中，多数企业主张以积极、温暖的方法来对员工作出评价或判断，反映了当今社会的文化主流。但是，另一方面，这样的评价方法，对于那些热情不高、业绩不突出或存在问题的员工而言，效果并不好。比较而言，通过团体心理训练的方式，通过团体成员间的交流、沟通，可以很好地起到效果评估的作用。

### （二）对成员个体的作用

医药营销团队心理训练对成员个体而言，其作用主要表现为四个方面。

**1. 为成员个体提供情感的支持** 医药营销人员在工作、生活中要承受很大的心理压力，需要情绪的疏泄、工作被认同、人格被接纳，有时还需要安抚、鼓励等，团队心理训练可以为其提供情感上的支持。

**2. 增加成员个体的积极体验** 作为医药营销活动，有成功的喜悦，同时也会伴有失意的体验。作为对营销人员的培训，重要的内容是随时激励其顽强的意志力，增加其积极的体验，减少其消极性的体验。团队心理训练可以让营销人员享受到团队成员的亲密感，增强团队的归属感与认同感，感受到其同伴与领导的关爱，从而最大限度地增加其正能量。

**3. 帮助成员个体发展适应行为** 在不用时期和不同区域，医药营销模式也有不同的表现形式。此时，营销人员只有与时俱进，不断学习，随时改进，才能适应当下的营销活动。团队心理培训可以为营销人员提供安全的实训环境，提供相互学习、交流经验的场景，学习社会交往技巧，发展高效的适应行为。

**4. 帮助成员个体重构理性认知** 在营销人员成长的过程中，最为困难的不是知识、技能的提高，也不是场所、资金的短缺，重要的是个体认知的重构和修订。团队心理培训可以及时地、有针对性地调整成员个体的理性认知，特别是改变其非理性认知。

## 第三节　医药营销团队心理训练的分类与形式

扫码“学一学”

### 一、医药营销团队心理训练的分类

医药营销团队心理训练有两种分类方式。

**（一）按照培训对象进行的分类**

**1. 新员工培训**　主要针对企业新员工所进行的培训。

**2. 区域培训**　主要针对员工所属营销区域的差异所进行的培训。

**3. 中层培训**　主要针对中层群体所进行的培训。

**4. 高层培训**　主要针对企业高层人员进行的培训。

**（二）按照培训理论进行的分类**

**1. 精神分析培训**　主要是帮助员工了解、分析自己及客户的意识、潜意识的相关内容。

**2. 行为模式培训**　主要帮助员工建立新的营销行为，调整或改正不当的营销行为。

**3. 认知模式培训**　主要帮助员工建立新的营销认知模式，调整或改正营销人员的非理性认知模式。

另外，根据培训中所使用道具的不同，还可以分为身体表达、角色扮演、绘画、沙盘、行为模拟、娱乐活动和课外作业等形式。

根据训练时间的长短，还可以分为短期心理训练和长期心理训练。其中，长期训练可以安排人际沟通训练、社会适应与应对模式训练等；短期训练可以结合本团队员工的实际情况，进行不同专项的心理训练。

按照培训内容的不同，可以有不同形式的培训。如针对新员工的岗位认知培训、产品记忆培训等，针对员工同类问题或能力所进行的培训，如情绪放松训练、认知重构训练、自我控制训练、人际沟通训练、社会适应与应对挫折训练等。

### 二、医药营销团队心理训练的形式

常规团队心理培训的形式，是有 1 至 2 名指导者主持，根据成员的特点或培训的需要，分为不同的小组，通过商议、模拟、训练、引导、交流、扮演等形式，解决员工的困难或问题，提高员工的心理素质或能力，完成培训的预期目标。

培训规模的大小，因培训性质和企业实际需要而有所不同，最少可 3~5 人，最多可百人以上。

培训次数，最少的可以一次见效，最多的可以十几次或几十次。

## 第四节　医药营销团队心理训练的实施

扫码“学一学”

### 一、医药营销团队心理训练的目标

最为理想的心理训练是企业领导者与指导者商议的目标与团体中成员自己理想的个人目标相吻合。在两者不能完全一致的情况下，可以以一方为主，或双方兼顾。

**（一）企业对员工团队心理训练比较常见的目标**

1. 员工能够理解企业文化的内涵。
2. 员工能够准确领悟企业的发展目标。
3. 员工具备敏锐的感知能力，灵敏地捕捉到空白的营销市场或营销市场的新空间。
4. 员工能够准确地记忆客户、产品的相关信息。
5. 员工能够以创新性的思维，完成常规思维不能完成的营销任务。
6. 员工能够始终保持顽强的意志力，去积极地完成营销目标。
7. 营销团队成员能够精诚团结，能力互补，共同完成企业目标。
8. 员工心理健康，不发生自杀、自残等恶性事件。
9. 员工人格健全，家庭幸福。

**（二）员工个体对团队心理训练比较常见的目标**

1. 自己有足够的信心去完成工作任务。
2. 更准确、更客观地了解自我、把握自我的能力。
3. 了解自己的感受，体会客户的感受，让彼此的感受相互协调。
4. 能够准确把握客户的需求层次和内容，以及满足客户需求的方式。
5. 寻求某一特定情境下的营销问题的解决思路与途径。
6. 自我及家庭成员心理健康，家庭和谐幸福。
7. 能够与客户保持长期的、稳定的业务关系。
8. 提升自我的专项能力和整体素质。
9. 其他与自我成长相关的发展目标。

## 二、医药营销团队心理训练的原则

在实际工作中，医药营销团队心理训练应坚持以下原则。

**1. 为企业服务原则** 任何培训都有其明确的目标，医药营销团队心理训练的目标一定与员工所属企业的企业文化、企业目标相一致，不然，企业就会失去培训的意义和价值。

**2. 与员工匹配原则** 也称为可行性原则，即团体心理培训项目的设定，一定要结合企业员工的实际情况，不然，培训就会成为花拳绣腿，只能看不能用。

**3. 有效性原则** 所有的培训一定有科学的理论依据，但并不是有理论依据的培训都有效。作为医药企业进行的营销团队心理培训，属于实务性培训性质，不属于理论研究范畴，所以，有效性是培训可持续进行的重要保证。

**4. 长效性原则** 也称为发展性原则。作为企业而言，员工短暂的营销业绩是非常需要的。但是，作为提高员工素质和开发员工潜能的心理培训，能为员工的长久发展提供持续的动力和源泉，应该是上策中的上策。

**5. 道德伦理原则** 作为营销心理培训，一定是在特定的时限和具体的区域内进行的，所以，符合基本的道德伦理是培训可以开展的基本前提，不然，就会成为海市蜃楼，只能束之高阁。

**6. 保密原则** 在团体心理训练中，尊重每一位成员个体的隐私及权利，是必须坚持的基本的原则。在训练过程中，成员个体源于对团体指导者和队员的高度信任，可能把自己的部分或全部隐私暴露出来，对于个人的成长，意义重大。训练指导者在开始时，就应该向全体成员说明保密的重要性，并要求大家自觉遵守，不得向任何成员在任何场合透露其他成员的个人隐私。

## 三、医药营销团队心理训练的基本过程

一般而言，医药营销团队心理训练的过程，分为六个阶段。

**（一）形成阶段（团体组建）**

本阶段还未形成较为明确的团体训练风格，指导者要提前作好计划，对训练目标、训练对象、理论依据、成员形成方式、团队成员的甄别和筛选、规模及持续时间、活动频次及时间、活动结构及形式等都要有提前的思考和把握。另外，训练指导者还要更多地考虑想要组建的是什么类型的团体，并为此作好相应的准备。

**1. 形成团体阶段的准备工作**

（1）宣传招募成员　这是组建训练团体的第一步。在对团体的宣传中，可以采用印刷宣传册等形式，告知那些符合团体心理训练的成员，也可充分发挥团体指导者的作用，直接接触欲参加心理训练的员工。此时，对可能参加训练的成员进行训练理论依据以及训练目标的解释说明也很有必要。

（2）甄别以及筛选团体成员　筛选的成功与否，直接关系到团体训练过程是否能够顺利进行，也关系到参与者在团体训练过程中的参与意愿和参与程度。因此，指导者往往通过问卷调查、面谈等多种方式，仔细筛选出与团体训练目标一致、不会阻止团体活动进展、且不会因个人体验而破坏团体幸福感及成就感的人员，从而减少或降低因不适合人员的参与，而造成的对团体训练的风险影响。

（3）具体事宜　指导者要对相关问题进行清晰的定性或定位，如开放式团体还是封闭式团体、自愿参与还是非自愿参与、同质性团体还是异质性团体、训练场所、团体规模、训练的频率和时间等。在这个过程中，指导者一方面要充分利用组团阶段的聚会和初次会谈的机会，使参与者和团体进行更多的双向沟通和了解，尽可能地对团体成员进行多方面的了解；另一方面，通过不断地对成员进行鼓励、自我价值澄清与自我激励等方式，帮助成员能够实现在团体训练中，做一个积极的参与者。

总体来说，在团体准备阶段，团体成员需要作好思想上的准备，确定团体适合自己，并积极参与其中。

**2. 团体成员应该完成的主要任务**

（1）对团体训练的类型有充分的了解，并能接受团体可能对他们所产生的影响，包括正面的和负面的。

（2）了解团体的指导者及训练目标，并确定这个训练在此时此刻是否适合自己。

（3）团体成员可以思考相关的问题（如从团体中获得什么，怎样在团体中达成自己的目标等），从而使自己为未来的团体训练作好准备。

**3. 团体指导者应该完成的主要任务**

（1）确定团体的总体目标以及明确的团体训练目标。

（2）设计一个明确的书面计划书。

（3）宣传这个团体，以便向未来的团体成员提供更多的信息。

（4）进行团体前会谈，以完善和调整训练目标。

(5) 确定团体成员。

(6) 明确列出完整开设团体训练所必需的实物详单(如名称、质量、数量及价格等)。

(7) 为训练工作作好充分的心理准备，并与合作指导者作好沟通。

(8) 为了让成员相互熟悉、明确基本的规则，可以先安排一次预备性的团体活动，使成员为有效的团体训练作好准备。

(9) 获得团体成员的知情同意，告之团体活动历程可能遇到的风险。

(10) 如果有必要，可以征得当事人父母或家属的同意。

**(二) 初始阶段(定向与探索)**

初始阶段是一个定向与探索的时期。在此阶段，指导者要确定团体的结构，让成员相互熟悉，了解成员的期望；成员开始了解团体的作用，确定自己的目标，阐述他们的期望，并且找出他们在团体中的位置。

这个阶段所呈现出的特点是：成员对团体的结构感到一定的焦虑和不安。此时，指导者必须消除团体成员的误会或误解，必要的时候需要向成员说明团体的一些情况。因此，此阶段的主要任务是融合及认同。成员需要在团体中找到自己的位置，并且决定成为一个怎样的参与者。

**1. 成员的主要任务**

此阶段，成员的角色及任务，对于团体的形成极其重要，他们的主要任务如下。

(1) 采取积极的态度和行为，创造一种信任的团体气氛。

(2) 学习表达个人的情感和想法。

(3) 愿意表达与团体有关的恐惧、希望、担忧、保留意见和期望。

(4) 愿意使自己被团体的其他成员所了解。

(5) 积极参与团体规范的建立。

(6) 建立具体的、可行的个人目标，并且以此指导个人在团体中的行为。

(7) 了解团体的基本进程，特别是怎样参与团体的互动。

**2. 团体成员可能出现的问题**

(1) 可能会被动地等待某些事情或问题的发生。

(2) 可能会坚持他们对团体的不信任、恐惧的情绪，因此会持续地或阶段性地发生心理阻抗。

(3) 可能会坚持他们的模糊认知和无知，从而增加团体训练有意义的、互动的难度。

(4) 可能会陷入“问题解决”的思维方式，将自己的建议强加于其他成员。

**3. 指导者的职责**

告诉团体成员一些积极参与的一般指导原则和方法，以增加成员从团体活动中获益的信心和勇气。

(1) 制订一些基本规则和规范。

(2) 讲授一些团体训练过程所使用的基本原理。

(3) 协助成员表达他们的恐惧、期望，努力促进信任感的建立。

(4) 对团体成员坦诚相待，给他们以心理上的回应和关照。

(5) 协助成员建立个人的具体目标。

(6) 开诚布公地处理团体成员的担忧和问题。

（7）建立一定程度的组织结构，澄清责任分工。

（8）帮助成员袒露他们对团体中所发生的事情的想法和感受。

（9）教给成员一些基本的人际交往技巧，如积极倾听、及时回应等。

（10）评价团体的需要，促使这些需要得到满足。

### （三）过渡阶段

团体过渡阶段的典型特征是成员焦虑的产生和各种阻抗形式的出现。

**1. 团体成员的任务**　此阶段，团体成员的主要任务是认清并处理多种形式的阻抗。

（1）认识、表达各种消极的情感和想法。

（2）尊重个人的过去，并继续在团体中探索它们。

（3）从依赖向独立发展。

（4）增强对团体中自我行为的责任感。

（5）学习怎样以建设性的态度去对待别人。

（6）乐于面对和解决团体中正在发生的事件。

（7）乐于解决矛盾冲突，而不是回避它们。

**2. 可能出现的问题**

（1）团体成员可能被划分为某些“问题类型”，或者自己贴上标签来束缚自己。

（2）团体成员可能拒绝表达持续性的消极反应，因此，可能会导致一种不信任的团体氛围。

（3）如果面质技术使用不当，成员可能会退居到自我防卫的状态，问题可能不被及时发现。

（4）团体成员可能会在团体中找一个替罪羊来发泄情绪。

（5）团体成员可能相互组织在一起，形成团体内小派别，在团体之外的小团体中表达各种消极情绪，而在团体中却经常性地保持沉默。

**3. 指导者的职责**

（1）告诉团体成员认识和表达他们对团体活动中正在发生的事情感到的焦虑、不情愿以及此时此地反应的重要性。

（2）协助团体成员认清他们的自我防卫反应的方式，创造一种使他们能在团体中公开处理阻抗的氛围。

（3）让成员认识到认清和公开地处理团体内的冲突的意义所在。

（4）指出那些明显的旨在争取控制权的行为，告诉团体成员如何接受他们对团体的发展方向所要承担的责任。

（5）帮助团体成员处理任何可能影响他们获得自主能力和相互依靠能力的各种问题和现象。

（6）鼓励成员始终思考一个问题：他们想从团体中获得什么以及如何获得。

（7）坦率、真诚地处理任何针对自己及其专业指导者角色所提出的挑战，为团体成员提供一个榜样。

（8）指导者必须不断监督自己对那些表现出问题行为的团体成员的反应，通过督导或个人调整对自己潜在的反移情进行探究。

**（四）工作阶段（凝聚力和创造力）**

团体心理训练工作阶段，主要针对成员存在的主要问题进行更深入的探索，并采取切实有效的方法，来帮助团体成员实现个体期望的心理和行为的转变。这个阶段，以成员承诺探讨其带到会谈中的重要问题以及关注团体内部的动力为特色。

**1. 工作阶段的主要特点**

（1）信任感和凝聚力达到很高水平。

（2）开放自我，互诉衷肠。

（3）成员间的交往自由而直接。

（4）愿意大胆探索和被他人所了解。

（5）成员间的冲突被认清，并得到直接、有效的处理。

（6）避免用给人贴标签的判断性方式进行成长探索的面质。

（7）成员感到团体的支持并愿意尝试自我改变。

（8）成员会意识到只要他们愿意就可以有所改变，对此充满信心而不是感到无望。

**2. 团体成员的职责**

（1）主动提出希望讨论的问题。

（2）开放地接受反馈，并给他人以反馈。

（3）参与到团体中去，并分享自己的体验。

（4）把在团体中学到的新的技巧和行为，应用于日常生活中，再把结果反馈到团体中来。

（5）不断地评估自己对团体的满意度，采取积极措施调整自己的参与度。

**3. 可能会出现的问题**

（1）成员可能洞察到了自身问题所在，但却没有意识到在平时的工作或生活中需要付诸行动来改变现状。

（2）成员可能由于担心其他人对自己的强烈回应，从而产生退缩行为。

**4. 指导者的职责**

（1）对推动内部凝聚力和创造性工作的行为提供系统性的强化。

（2）发现成员中普遍存在的问题，提出建议和讨论。

（3）正向的引导示范，特别是示范如何进行关怀式的提问，如何表露当前自身的体验。

（4）适时地对某些行为模式进行分析，促进成员进行更深入的自我探索，思考其他新的行为模式。

（5）及时发现影响成员发生改变的因素，迅速调整干预措施，帮助成员达成其所希望的思想、情感和行为。

**（五）最后阶段（巩固和结束）**

最后阶段是一个归纳、整合和转化的过程，在团体即将结束的时候，对学习的巩固具有至关重要的意义。

团体指导者非常重要的一个任务，就是要帮助成员把他们在团体中的所学应用于实际工作和生活中。

**1. 最后阶段的特点**

（1）成员表现出对即将分离的伤感和焦虑。

（2）成员预感到即将结束，不像先前那样积极热情地参与团体活动，希望拖延团体的结束。

（3）成员会思考接下来自己应该怎么办。

（4）可能会相互表达自己的祝福和关切之意，并告诉别人自己的体验。

（5）可能会谈论以后如何聚会或如何安排，以便今后大家继续保持这种相互支持的关系。

**2. 成员职责**

（1）妥善处理自己面临分离和结束时的情感和思想。

（2）处理好未尽事宜，无论是成员自身的问题，还是团体中存在的问题。

（3）思考和计划如何将所学、所思、所改，推广运用到工作和生活中去。

（4）巩固所学，使自我改变和成长继续。

（5）探索各种方法，以积极应对团体结束后可能的退步。

（6）评估团体训练的效果。

**3. 可能会出现的问题**

（1）成员可能会忽视对他们团体体验的回顾总结，不能将体验放到某种认知框架中，这会限制他们将所学的东西推广运用到工作和生活中。

（2）由于分离焦虑，成员可能会疏远别人。

（3）成员的自我探索可能会随着团体的结束而结束，而没有把团体训练看作是自我不断成长、发展和提高的一种支持手段。

**4. 指导者的职责**

（1）对成员作出的改变给予鼓励，让他们感受到对他们成长的支持力量。

（2）支持成员将团体中学到的东西应用到工作和生活中去，必要时可以帮助他们制订具体的措施。

（3）协助成员发展一个概念化的框架，以帮助成员系统地理解、整合、巩固和记住他们在团体训练中所学到的东西。

**（六）后续阶段（效果评估和追踪研究）**

后续阶段的主要任务是效果评估和追踪研究，并不是团体训练结束了，指导者的任务就完成了，当团体训练终结后，指导者的作用仍然非常重要。后续阶段主要包括三个方面的工作。

**1. 对团体训练过程和结果的评估** 让成员将团体的经验写下来，或者以调查问卷、行为计量和标准化的心理测验等方式进行评估和探讨，从而促进团体训练的进一步完善。另外，团体成员的日记、自我报告、领导者的工作日志、观察记录、录像和录音等资料，也可作为重要的评估资料参考。

**2. 团体发展追踪** 这不仅可以使指导者对团体咨询效果有所了解，也会让所有成员体会到团体对大家的现实影响，为成员们在团体结束后继续成长提供持久的、稳定的支持。

**3. 个人情况追踪** 这可以帮助指导者了解成员目标的达成情况，另外这样单独的交流方式可以使指导者和成员们更好地了解彼此的需要和建议，以发展下一步的训练关系。

**知识链接**

**提升营销团队凝聚力应注意的问题**

**1. 团队成员应该对团队凝聚力有认识上的统一** 团队凝聚力是指团队对成员的吸引力，成员对团队的向心力，以及团队成员之间的相互吸引。团队凝聚力不仅是维持团队存在的必要条件，而且对团队潜能的发挥有很重要的作用。一个团队如果失去了凝聚力，就不可能完成组织赋予的任务，本身也就失去了存在的条件。

**2. 团队应共同制定发展目标** 在制定团队目标时，一是要充分了解由什么样的人确定团队的目标。一般情况下，确定团队目标要由团队的领导者和团队的核心成员参加。二是团队的目标必须与团队的愿景相连接，两者的方向相一致。愿景是勾勒团队未来的一幅蓝图，具有挑战性，会激励团队成员勇往直前的斗志。

**3. 应有一套符合实现目标运行的程序** 目标确定后，不一定是准确的，还要根据工作中遇到的实际问题随时纠正和修正，向正确的方向引导。

**4. 必须将目标进行有效分解，每个成员都有自己的小目标** 目标来源于愿景，愿景又来源于组织的大目标，而个人的目标来自于团队的目标，对团队的目标起支持性的作用。

**5. 团队必须把目标有效地传递给所有的团队成员以及相关人员** 提高各级主管的个人修养与魄力，其直接影响团队的凝聚力。

扫码“学一学”

## 第五节 医药营销团队心理训练的注意事项

医药营销团队心理训练是企业对员工进行内训的重要科目，对开发个体潜能、形成合作团队、实现职业生涯的最新生长点、减轻工作压力、保障员工心理健康等，都具有重要作用。为保证团队心理训练活动的顺利进行，必须注意以下事项。

**1. 训练方案科学可行** 在选择、确定训练方案时，应有科学的依据，不可为活动而活动；活动方案应循序渐进，注意前后衔接；必要时，可以邀请督导或同行进行研讨。

**2. 团体成员的选择尽量是企业工作要求与个人自愿的有机结合** 从企业角度来讲，对医药营销人员进行心理培训是必须的，也是必要的。但是，只有营销人员的动机明确、态度积极，才可能促进团体凝聚力的形成，达到预期效果；不然，员工就会产生较大的阻抗，训练效果也很难保证。

**3. 团队指导者应具有较高的素质和水平** 在确定团体心理训练目标时，指导者一定有进行个体培训的经验，并参加过团体培训。指导者应具有良好的人格特质，对心理训练的理论有深入、全面的了解，具有较高的领导力和专业技巧，有较丰富的培训经验，遵守职业道德。

**4. 在训练过程中，指导者应避免低级问题的发生** 在训练中，常见到的问题，如对队员关心过多，甚至包办代替；或者以专家、领导身份自居，高高在上，或仅仅限于说教；或者为了表现自己的坦率和真诚，自我开放过度，造成成员角色混乱。

# 实训 10 大学生自信心团体心理训练方案（系列活动）

**【总体活动目标】** 通过自信心团体心理训练系列活动，使大学生发现自身更多的优点，摆脱自卑的束缚，树立自信心，建立理性的自信系统，在自我认知的基础上，更加悦纳自我。

**【活动安排】** 每周一次，每次 60~90 分钟，共六次。活动主题见表 7-1。

**表 7-1 大学生自信心团体心理训练主题活动一览表**

| 次序 | 活动主题 | 活动内容 |
| --- | --- | --- |
| 1 | 有缘千里来相会 | 分组；制作胸卡；滚雪球；签定合约；相亲相爱一家人 |
| 2 | 认识自我 | 松鼠与大树；自我探索；猜一猜；积极赋义 |
| 3 | 突破自我 | 猜人名；说说我自己；优点轰炸；自我寻宝 |
| 4 | 悦纳自我 | 勇担责任；真情网；关注 |
| 5 | 发展自我 | 报数；我要；自信百宝箱 |
| 6 | 温馨祝福 | 神秘大比武；歌声唱我心；快乐大抽奖；永恒的瞬间 |

## 活动一 有缘千里来相会

**【活动目标】** 团队成员相互认识，形成友好、温暖的氛围，增进成员间的相互了解与信任。

**【适宜人数】** 每小组 5~9 人，根据助手情况，可以分为不同的组数。

**【活动场地】** 每个组约需场地 10 平方米左右，组之间留有适当距离，以免相互影响。

**【需要道具】** 椅子、笔、白纸、胸卡。

**【活动时间】** 约 60 分钟。

**【活动内容】**

**1. 分组** 指导者自我介绍，简要介绍团体心理训练的目标与内容；将团队成员进行分组。

**2. 制作胸卡** 每个成员挑选一个喜欢别人称呼自己的昵称，填写自己的胸卡上，组内交流；并说明为什么选择这个昵称。

**3. 滚雪球** 小组成员围成一圈，每一位队员做自我介绍，包括姓名、家乡、爱好（如我是来自烟台的喜欢音乐的徐二东），第二名队员接下去介绍，规则为：我是来自 ** 喜欢 ** 的 ** 右边的来自 ** 喜欢 ** 的 **（如，我是来自烟台的喜欢音乐的徐二东右边的来自吉林喜欢滑雪的王大华），依次下去；要求每一位队员都能介绍所有队员的姓名、家乡、爱好。然后，每个小组推选一名代表，向其他小组介绍自己小组的每一位成员。

**4. 签定合约** 组内讨论，哪些行为会影响团体训练的进行，应该建立怎样的团体规范。各组选代表介绍组内意见，最后，确定全体成员均应遵守的团体规范，在一致通过的基础上签定合约，并请每位成员签字。

**5. 相亲相爱一家人** 准备《相亲相爱》词曲印象，共唱手语歌曲《相亲相爱》，指导者总结本次活动。

## 活动二　认识自我

**【活动目标】**引导成员深入探索自我，更加全面地认识自我。

**【适宜人数】**每小组 5~9 人，根据助手情况，可以分为不同的组数。

**【活动场地】**每个组约需场地 10 平方米左右，组之间留有适当距离，以免相互影响。

**【需要道具】**椅子、笔、白纸。

**【活动时间】**约 60 分钟。

**【活动内容】**

**1. 松鼠与大树**　3 人一组，两个人双手拉成圈，将另一个人包围起来，圈中的人代表松鼠，围圈的两个人代表大树。当指导者喊“松鼠”时，所有大树不动，松鼠换位到别的大树中；当指导者喊“大树”时，所有松鼠不动，两个大树解体，重新和别的大树组合，包围新的松鼠；当指导者喊“地震”时，所有松鼠、大树变换角色，重新组合。对于没有松鼠的“大树”和没有大树的“松鼠”，指导者可安排一些惩罚游戏。一段游戏之后，让成员分享其放松的感受。

**2. 自我探索**　小组成员围成两个圈，内圈的成员与外圈的成员一对一、面对面站好。根据指导者列出的话题，先由里圈成员谈话，外圈成员倾听，并相互交换角色。之后，里圈的成员向右跨一步，交换谈话对象，指导者提供新的话题，开始新一轮交流，由外圈成员先谈，里圈成员倾听。依此类推。小组内选出代表，向全体成员交流感受。

参考话题：

假如我是一种动物，我希望是________，因为________。

假如我是一种花，我希望是________，因为________。

假如我是一种乐器，我希望是________，因为________。

假如我是一种交通工具，我希望是________，因为________。

假如我是一种水果，我希望是________，因为________。

**3. 猜一猜**　每人拿出一张白纸，在纸的正面写下自己认为好的性格特征，在背面写下自己认为不好的性格特征，越详细越好，或者说你该怎样描述你自己，才会让别人知道那个人是你。记住自己写的内容，写好后交给指导者。指导者随机抽出几份，然后读出每一张纸上的内容，让成员们猜猜看，纸上说的是谁？如果“有幸”被猜中了，恭喜你，你对自己的性格特征有比较清晰的了解。

**4. 积极赋义**　各小组围成圈坐好，对每个成员写下的不好的性格特征进行积极赋义，如：多疑——积极赋义就是自我保护意识强；竞争意识不强——积极赋义就是不争强好胜；鲁莽冲动——积极赋义就是勇敢积极；畏首畏尾——积极赋义就是小心谨慎。每组一人做记录，将小组所作的所有积极赋义的例子进行团体分享，并讨论某些性格特征什么情况下具有积极作用，什么情况下具有消极作用，如何避免其消极作用。

各小组派代表分享感受；指导者总结本次活动。

## 活动三 突破自我

**【活动目标】** 利用团体的力量帮助个体寻找自卑的根源，学习和非理性信念对质的方法，从而克服自卑心理，树立自信。

**【适宜人数】** 每小组 5~9 人，根据助手情况，可以分为不同的组数。

**【活动场地】** 每个组约需场地 10 平方米左右，组之间留有适当距离，以免相互影响。

**【需要道具】** 椅子、纸质帽子、笔、纸。

**【活动时间】** 约 60 分钟。

**【活动内容】**

**1. 猜人名** 准备 4 个椅子，4 顶高帽，上面写着不同的名人的名字。每组选一名代表为名人，坐在椅子上，面对小组的队员们。指导者给坐在椅子上的每一位名人戴上写有名人名字的高帽（注意不能让其知道自己戴的是哪一顶，其队员也不能有任何提示）。从第一组开始，坐在椅子上的代表向其组员提问，要求必须采用封闭式提问的方式，如“我是……吗?”如果小组成员回答“YES”，他还可以问第二个问题。如果小组成员回答“NO”，他就失去机会，轮到第二组的代表发问，如此类推。哪一组用最少的问句先猜出自己是谁者为胜。

请各组代表分享体验。

**2. 说说我自己** 每个人在一张纸上写下至少 10 个对自己的评价，可以是任何方面，如长相、性格特征、学习、人际关系等，越多越好。

组内交流；全体成员交流。

**3. 优点轰炸** 小组成员围成圆圈，每位成员轮流坐到中央，其他成员从他身上找特别的地方，然后用发自内心的语言赞美对方。

组内分享体验；全体成员分享体验。

**4. 自我寻宝** 请每位组员完成以下句子：我开始喜欢我自己，因为……。

寻宝要求：

（1）实事求是。

（2）必须是自己的优点或特长，也可以是自己的进步。

（3）每个人至少找到自己的 5 个珍宝。

组内分享体验；全体成员分享体验。

指导者总结，认可、鼓励每一位队员。

## 活动四 悦纳自我

**【活动目标】** 寻找自信的支撑点，开发自身的潜能，在认识自我的基础上悦纳自我。

**【适宜人数】** 每小组 5~9 人，根据助手情况，可以分为不同的组数。

**【活动场地】** 每个组约需场地 10 平方米左右，组之间留有适当距离，以免相互影响。

**【需要道具】** 椅子、颜色鲜艳的毛线、纸、笔。

**【活动时间】** 约 60 分钟。

【活动内容】

**1. 勇担责任** 成员相隔一臂站成几排（视人数而定），指导者喊一时，向右转；喊二时，向左转；喊三时，向后转；喊四时，向前跨一步；喊五时，不动。当有人做错时，做错的人要走出队列、站到大家面前先鞠一躬，举起右手高声说："对不起，我错了！"

成员交流分享体验。

**2. 真情网** 准备一团颜色鲜艳的毛线。

团队成员围成一个圆圈，规则是：所有成员不能说话，由持毛线团者自己紧握着毛线的前端，选择自己欣赏的成员，把毛线团抛给他，拉出第一条线；收到毛线团的成员把毛线在手指上绕一下，再选择自己欣赏的成员，把毛线团抛出去，形成第二条线。以此类推，形成一张毛线网。

成员交流分享体验。

**3. 关注** 请成员从以下列出的10种部位（额头、脸庞、眉毛、眼睛、鼻子、嘴巴、牙齿、下巴、耳朵、头部）中挑选一个最需要关注的部位。选好后，写在纸上。

组内讨论；指导者简单解释、分析（内容仅供参考）。

（1）选择关注额头的你，将是一个较典型的生活强者。你心中有远大梦想，不喜欢人云亦云，有坚持自己理念的执着，进取心亦然。你极具行动力，生活上不喜欢浮华不实，不浪费金钱，不求近利，有长远目光。然而，现在的你多少有些保守，有时还过于消极而错失良机，有时流于任性与莽撞，以致让他人觉得为难，从现在起在保持你个性的前提下，大事多听取过来人的建议，多结识一些比你优秀的人，再放得开一点，成功就会指日可待。

（2）选择关注脸庞的你，将是一个较典型的乐天派。你温良有协调性，苦在心中也不忘笑在脸上，注重家庭生活，喜欢与知心好友聚餐交谈。你人缘不错，积极乐观，笑容可掬，落落大方，颇有爱心。现在的你多少与那些有些差距，有时显得冷漠、威严、缺少亲和力，有时还因做好好先生而吃点亏。你应该从现在起阳光灿烂一点，主动承担一点生活的责任。

（3）选择关注眉毛的你，将是一个较典型的职业经理人。你对人爱憎分明，处事沉稳，果断干练，热情有劲，好刺激与变化，遇事都会全力以赴。现在的你多少显得有些犹豫，爱把自己关在自己的壳子里异想天开，往往凭借第一印象决定对人的好恶，给人有冷漠难以相处的感觉。

（4）选择关注眼睛的你，将是一个较典型的"万人迷"。你风采照人、优雅有度，对时尚有独到的见解。你目光长远，关心健康和美容，不以平凡为满足。你求知欲强，具行动力，关注的事多，不拘小节，有享受人生的热情和浪漫。现在的你多少有些鼠目寸光，想的总比做的多，不善于自我推销，常常因为羞怯无法把心事传达出来。你对金钱过于追随或过于否认，显得小心谨慎。你应该在语言的表达和行动力上多下功夫，让自己再活跃一点。

（5）选择关注鼻子的你，将是一个典型的高效能者。你做事有条不紊，有始有终，礼貌周到但绝不过分。你是识时务的俊杰，对新信息感觉极其灵敏，学习和创造力较强，你会获得长辈和领导的信赖。现在的你做事会没有条理，对新环境适应性较弱，有时会因循守旧。你应该多去学习新的行业知识，培养自己良好的时间管理习惯。

（6）选择关注嘴巴的你，将是一个典型的脚踏实地的组织中的中流砥柱。你务实而重实效，言行一致，表里如一，善于推销自己，勇于承担责任。现在的你有时会因为闲聊浪费不必要的时间，有时夸夸其谈，好说大话，你现在应该信守承诺，说关键的话，做重要的事，不要过多指责批评别人，别动辄抱怨。

（7）选择关注牙齿的你，将是一个典型的绅士淑女。你有自己的个性，爱求新变化，追求刺激，不喜欢被束缚在框框里。你会赞美人，很宽容，容易赢得别人的喜欢，永远都是快乐的天使。现在的你有时会不尊重别人，且妒忌心较强，三分钟热度是你的缺点。你应该学着容忍和感恩，多为别人着想，尝试把一件事做得漂亮和完美，直到成为习惯。

（8）选择关注下巴的你，将是一个典型的开拓型人才。你肯定和认可自己，颇有自信，对生活有责任感，积极向上。你懂得珍惜自己的工作和朋友，容易赢得别人的肯定和信任。现在的你多少有些缺少主见，因为无意识的讨好而容易被人利用。你应该对自己的事业和家庭做一些规划，多让自己有独立思考的空间、少一些对别人的依赖。

（9）选择关注耳朵的你，将会是一个典型的时尚权威指导者。你目光长远，有崇高的理想，对目标的达成有独到的见解。你有强烈的求知欲，整合资源的能力特别强，有快速的判断力和行动力，是不容易被困难征服的人。现在的你多少有些固执己见，容易猜疑别人。你应该修炼包容和影响别人的智慧和能力，多与别人沟通，让周围人理解从而支持你，达成共同的意愿。

（10）选择关注整个头部的你，将是一个典型的行业领袖。你自信和接纳自己，有用不完的激情和干劲。你豁达开朗，永远青春阳光却不浮躁、冲动。你懂得珍惜拥有，并能审时度势规划美好的未来。现在的你尽管有着改头换面、脱胎换骨的决心和勇气，但看得出来你的内心时常自卑和消极，你有时会逃避、抱怨，你的虚荣是最明显的。其实你很优秀，只要相信自己，懂得去主动争取，让自己快乐和忙碌起来，你的梦想终会如愿以偿。

成员交流分享体验；指导者总结。

## 活动五　发展自我

**【活动目标】**利用团体的力量，引导成员克服自卑，树立自信心，深入发展自我。

**【适宜人数】**每小组 5~9 人，根据助手情况，可以分为不同的组数。

**【活动场地】**每个组约需场地 10 平方米左右，组之间留有适当距离，以免相互影响。

**【需要道具】**椅子、精美礼物、纸箱、笔、卡片。

**【活动时间】**约 60 分钟。

**【活动内容】**

**1. 报数**　从 1~99 报数，但有人数到含有“7”的数字或“7”的倍数时，不许报数，要拍下一个人的肩膀，下一个人继续报数。如果有人报错数或拍错人则要受到惩罚。

**2. 我要**　指导者事先准备一份精美的礼物。

成员围坐一大圈，指导者出示精美礼物，适度地描述、诱导。提问：“想得到这份礼物的人请举手！”指导者从举手的人中，产生 6 位入围者。6 位入围者走到圈中央，面对指导者一排坐好，在 6 位入围者中自愿产生 1 名裁判。裁判产生后，指导者把权利交给他，其他 5 位入围者分别向裁判陈述自己希望获得礼物的理由，裁判可以追加提问，如：“你认为这礼物具体是什么东西？”“你得到了礼物准备如何处理？”“假如得不到礼物你的态度会怎样？”等。最后由裁判决定礼物归谁所有。

礼物送出后，指导者请裁判、礼物获得者等人谈谈自己的感受。

**3. 自信百宝箱** 准备纸箱两个，上面分别写着“烦恼箱”“百宝箱”，卡片若干，请每一位成员填写卡片，内容为：“在自信心方面，我无法做到的是……”，然后投进“烦恼箱”。随机请一名成员抽出卡片，请团队所有的成员对卡片上无法做到的事献策，把每一个办法记到一个卡片上，然后投进“百宝箱”。

成员交流体验；指导者总结。

## 活动六 温馨祝福

**【活动目标】**结束团体训练，处理离别情绪，总结、反思收获。

**【适宜人数】**每小组 5~9 人，根据助手情况，可以分为不同的组数。

**【活动场地】**每个组约需场地 10 平方米左右，组之间留有适当距离，以免相互影响。

**【需要道具】**卡片、笔、礼物、相机。

**【活动时间】**约 60 分钟。

**【活动内容】**

**1. 神秘大比武** 指导者提前准备卡片若干，写着比赛的项目，如：比学习成绩好；比运动成绩好；比唱歌好听；比手臂长；比头发长；比手指短；比声调高；比手抬起来的高度高；比手掌大；比身上的饰物多；比衣服的口袋多；比衣服的纽扣多等。

各组先派出一名代表参加比赛，然后指导者从卡片中抽出一张，根据卡片内容进行比赛。第二轮时，各组重新派出代表参赛。统计比赛的结果。由赢的小组决定如何惩罚其他小组成员。

**2. 歌声唱我心** 每一组选出自己认为能代表本组成员心声的歌曲，分别演唱。

最后，所有成员围成一圈，胳膊挽在一起，共同唱《同一首歌》。

**3. 快乐大抽奖** 每位成员准备一件小礼物，并用卡片写上自己的姓名以及祝福的话语，编好号码后，陈列在团队成员中间。然后抓阄决定每位成员应当获得的礼物。

成员交流分享体验，指导者总结收尾。

**4. 永恒的瞬间** 所有成员合影留念。

扫码“练一练”

## 目标检测

1. 请说出团队心理训练与个体心理训练有哪些异同点。
2. 团队心理训练有哪些功能？
3. 医药营销团队心理训练对于个体来说，有什么作用？
4. 医药营销团队心理训练应坚持什么原则？
5. 医药营销团队心理训练的基本过程分哪几个阶段？
6. 医药营销团队心理训练的注意事项有哪些？
7. 在团队心理训练中，如何表现出良好的合作意识和心理品质？

# 参考文献

[1] 菲利普·科特勒，凯文·莱恩·凯勒．王永贵，何佳讯，于洪彦，等译．营销管理．第13版．上海：格致出版社，2009.
[2] 迈克尔·所罗门，卢泰宏，杨晓燕．杨晓燕，郝佳，胡晓红，等译．消费者行为学．第10版．北京：中国人民大学出版社，2014.
[3] 葛光明．医药市场营销学．北京：中国医药科技出版社，2001.
[4] 郭念锋．国家职业资格培训教程-心理咨询师（二、三级）．北京：民族出版社，2012.
[5] 彭智海，汤少梁．医药市场营销学．北京：科学出版社，2004.
[6] 杨文章．药品营销与管理．北京：中国医药科技出版社，2003.
[7] 张钦德．药品经营与管理．北京：人民卫生出版社，2002.
[8] 顾海．医药市场营销学．北京：人民卫生出版社，2006.
[9] 董国俊．药品市场营销学．北京：人民卫生出版社，2009.
[10] 冯国忠．医药市场营销学．北京：中国医药科技出版社，2003.
[11] 汤少梁．医药市场营销学．北京：科学出版社，2007.
[12] 钟明炼．药品市场营销学．第2版．北京：人民卫生出版社，2008.
[13] 丛媛．药品营销心理学．北京：人民卫生出版社，2013.
[14] 吴虹．医药市场营销实用技术．北京：中国中医药出版社，2008.
[15] 张钦德，章立新．医药市场营销．北京：人民卫生出版社，2012.
[16] 尹彬．现代推销技术．北京：高等教育出版社，2012.
[17] 官翠玲．医药市场营销学．北京：中国中医药出版社，2010.
[18] 张永清．中药市场营销学．北京：中国医药科技出版社，1995.
[19] 史立臣．新医改下的医药营销与团队管理．北京：中华工商联合出版社，2013.
[20] 罗臻，刘永忠．医药市场营销学．北京：清华大学出版社，2014.
[21] 徐传庚．医学心理学．第2版．北京：中国中医药出版社，2006.
[22] 甘湘宁，周凤莲．医药市场营销实务．第3版．北京：中国医药科技出版社，2017.
[23] 鄢圣安．OTC医药代表药店开发与维护．北京：中华工商联合出版社，2014.
[24] 杨美玲，张自英．医药营销技术．北京：化学工业出版社，2015.
[25] 丛书琴．医药市场营销实务．济南：山东人民出版社，2016.